医療機関エキスパート税理士の指南書

医療法人制度
Q&A 第7次医療法改正への実務対応

安部勝一 著

税務経理協会

は じ め に
－医療法人制度の見直しについて－

　医療法人は，昭和25年の制度創設時より，民法の公益法人の規定を参考に，独自の「営利を目的としない」法人として医療法に位置付けられています。
　これは今後とも変わりません。したがって，医療法人制度を見直すにあたっても，医療法人の地域に求められる役割を踏まえながら，民法の公益法人制度改革に対しても十分な整合性を保つ必要があります。

　このたび，平成27年9月28日に公布された「医療法の一部を改正する法律」（改正法）により医療法が改正されました。医療法人の機関に関する規定が一般社団法人，一般財団法人（法人法）と同様に整備され，平成28年9月1日から施行されています。
　また，医療法人会計基準（会計基準）が平成28年4月20日公布され，平成29年4月2日から施行されることになり，同日以後に開始する会計年度に係る会計について適用されることとなりました。これらの施行にあたって，改正する医療法人の定款例等が整理されました。

　本書は，本改正を盛り込みながら現行制度についても解説し，制度全体の理解に役立てることができる構成となっています。
　各項目には，改正項目 又は 現行制度 というタグが付されていますので，既に医療機関を顧問に持つ方は，改正項目 を中心にお読みいただければ，改正の要点を素早く押さえることができるようになっています。理解度や必要性に応じて活用されることを期待いたします。

　医療法人のあるべき姿については，次のような重点項目の議論がされていました。

(1) 医療法人に関して
　　病床の機能分化，連携などを進め，効率的で質の高い医療提供体制を構築するため，医療法人等の間の連携を推進すること
(2) 経済財政運営と改革の基本方針について（平成25年6月14日閣議決定）
　　医療法人間の合併や権利の移転等に関する制度改正を検討すること
(3) 社会保障制度改革国民会議報告書（平成25年8月6日）
　　医療法人等が容易に再編・統合できるよう制度の見直しを行うこと

　また，もともと医療法には二つの大きな目的があります。
① 医療の質的確保
　　医療機関の施設や人員配置基準の水準を定めることにつながっています。今後治療実績の公表による情報公開を通じて病院間の競争原理が働くことで医療の質が高まるものと期待されています。
② 医療資源の適正配分
　　今回の改正では地域医療構想を中心としたものが該当することとなります。

「医療法の一部を改正する法律案要綱」の要点

第一　改正の趣旨

　医療機関相互間の機能の分担及び業務の連携を推進するため、地域医療連携推進法人の認定制度を創設するとともに、医療法人について、貸借対照表等に係る公認会計士等による監査、公告等に係る規定及び分割に係る規定を整備する等の措置を講ずることとなります。

第二　改正の要点

一　医療法人に係る改正事項
　1　医療法人の計算及び機関に関する事項
　　㈠　事業活動の規模その他の事情を勘案して厚生労働省令で定める基準に該当する医療法人は、厚生労働省令で定める基準に従い、貸借対照表及び損益計算書を作成し、公認会計士等の監査を受けなければならないものとするとともに、これを公告しなければならないものとすることとなります。（第51条第2項及び第5項並びに第51条の3関係）
　　㈡　医療法人は、その役員と特殊の関係がある事業者との取引の状況に関する報告書を作成し、都道府県知事に届け出なければならないものとすることとなります。（第51条第1項及び第52条関係）
　　㈢　医療法人への理事の忠実義務、任務懈怠時の損害賠償責任等を規定するとともに、社員総会等の機関に関する所要の規定を整備するものとすることとなります。（第44条から第49条の3まで関係）

2　医療法人の分割等に関する事項

　医療法人（社会医療法人その他の厚生労働省令で定める者を除く。）は，都道府県知事の認可を受けて，分割することができるものとするとともに，これに伴う所要の規定を整備するものとすることとなります。（第57条から第62条の2まで関係）

3　社会医療法人の認定等に関する事項

㈠　2以上の都道府県において病院及び診療所を開設している場合であって，医療の提供が一体的に行われているものとして厚生労働省令で定める基準に適合するものについては，当該病院の所在地の都道府県知事が認定を行うことができるものとすることとなります。（第42条の2関係）

㈡　社会医療法人の認定を取り消された医療法人であって一定の要件に該当するものは，救急医療等確保事業に係る業務の継続的な実施に関する計画を作成し，都道府県知事の認定を受けたときは，収益業務を継続して行うことができるものとすることとなります。（第42条の3関係）

二　地域医療連携推進法人に関する事項

1　都道府県知事の認定等

㈠　地域において良質かつ適切な医療を効率的に提供する参加法人を社員とし，開設する病院，診療所及び介護老人保健施設（以下「病院等」という。）の業務の連携を推進するための方針（以下「医療連携推進方針」という。）を定め，医療従事者の研修，医薬品等の物資の供給，資金貸付その他の業務（以下「医療連携推進業務」という。）を行うことを目的とする一般社団法人は，都道府県知事の認定を受けることができるものとすることとなります。（第70条関係）

㈡　医療連携推進方針には，病院等の連携を推進する区域（都道府県

医療計画において定める構想区域を考慮して定めるものとする。），病院等相互間の機能の分担及び業務の連携に関する事項，その目標等を記載しなければならないものとすることとなります。（第70条の２第２項及び第３項関係）
(三) 参加法人は，当該区域において病院等を開設する法人とすること。また，医療連携推進方針において，介護事業その他の地域包括ケアシステムの構築に資する事業の連携を推進する旨を記載した場合は，当該事業等を行う法人を参加法人とすることができるものとすることとなります。（第70条第１項，第70条の２第４項及び第70条の８第１項関係）
(四) (一)の都道府県知事の認定は，次に掲げる基準に適合すると認めるときに，地域医療構想との整合性に配慮するとともに，あらかじめ，都道府県医療審議会の意見を聴いた上で行うことができるものとすることとなります。（第70条の３関係）
  (1) 医療連携推進業務を行うことを主たる目的とするものであることとなります。
  (2) 社員は，各一個の議決権を有するものであることとなります。ただし，当該法人の目的に照らし，不当に差別的な取扱いをしないこと等を条件に，定款で別段の定めをすることができるものであることとなります。
  (3) <u>営利を目的とする団体又はその役員と**利害関係**を有する者等を社員並びに理事及び監事としないものであることとなります。</u>
  (4) 地域の関係者等を構成員とする評議会を設置し，医療連携推進方針等の重要事項の決定について，社員総会及び理事会において意見を述べることができるものとされていることとなります。
  (5) 参加法人が予算，事業計画その他の重要事項の決定を行うに当たり，あらかじめ，地域医療連携推進法人に意見を求めなければ

ならないものとされていることとなります。
　⑹　医療連携推進業務を行うに当たり，社員，理事，監事等に対し特別の利益を与えないものであること等の必要な基準を満たすものであることとなります。
２　地域医療連携推進法人の参加法人の病院等における標章等
　㈠　参加法人が開設する病院等は，地域医療連携推進法人の参加法人である旨の標章を掲示しなければならないもの等とすることとなります。（第６条の５及び第70条の11関係）
　㈡　地域医療連携推進法人は，医療連携推進業務と関連する事業を行う事業者に対して出資を行うことができるものとすることとなります。（第70条の８関係）
３　都道府県知事による監督等の医療法人に関する規定の準用等
　㈠　地域医療連携推進法人の代表理事の選定及び解職は，都道府県知事の認可を受けなければ，その効力を生じないものとすることとなります。（第70条の19関係）
　㈡　都道府県知事は，地域医療連携推進法人の病院等相互間の機能の分担及び業務の連携を推進するために必要なものであること等の要件に該当すると認めるときは，地域医療構想の推進に必要であると認める病院間の病床の融通を許可することができるものとすることとなります。（第30条の４関係）
　㈢　地域医療連携推進法人の役員，計算（剰余金の配当禁止を含む），解散及び清算並びに都道府県知事による監督については，医療法人に関する規定を準用することとなります。（第70条の12，第70条の14，第70条の15，第70条の20及び第70条の23関係）

第三　施行期日等

一　施行期日
　この法律は，公布の日から起算して2年を超えない範囲内において政令で定める日から施行するものとすること。ただし，第二の一の1㈢，2及び3に掲げる事項に関する規定は，公布の日から起算して1年を超えない範囲内において政令で定める日から施行するものとすることとなります。（附則第1条関係）
　ガバナンスに関する規定は平成29年4月2日開始事業年度以降に適用することとなります。

二　検討規定
　政府は，この法律の施行後5年を経過した場合において，この法律による改正後の医療法の施行の状況について検討を加え，必要があると認めるときは，その結果に基づいて必要な措置を講ずるものとすることとなります。（附則第11条関係）

※　下線，太字は筆者による。

目次 INDEX

はじめに－医療法人制度の見直しについて－

「医療法の一部を改正する法律案要綱」の要点

第1部 医療法人制度の基本

- **Q1** 第7次医療法改正の概要 ………………… 改正項目 · 2
- **Q2** 医療法人制度（現行） …………………… 現行制度 · 5
- **Q3** 医療法人の非営利性 ……………………… 現行制度 · 6
- **Q4** 開設者と管理者 …………………………… 現行制度 · 7
- **Q5** 病院と診療所 ……………………………… 現行制度 · 8
- **Q6** 医療法改正の沿革 ………………………… 改正項目 · 10
- **Q7** 医療法人の形態 …………………………… 現行制度 · 12
- **Q8** 社団医療法人と財団医療法人 …………… 現行制度 · 14
- **Q9** 形態ごとの医療法人の数・割合 ………… 現行制度 · 15
- **Q10** 出資持分「あり」から「なし」への移行 ……… 現行制度 · 16
- **Q11** 出資持分ありと出資持分なしの相違点 ……… 現行制度 · 18
- **Q12** 「出資持分なし」への組織変更 …………… 現行制度 · 19

第2部 第7次医療法改正を理解するためのポイント

- **Q13** 定款又は寄附行為の変更 ………………… 改正項目 · 22
- **Q14** 社団医療法人の社員 ……………………… 改正項目 · 23
- **Q15** 出資持分なし社団医療法人への組織変更 …… 現行制度 · 26

－ i －

Q16	出資持分あり社団医療法人の存続	現行制度	29
Q17	出資持分あり社団医療法人の出資者と社員	現行制度	32
Q18	社員の退社	現行制度	34
Q19	社団医療法人の出資持分	現行制度	36
Q20	出資持分あり社団医療法人の基本財産と運用財産	改正項目	37
Q21	出資社員の退社と出資持分の払戻し	現行制度	38
Q22	出資持分の譲渡	現行制度	40
Q23	出資物件の返還	現行制度	41
Q24	剰余金の帰属	現行制度	43
Q25	出資持分の放棄義務	現行制度	45
Q26	出資額限度法人	現行制度	46
Q27	減資と払戻し	現行制度	48
Q28	新たな一人医師医療法人の剰余金の帰属	現行制度	49
Q29	残余財産の帰属	現行制度	51
Q30	認定医療法人	改正項目	52
Q31	認定医療法人を活用した相続税の延納	改正項目	55
Q32	認定医療法人の手続上の注意点	改正項目	57
Q33	基金拠出型医療法人	現行制度	58
Q34	医療法人の内部管理体制	改正項目	60
Q35	医療法人の機関	改正項目	61
Q36	理事・監事・理事会の役割	改正項目	62
Q37	理事会設置法人	改正項目	63
Q38	役員	改正項目	64
Q39	社団医療法人と会社の違い	現行制度	65
Q40	医療法人の社員名簿備付け義務	現行制度	66

Q41	社団医療法人の社員総会	改正項目	67
Q42	社員総会の議事録	改正項目	69
Q43	社員総会の了解	改正項目	70
Q44	社員への説明義務	改正項目	71
Q45	社員総会の決議	改正項目	73
Q46	役員の選任	改正項目	74
Q47	理事に関する事項	改正項目	76
Q48	管理者（院長）	現行制度	78
Q49	医療安全の確保	改正項目	79
Q50	理事会の招集	改正項目	80
Q51	理事会の議事録	改正項目	81
Q52	理事の報酬等①	改正項目	84
Q53	理事の報酬等②	改正項目	85
Q54	理事の報酬等③	改正項目	86
Q55	理事の報酬等④	改正項目	87
Q56	非常勤理事・評議員の報酬	改正項目	88
Q57	役員退職金の支給	改正項目	89
Q58	過大役員給与	改正項目	90
Q59	役員報酬の支給基準	改正項目	92
Q60	監事の職務	改正項目	93
Q61	監事の報酬等について	改正項目	95
Q62	理事の就業・利益相反	改正項目	97
Q63	理事の競業・利益相反（具体例）	改正項目	98
Q64	役員等の損害賠償責任	改正項目	99
Q65	理事会の役割	改正項目	101
Q66	理事会の職務	改正項目	102

Q67	特別代理人	改正項目	104
Q68	理事会の開催	改正項目	105
Q69	理事会の招集と決議方法	改正項目	106
Q70	定款（及び寄附行為）の変更	改正項目	107
Q71	定款変更されていない場合	現行制度	109
Q72	医療法人社団及び医療法人財団の合併	改正項目	110
Q73	合併の会計処理	改正項目	111
Q74	合併の手続①	改正項目	113
Q75	合併の手続②	改正項目	114
Q76	合併の範囲拡大	改正項目	115
Q77	会社法と医療法の規定の比較	改正項目	116
Q78	医療法人の分割①	改正項目	117
Q79	医療法人の分割②	改正項目	118
Q80	医療法人の分割（純資産の部の取扱い）	改正項目	121
Q81	ＭＳ法人取引	改正項目	123
Q82	ＭＳ法人に支払う管理委託料	現行制度	126
Q83	ＭＳ法人に支払う賃料	現行制度	132
Q84	ＭＳ法人に支払う業務手数料（ＭＳ法人の業務実体）	現行制度	138
Q85	施 行 期 日	改正項目	147
Q86	会計基準・外部監査及び公告	改正項目	150
Q87	売買目的有価証券の保有	改正項目	152
Q88	地域医療連携推進法人創設について	改正項目	153
Q89	地域医療連携推進法人制度	改正項目	155
Q90	地域医療連携推進法人制度の創設の経緯	改正項目	157
Q91	地域医療連携推進法人制度の仕組み	改正項目	160

Q92	地域医療連携推進法人のメリット	改正項目	161
Q93	地域医療連携推進法人と地方創生	改正項目	163
Q94	地域医療連携推進法人の社員	改正項目	164
Q95	地域医療連携推進法人の事業	改正項目	165
Q96	地域医療連携と診療所	改正項目	167

第3部　会計・税務の注意点

Q97	医療法人会計基準①	改正項目	170
Q98	医療法人会計基準②	改正項目	173
Q99	附帯業務	改正項目	175
Q100	書類の作成・閲覧等	改正項目	177
Q101	M＆A①	改正項目	178
Q102	M＆A②	現行制度	180
Q103	社団医療法人の売却（M&A）	改正項目	181
Q104	廃業・売却	現行制度	183
Q105	事業承継	現行制度	186
Q106	保険医療機関の指導	現行制度	187
Q107	経営	改正項目	191
Q108	交際費等	現行制度	192
Q109	学資金	改正項目	194
Q110	寄附金	現行制度	196
Q111	出資持分の評価①	改正項目	197
Q112	出資持分の評価②	現行制度	200

巻末資料

 資料１ 改正後運営管理指導要綱 ………………………………… 204
 資料２ 社団医療法人の定款例 …………………………………… 231
 資料３ 医療法（昭和23年法律第205号）（抄）（第１条関係）…… 254
 資料４ 医療法（昭和23年法律第205号）（抄）（第２条関係）…… 289
 資料５ 医療法人会計基準（様式）………………………………… 309

【凡　例】

```
医療令……医療法施行令

医療規則…医療法施行規則

法人法……一般社団法人及び一般社団法人に関する法律


法法……法人税法

法令……法人税法施行令

相法……相続税法

相令……相続税法施行令

耐令……減価償却資産の耐用年数等に関する省令

措法……租税特別措置法


評基通……財産評価基本通達
```

第1部

医療法人制度の基本

改正項目

1 第7次医療法改正の概要

Q 第7次医療法改正の概要はどのようになっていますか。

A 「医療法の一部を改正する法律案の概要」によれば，特に医療法人の医療機関の分化と強化，連携が改正の重点と考えられています。

したがって，医療機関相互間の機能の分担及び業務の連携を推進するため，地域医療連携推進法人の認定制度を創設するとともに，医療法人について，貸借対照表等に係る公認会計士等による監査，公告等に係る規定及び分割に係る規定を整備する等の措置を講ずることとなります。

❶ 地域医療連携推進法人制度の創設

(1) 都道府県知事の認定

地域において良質かつ適切な医療を効率的に提供するため，病院等に係る業務の連携を推進するための方針を定め，医療連携推進業務を行う一般社団法人は，都道府県知事の認定を受けることができます。

① 参加法人（社員）

病院等の医療機関を開設する医療法人等の非営利法人となります。また，介護事業等の地域包括ケアシステムの構築に資する事業を行う非営利法人を加えることができます。

② 主な認定基準

・ 地域医療構想区域を考慮して病院等の業務の連携を推進する区域を定めていること

・ 地域の関係者等を構成員とする評議会が，意見を述べることができるものと定めていること

・ 参加法人の予算，事業計画等の重要事項について，地域医療連携推進法人の意見を少なくとも求めるものと定めていること

＊　都道府県知事の認定は、地域医療構想との整合性に配慮するとともに、都道府県医療審議会の意見を聴いて行います。

(2) 実施する業務
- 病院等相互間の機能の分担及び業務の連携の推進（介護事業等も含めた連携を加えることができる）
- 医療従事者の研修、医薬品等の供給、資金貸付等の医療連携推進業務

　　＊　一定の要件により介護サービス等を行う事業者に対する出資を可能とします。

(3) その他

　代表理事は都道府県知事の認可（原則として医師又は歯科医師（医療法46の6が生きる））を要することとするとともに、剰余金の配当禁止、都道府県知事による監督等の規定について医療法人に対する規制を準用します。また、都道府県知事は、病院等の機能の分担・業務の連携に必要と認めるときは、地域医療構想の推進に必要である病院間の病床の融通を許可することができます。

2　医療法人制度の見直し

(1) 患者・職員・病院のための医療法人の経営の透明性確保及びガバナンス強化に関する事項

　事業活動の規模その他の事情を勘案して厚生労働省令で定める基準に該当する医療法人は、厚生労働省令で定める会計基準（公益法人会計基準に準拠したものを予定）に従い、貸借対照表及び損益計算書を作成し、公認会計士等による監査、公告を実施しなければなりません。

- 会計基準の適用・外部の義務付け＝一定規模以上に義務
- 計算書類の官報公告、インターネットの公開、MS法人との取引関係について報告義務

　また、医療法人は、その役員と特殊の関係がある事業者（MS法人）との取引の状況に関する報告書を作成し、都道府県知事に届出しなければならないこととされました。

　さらに、医療法人に対する理事の忠実義務、任務懈怠時の損害賠償責任等を

規定がなされ，理事会の設置，社員総会の決議による役員の選任等に関する所要の規定を整備しています（理事会の措置）。
(2) 医療法人の分割等に関する事項
　医療法人（社会医療法人その他厚生労働省令で定めるものを除く）が，都道府県知事の認可を受けて実施する分割に関する規定を整備しています（持分のない医療法人に限る）。
(3) 社会医療法人の認定等に関する事項
　2以上の都道府県において病院及び診療所を開設している場合であって，医療の提供が一体的に行われているものとして厚生労働省令で定める基準に適合するものについては，全ての都道府県知事ではなく，当該病院の所在地の都道府県知事だけで認定可能となりました（地方分権一括化法による）。
　また，社会医療法人の認定を取り消された医療法人であって一定の要件に該当するものは，救急医療等確保事業に係る業務の継続的な実施に関する計画を作成し，都道府県知事の認定を受けたときは収益業務を継続して実施することが可能とされています（税務上の措置を要望）。

3　施行期日等

　公布の日から起算して2年を超えない範囲内において政令で定める日から施行します。ただし，2(1)（一部），(2)，(3)については，公布の日から起算して1年を超えない範囲内において政令で定める日から施行することとなります。
　政府は，この法律の施行後5年を経過した場合において（政府の一般的ルール），この法律による改正後の医療法の施行の状況について評価し，検討を加え，必要があると認めるときは，その結果に基づいて必要な措置を講ずることとなります。

|現行制度|

2 医療法人制度（現行）

Q 医療法人とは，現行法上どのように規定されていますか。

A 医療法人は，医療法（昭和23年法律第205号）39条の規定により，病院，診療所又は介護老人保健施設を開設しようとする財団又は社団が，都道府県知事（2以上の都道府県の区域において病院，診療所又は介護老人保健施設を開設する場合にあっては，厚生労働大臣）の許可を受けて設立する非営利の法人です。

　医療法においては，営利を目的として，病院，診療所又は助産所を開設しようとする者に対しては，開設許可を与えないこととされており（医療法7），医療法人制度（医療法第6章）においては，剰余金の配当の禁止が明示されているなど（医療法54），非営利の法人であることが規定されています。
　この医療法人のうち，社団であるもの（以下「社団医療法人」という）には，出資持分の定めのないものと，出資持分の定めのあるものとがあります（財団医療法人には出資の概念がない）。さらに，社団医療法人のうち，持分の定めのあるものは，定款を変更して，持分の定めのないものに移行することができますが，逆に，持分の定めのないものから持分の定めのあるものに移行することはできないとされています（医療規則30の39）。

現行制度

3 医療法人の非営利性

Q 医療法人は公益法人ですか。

A 医療法人に現行医療法が求めているのは非営利性であり、公益性ではありません。非営利性とは具体的には、「剰余金配当の禁止」（医療法54）という点であり、これをゆるがせにすると株式会社との違いが明らかになりません。

❶ 医療法人の非営利性とは

「医業経営の非営利性等に関する検討会」によると、非営利性の定義として、法人の内部に留保された剰余金が出資額に応じて社員に払戻し（分配）される、ということを是認しています。

しかし「事実上の配当」とも評価されかねないような事態の発生を防止し、剰余金が全額医療行為のために使われることを目的に、出資額限度法人が創設されました。

❷ 医療の永続性・継続性の確保に資するものであること

もともと出資額限度法人は、医療法人への出資持分払戻請求事件（いわゆる八王子判決）に端を発し、整備されたものと思料します。そうすると控訴審で判示された、出資額限度法人への定款変更は「当該病院の継続を願う意図を実現する目的でなされたもの」であると最高裁も認めたのであり（平成15年6月27日）、これが出資額限度法人の創設目的であるといえます。

> 現行制度

4 開設者と管理者

Q 開設者と管理者の違いはどのようなものでしょうか。

A 医療法7条に定める開設者とは，医療機関の開設・経営の責任主体であり，営利を目的としない法人又は医師（歯科医師）である個人であることとなります。また，開設者が第三者を雇用主とする雇用関係（実質的に同様な状態を含む）にないこと，医療機関の収益・資産・資本の帰属主体及び損失・負債の責任主体であることとなります。

なお，管理者とは通常院長をいいます。

1 医療法12条

医療法12条では，「病院，診療所又は助産所の開設者が，病院，診療所又は助産所の管理者となることができる者である場合は，自らその病院，診療所又は助産所を管理しなければならない。但し，病院，診療所又は助産所所在地の都道府県知事の許可を受けた場合は，他の者にこれを管理させて差支ない」とされています。

2 所得の帰属

病院は医療法15条（管理者の監督義務）の規定により，管理者としての責任（指揮，監督に服している）のもとに当該医師を雇用し，事業を遂行しているものであることとされます（医師として雇用）。

3 税務申告

いかなる場合にあっても，医療法人も個人も開設者によって申告することとなります。

現行制度

5 病院と診療所

Q 病院と診療所の区分はどのようになりますか。

A 医療法1条の5第1項において,「病院」とは,医師又は歯科医師が,公衆又は特定多数人のため医業又は歯科医業を行う場所であって,20人以上の患者を入院させるための施設を有するものをいうとされています。また,傷病者が,科学的でかつ適正な診療を受けることができる便宜を与えることを主たる目的として組織され,かつ,運営されるものでなければなりません。

【参考】

第7条 病院を開設しようとするとき,医師法(昭和23年法律第201号)第16条の4第1項の規定による登録を受けた者(同法第7条の2第1項の規定による厚生労働大臣の命令を受けた者にあっては,同条第2項の規定による登録を受けた者に限る。以下「臨床研修等修了医師」という。)及び歯科医師法(昭和23年法律第202号)第16条の4第1項の規定による登録を受けた者(同法第7条の2第1項の規定による厚生労働大臣の命令を受けた者にあっては,同条第2項の規定による登録を受けた者に限る。以下「臨床研修等修了歯科医師」という。)でない者が診療所を開設しようとするとき,又は助産師(保健師助産師看護師法(昭和23年法律第203号)第15条の2第1項の規定による厚生労働大臣の命令を受けた者にあっては,同条第3項の規定による登録を受けた者に限る。以下この条,第8条及び第11条において同じ。)でない者が助産所を開設しようとするときは,開設地の都道府県知事(診療所又は助産所にあっては,その開設地が保健所を設置する市又は特別区の区域にある場合においては,当該保健所を設置する市の市長又は特別区の区長。第8条から第9条まで,第12条,第15条,第18条,第24条及び第27条

> から第30条までの規定において同じ。）の許可を受けなければならない。

　以上のことから，「病院」以外を診療所といい，すなわち，「診療所」とは，19床以上の患者を入院させる施設及び無床の施設をいうことになります（医療法1の5②）。

6 医療法改正の沿革

Q 医療法改正の流れはどのようになっていますか。

A 医療法創設から現在までの改正の流れは下表のとおりです。

【医療法改正の沿革】

年	概要	内容
昭和23年	医療法制定	国民健康保持のため医療提供体制の確保
		昭和25年 医療法人制度創設
昭和36年	国民皆保険制度確立	背景：所得倍増計画 動機：臨時医専，軍医の復員による医師過剰状態
昭和60年	第1次改正医療法	増加病床に対する適度な水準への誘導 ・地域医療計画の策定　・医療提供体制の見直し ・医療法人の指導体制の整備
平成4年	第2次改正医療法	高齢化に伴う慢性疾患の増加対応として療養型病床群制度の創設と大病院の特定機能病院分化 ・医療施設機能の体系化　・医療の情報提供
平成9年	第3次改正医療法	一般病院も参入する，地域医療支援病院制度の創設による診療所中小病院の支援と連携体制の充実 ・医療計画制度の充実 ・有床診の療養型床群への参入
平成12年	第4次改正医療法	更なる機能分化の促進，病床区分の見直し，急性期対応病院と療養病院に二分化 ・入院医療提供の整備・臨床研修医の必修化 ・医療従事者の資質の向上 ・病院施設規制の外部委託（給食，検査，消毒，洗濯）
平成18年	第5次改正医療法（大改正）	第1次改正から第4次改正までの問題点を整理し解決へ →医療連携と分担の環境へ 将来的に良質な医療を提供する体制を確立し，患者の目

		線での患者ニーズに対応することに本腰を入れました。
平成26年	第6次医療法改正	病床機能報告制度の創設 急速な少子高齢化の進展，人口・世帯構造や疾病構造の変化，医療技術の高度化や国民の医療ニーズの変化など，医療を取り巻く環境変化への対応として病院・病床機能の分化及び強化，在宅医療の充実，チーム医療の推進等によって，患者個々の状態にふさわしい，良質かつ適切な医療を効果的・効率的に提供する体制の構築を目指すものとなります。
平成28年	第7次医療法改正	医療法人の機関（社員総会，評議員，評議員会，理事，理事会及び監事）に関する規定の整備とガバナンスに関する規定の整備及び地域において良質かつ適切な医療を効率的に提供するために地域医療連携推進法人が創設されました。

> 現行制度

7 医療法人の形態

Q 医療法人の形態と医療法人の類型はどのようになりますか。

A 第5次医療法改正後の医療法人の形態は下図のとおりです。

【医療法人形態】

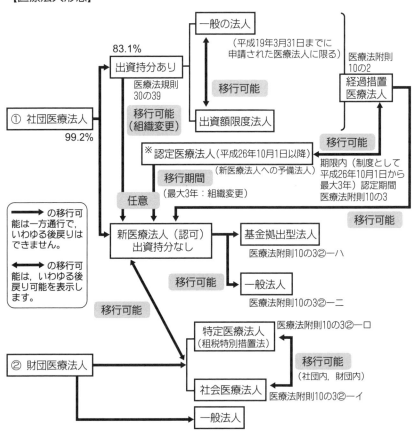

【社団医療法人の相続税・贈与税の納税猶予】

　出資持分あり医療法人の経営者の死亡による相続の発生で，持分なし医療法人への移行について支障が生じないよう，計画的な取組みを行う医療法人を国が認定する仕組みが導入されました。認定を受けた医療法人は移行期間中の相続税を猶予し，移行後に免除する措置がとられます。

　拠出型医療法人の創設，特別医療法人の削除，そして社会医療法人が創設されたことにより，現状の医療法人には次の組合せが考えられます。

【改正後医療法人の類型】

①	社団医療法人のうち出資持分ありの一般の医療法人（平成19年3月31日までに申請分）
②	〃　　　　　　　　出資額限度法人（　〃　）
③	〃　　　　　　　　出資持分なしの一般の医療法人
④	〃　　　〃　　　　特定医療法人
⑤	〃　　　〃　　　　社会医療法人（平成19年4月1日以降）
⑥	〃　　　〃　　　　基金拠出型法人（　〃　）
⑦	財団医療法人のうち一般の医療法人
⑧	〃　　　　　　特定医療法人
⑨	〃　　　　　　社会医療法人（平成19年4月1日以降）

現行制度

8 社団医療法人と財団医療法人

Q 社団医療法人と財団医療法人の主な違いはどのようなものですか。

A 社団法人と財団法人の異同は下表のとおりです。

内　容	社団法人	財団法人
性　質	社員の集団	寄附された財産の集合
設立方法	2人以上の発起人が定款（規則）を作成（定款の私的自治（自律）の原則）	財産の寄附により規則（寄付行為）をつくる
規　則	定款という	寄附行為という
社員総会	通常総会と臨時総会	
定款変更／寄附行為の変更	総会の特別決議により知事の認可	変更の規定なし，寄附行為による変更手続により知事の認可
解散原因	総会の決議と社員の欠乏等	寄附行為で定めた解散事由等

> 現行制度

9 形態ごとの医療法人の数・割合

Q 医療法人の形態ごとの法人数と割合はどのようになっていますか。

A 平成28年3月現在では次のようになっております（厚生労働省資料）。

【形態別医療法人数・割合（51,958法人）】

出資持分の定めのある	社団医療法人	78.2%	40,601法人
出資持分の定めのない	社団医療法人 　　特定医療法人 　　社会医療法人 財団医療法人 　　特定医療法人 　　社会医療法人	21.1% 0.7% 0.47%	10,976法人 （320法人） （228法人） 381法人 （ 49法人） （ 34法人）
上記の内	一人医師医療法人	83.2%	43,237法人 （医科34,130法人 　歯科9,107法人）

> 現行制度

10 出資持分「あり」から「なし」への移行

Q 出資持分あり医療法人から、出資持分なし医療法人への移行について説明してください。

A 次の図のようになります。

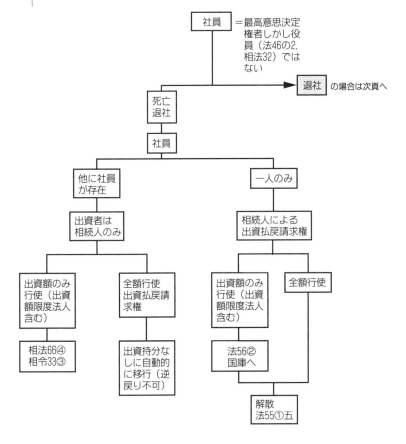

① 経済的利益は誰に帰属するのか。
② 出資額限度法人は課税関係をクリアしているものとする。
③ 「出資持分なしとは、知事の認可を必要とし「新医療法人（創設）」という名称となる。

第1部 医療法人制度の基本

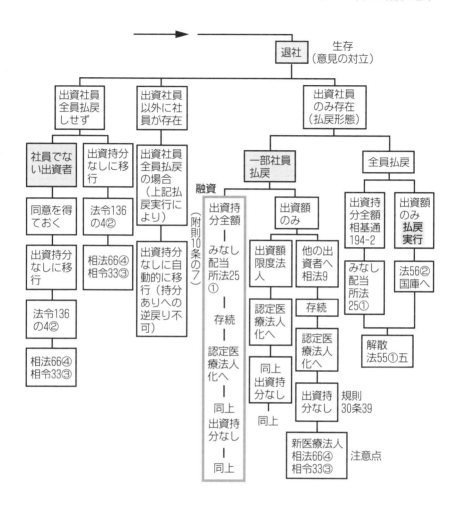

現行制度

11 出資持分ありと出資持分なしの相違点

Q 社団医療法人の出資持分ありと出資持分なしの相違点はどのようなことですか。

A まず，医療機関は非営利組織であるという認識が必要です。この非営利組織とは，利益が出ても，その利益を出資者に配当しない，すなわち，医療法人の出資持分権者には剰余金を配当しないという考え方です。しかしこれは「利益を上げてはならない」ということではありません。

医療法人は「出資持分あり」，「出資持分なし」のいずれにしても経営するのであれば「利益」を出す必要があります。

「出資持分あり」と「出資持分なし」の相違点は，以下の2点になります。
① 「出資社員が存在する」のか「出資社員が存在しない」のかによって退社時の出資持分割合によって出資払戻請求権（金銭債権）が発生するかどうか
② 解散時に「出資員が存在する」のか「出資者が存在しない」のかによって解散時の残余財産分配請求権（金銭債権）が発生するかどうか

出資持分権者の財産権は，出資払戻請求権と残余財産分配請求権という金銭債権になりますので，持分配当と同じ現象が生じることになります。よって，それぞれの時点で非営利組織とはいえないのではないかという問題点が生じます。厚生労働省としても，ジレンマに陥って入るのではないのでしょうか。

現行制度

12 「出資持分なし」への組織変更

Q 出資持分なし医療法人へ組織変更を行う手法にはどのようなものがありますか。

A 現状，社団医療法人のほとんどは「出資持分あり」医療法人ですが，「出資持分なし」医療法人への移行形態には次のものがあります。

❶ 医療法による移行

① 医療法施行規則30条の39（厚生労働省令）

直接出資持分なしへの移行⇒組織変更

② 医療法附則10条の3

・認定医療法人へ移行⇒組織変更ではありません。

※その後，取下げ選択も可能ですので，認定医療法人制度のみを活用することもできます。

・新医療法人として出資持分なしに移行⇒組織変更

❷ 税法個別通達による移行

「持分の定めのない法人」の例示として，定款に社員と出資者が，当該法人の出資に係る残余財産の分配請求権又は払戻請求権を行使することができる旨の定めはあっても，そのような社員及び出資者が存在しない法人が挙げられます。

「出資持分あり医療法人」が資本金等について時価純資産で払戻しを実行した結果，「純資産の部」が一時的に零となった場合，「出資持分あり医療法人」から「出資持分の定めのない法人」となると個別通達に示されていますが，これは法律（省令含む）における組織変更とはならず，社員による同族支配（私的支配）の存続が可能となります。

その後，同族支配者である社員の一部が当該法人に増資を実行することによ

り，個別通達上は「出資持分の定めのない法人」から「出資持分あり医療法人」として継続することが可能と考えられます。

　このように考えると，組織変更によって相続税法66条4項と相続税法施行令33条3項の問題をクリアすることで，相続対策と同族関係人（私的支配）の支配廃除を行うより，個別通達上で可能と考えられる手続の方が活用範囲は広いといえます。したがって，安易に組織変更を行うべきではないと考えます。

【相続税法66条4項と相続税法施行令33条3項の問題】

　相続税法66条4項は「いわゆる私的支配を受けやすいか否かの観点」を問題にするものであり，相続税法施行令33条3項で定められているとおり，社員及び役員の構成から同族関係者を排除し，かつ，残余財産が最終的に社員及び役員とその同族関係者に帰属することになる蓋然性をなくすこと及び当該者の相続税及び贈与税の負担が不当に減少する効果とならないようにすべきことがポイントになります。

第2部

第7次医療法改正を理解するためのポイント

改正項目

13 定款又は寄附行為の変更

Q 医療法50条の都道府県知事の認可についてはどのようになりましたか。

A 旧医療法50条は，新医療法54条の9に移行され，社団たる医療法人が定款を変更する場合には社員総会の決議によること，財団たる医療法人が寄附行為を変更する場合には，あらかじめ評議員会の意見を聴くこと，とされています。その上で，定款（又は寄附行為）の変更は，都道府県知事の認可を受けなければ，その効力を生じないこととなります。

都道府県知事は，認可の申請があった場合には医療法人がその業務を行うに必要な資産及び定款（又は寄附行為）の変更手続が法令又は定款（若しくは寄附行為）に違反していないかどうか審査した上で，その認可を決定しなければならないとしています。

すなわち，都道府県知事によって法令違反のチェックがなされ，定款等の変更について内容に法令違反がない場合又は定款等の変更の手続に法令違反がない場合，その認可を決定することとなりますので，定款の私的自治の原則が守られることとなります。

改正項目

14 社団医療法人の社員

Q 社団たる医療法人の社員とはどのようなものですか。

A 社員は社員総会において法人運営の重要事項についての議決権及び選挙権を行使する者であり、実際に法人の意思決定に参画できない者が名目的に社員に選任されていることは適正ではありません。

未成年者でも自分の意思で議決権が行使できる程度の弁別能力を有していれば（義務教育終了程度の者）社員となることができることとなります。

出資持分の定めがある医療法人の場合、相続等により出資持分の払戻請求権を得た場合であっても、社員としての資格要件を備えていない場合は社員となることはできないこととなります。

1 社員の入社・退社について

① 社員の入社について社員総会で適正な手続がなされ承認を得ていること
② 社員の退社については定款上の手続を経ていること
③ 社員の入社及び退社に関する書類は整理保管されていること

以上のことから社員には出資の義務はなく、また出資をした者が必ず社員になれるものでもありません。すなわち出資持分の定めがある医療法人の場合にあって、たとえ出資持分を有していても、社員となるには社員総会で承認を得た者ということになります。

2 社員の資格

社員について明確な法令上の規定はありませんでしたが、改正法により明確になりました。

(1) 社団医療法人の社員の資格

医療法では44条2項において、医療法人の定款又は寄附行為を作成する場

合に必要な事項として「社団たる医療法人にあっては，社員たる資格の得喪に関する規定」を定めなければならないと規定するほかは社員について明確な法令上の規定はありませんでした（**3**「社員の構成」参照）。

　一方で，「東京弁護士会会長宛厚生省健康政策局指導課長回答（平成3年1月指第1号）」において，株式会社が「出資又は寄附によって医療法人に財産を提供する行為は可能であるが，それに伴っての社員としての社員総会における議決権を取得することや役員として医療法人の経営に参画することはできない」とされており，平成12年10月5日の東京地裁においても「医療法は，医療法人の営利性を否定しているのであるから，営利法人が医療法人の意思決定に関与することは，医療法人の非営利性と矛盾するものであって許されないと解すべき」と判決し，それが最高裁判所でも支持されています。

　上記を踏まえ，今後は，医療法ほか関係法令において，医療法人の社員資格を明確に定めるとともに，少なくとも営利を目的とする法人が医療法人の社員となることはできないよう法令上措置しました。

　また，社団医療法人の社員の議決権について，社団医療法人への拠出額に応じた議決権割合を社員に付与することは，拠出額の多寡によって社団医療法人の経営が左右され，「営利を目的としない」という考えと矛盾することになります。そもそも社団医療法人に拠出された拠出金の性質は，医療法人の活動を支える財産的基礎です。一方で，社員の議決権は，社員総会において，社団医療法人の適正な運営をチェックするためのものであり，社員一人一人の意思表示が公平になされるための権利です。このため，社団医療法人に拠出された拠出金と社員の議決権とを関連付けることは，「営利を目的としない」医療法人にとって，本質的に相容れません。

　よって，社団医療法人の社員の議決権は拠出額の多寡に関わらず一人一票であることを医療法ほか関係法令において明確に定めることとなります。

3　社員の構成

　社団たる医療法人の社員には，自然人だけでなく法人（営利法人を除く）もな

ることができると明確になりました。このことから社員には医療法人，社会福祉法人等が就任が可能ですが，社員総会への出席者は（当該理事長等とする旨）定款又は社員総会で決議しておく必要があります。

現行制度

15 出資持分なし社団医療法人への組織変更

Q 「出資持分あり」社団医療法人から「出資持分なし」社団医療法人への組織変更における社員と出資者の関係はどのように考えますか。

A 「出資持分あり」社団医療法人において，社員は議決権者であり支配権保有者となり，出資者は出資持分の割合に応じた財産権所有者となります。なお，社員と出資者が同一人である場合と異なる場合とがあります。

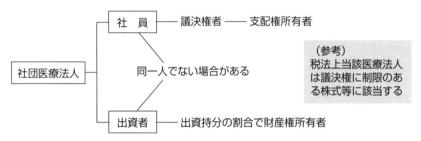

1　出資持分の放棄と課税関係

「出資持分あり」社団医療法人から「出資持分なし」社団医療法人という組織変更をする場合には，出資社員はもとより出資者全員の承認を得る必要があります。これは，憲法29条の財産権に抵触すると考えられるからです。

出資持分を保有している全ての社員が出資払戻請求権を行使しないことに合意した場合ですが，出資者全員が個人であれば，個人出資者の出資持分の放棄は無償消却と考えられることになります。譲渡性は認められないことから，譲渡所得課税は生じることなく，また出資が贈与により移転したものとみなされません。したがって，個人への課税は生じないこととなります。しかし，法人を個人とみなして課税する相続税法66条4項（相令33③）に留意する必要はあります。

2　社員の退社について

　出資者には医療法人に出資している社員と社員ではない出資者が存在しますが，社員が自然人である場合は，出資社員が退社することがあります。
　この退社には，生存退社と死亡退社（死亡の場合は自動的に退社）があり，生存退社には本人による任意退社と社員資格を剥奪する除名（社員総会の決議による）があります。

(1) 除　　名

　除名については，医療法46条の3の2第6項で，「社員総会においては，あらかじめ通知をした事項についてのみ，決議をすることができる」と定められており，その「社員名」，「除名する理由」，「事前に本人の意思の確認」が必要と考えられますので，実務上，除名は無理と考えます。

(2) 任 意 退 社

　任意退社については，モデル定款（厚生労働省）によれば，「社員はその旨を理事長に届け出て，その同意を得て退社することができる」とされており，出資社員が任意退社する場合，社員資格は喪失することとなります。

① 出資払戻請求権を行使しない場合

　出資者としては残る旨を社員総会へ意思表示する場合，すなわち出資払戻請求権を行使しない場合には，将来的に，その退社時の当該権利の評価額相当分を財産権（医療法人解散時の残余財産分配請求権）を手許に保有するのみとなります。ただし，当該社員が将来，社員総会の承認を得て社員に復帰することは可能であり，この場合は，その時から出資社員としての財産権評価がされるものと考えます。
　しかし，当該出資相当部分である財産権は医療法人の社員又は第三者への譲渡が可能と考えられます。この譲渡の場合は，社員総会の承認を受けることを勧めますが，財産権の譲渡であることから，必ずしも社員総会の承認を要するものとは考えられません。また，相続の場合，当該出資相当部分の財産権は相続財産として課税の対象となります（贈与の場合も同様）。

② 出資払戻請求権を放棄する場合

　退社時点の出資払戻請求権を放棄する場合には出資持分が消滅します。この場合には，他の出資者に対し，当該出資払戻請求部分が経済的利益の移転したと考えることとなり，他の出資者に相続税法9条のみなし贈与課税が発生することとなります（当事者間の合意がない突然の"ビックリ贈与"）。

③ 出資払戻請求権を行使する場合

　通常どおり社員としての退社時に出資払戻請求権を実行する場合には，当該医療法人は直ちに減資となります。

　死亡退社の場合に相続人が社員でない場合，出資払戻請求権の財産権は相続財産ですが，社員の地位は引き継ぎできません。また，出資払戻請求権の行使の意思表示を社員総会に明示しなければ10年で当該財産権は時効により消滅することとなります。

現行制度

16 出資持分あり社団医療法人の存続

Q 出資持分あり社団医療法人の存続はいつまでですか。

A 医療法附則10条1項によると施行日前に申請された定款については「なお従前の例による」とされています。すなわち，現在のモデル定款に記載のとおり，「本社団が解散した場合の残余財産は払込済出資額に応じて分配するものとする」ということになります。

したがって，医療法54条（剰余金の配当の禁止）にかかわらず，退社社員に対する持分の払戻しは，退社当時当該医療法人が有する財産の総額を基準として，当該社員の出資額に応じて払い戻すこととなります。高裁判決（昭和54年4月17日東京高裁53行コ35号）においても，「払戻しを請求された持分との比重が大きいため払戻し原資に不足し解散のやむなきに至るということはありうることのように思われるが，そのことによって医療法人が解散のやむなきに至ったとしても……」と判示しています。

医療法附則10条2項に関しては，「当分の間」，医療法54条の9第3項（定款又は寄付行為の変更）の残余財産の帰属すべき者を国若しくは地方公共団体等とされていることの規定は適用せずとしており，施行日以後に設立された医療法人又は施行日以後に知事に設立認可の申請をした医療法人以外は，原則として，旧定款（1項の事項）が続くこととなります。すなわち，医療法54条の9第6項の制限が設けられないこととなりました。

これは，強制的に医療法54条の9第6項の規定を適用することは憲法29条（財産権）の侵害行為となるおそれがあると考えられたためだと思われます。

したがって，附則10条2項の「当分の間」とは，「ずーっと（半永久的）」と読むことになります。租税特別措置法においての「当分の間」とは，全く関係ありません。税法は政策的なものの法律で，本来税法の「当分の間」は，「遅滞なく」と解釈すべきです。しかし，医療法附則の「当分の間」は憲法29条

「財産権」の没収の話であり、解釈は全く異なります。附則第2条（検討）の解釈に誤解があるようであるので注意してください。

　さて、ここで問題となるのは、医療法54条の9第6項に変更をする場合に、定款変更に反対する出資社員の出資持分の処分、すなわち、当該社員が退社する場合に出資持分は誰が購入するのかについてです。ちなみに医療法人は原則として自己資本の取得は禁止されているものと解されます。そうすると、相対取引で他の出資社員が購入せざるを得なくなります。この場合の価格をいくらにするのかも問題が生じることになります。

　また、反対する出資社員の出資持分についても財産権に関することになりますので、強制的に医療法54条の9第6項に定款変更することは、憲法違反になるのではないかと考えられます。いずれにしても、「当分の間」の意味は上記のとおり重要です。

【参考：医療法附則】

> （検討）
> 第2条　政府は、この法律の施行後5年を目途として、この法律の施行の状況等を勘案し、この法律により改正された医療法等の規定に基づく規制の在り方について検討を加え、必要があると認めるときは、その結果に基づいて必要な措置を講ずるものとする。

> （残余財産に関する経過措置）
> 第10条　医療法第44条第5項の規定は、施行日以後に申請された同条第1項の認可について適用し、施行日前に申請された同項の認可については、なお従前の例による。
> 2　施行日前に設立された医療法人又は施行日前に医療法第44条第1項の規定による認可の申請をし、施行日以後に設立の認可を受けた医療法人であって、施行日において、その定款又は寄附行為に残余財産の帰属すべき者に関する規定を設けていないもの又は残余財産の帰属すべき者

として同条第5項に規定する者以外の者を規定しているものについては，当分の間（当該医療法人が，施行日以後に，残余財産の帰属すべき者として，同項に規定する者を定めることを内容とする定款又は寄附行為の変更をした場合には，当該定款又は寄附行為の変更につき同法第50条第1項の認可を受けるまでの間），同法第50条第4項の規定は適用せず，旧医療法第56条の規定は，なおその効力を有する。

> 現行制度

17 出資持分あり社団医療法人の出資者と社員

Q 出資持分あり社団医療法人の出資者は社員になることができますか。

A Q15で説明のとおり出資者と社員は異なることから，出資者は直ちには社員となることはできません。社員となる場合はQ14を参照してください。

1 株式会社など営利を目的とする法人との関係

株式会社など営利を目的とする法人と医療法人との関係では，以下のような制限が設けられています。

医療法人に対する出資又は寄附について（通知）

（平成3年1月17日　指第1号）
（東京弁護士会会長あて厚生省健康政策局指導課長回答）

＜照会＞

1　株式会社，有限会社その他営利法人は，法律上出資持分の定めのある社団医療法人，出資持分の定めのない社団医療法人または財団医療法人のいずれに対しても出資者又は寄附者となり得ますか。

2　仮に株式会社，有限会社その他営利法人は上記1の医療法人の出資者又は寄附者となり得るとした場合，医療法人新規設立の場合と既存医療法人に対する追加出資又は追加寄附の場合の二つの場合を含むのでしょうか。

＜回答＞

標記について，平成3年1月9日付東照第3617号で照会のあったこと

については，下記により回答する。
記
1 　照会事項1については，医療法第7条第4項において「営利を目的として，病院，診療所又は助産所を開設しようとする者に対しては，都道府県知事は開設の許可を与えないことができる。」と規定されており，医療法人が開設する病院，診療所は営利を否定されている。そのため営利を目的とする商法上の会社は，医療法人に出資することにより社員となることはできないものと解する。
　　すなわち，出資又は寄附によって医療法人に財産を提供する行為は可能であるが，それに伴っての社員としての社員総会における議決権を取得することや役員として医療法人の経営に参画することはできないことになる。
　　照会事項2については，医療法人新規設立の場合と既存医療法人に対する追加出資又は追加寄附の場合も含むことになる。

株式会社など営利を目的とする法人は医療法人の社員になれないなど，医療法人の社員の資格要件が医療法上明確になっています。

2　判例（最高裁・平成15年6月27日　平成13年・受850号）

現行の医療法については，次のように判示されています。

> 医療法は，医療法人の営利性を否定しているのであるから営利法人が医療法人の意思決定に関与することは，医療法人の非営利性と矛盾するものであって許されないと解すべきであります。

本件においては，営利法人が被告に出資したことが認められるものの，同社は被告の社員総会における議決権を有しないと解されると判示されています。

18 社員の退社

Q 社員の退社については理事長の同意が必要ですか。また，社員総会で除名は可能ですか。

A 定款の必要的記載事項として「社団たる医療法人にあっては，社員資格の得喪に関する規定」を必ず定めなければなりません。つまり社員が退社する場合は，定款に基づき処理されなければならないということになります。

したがって，定款に「社員の退社については社員総会の同意を要する」と記載し，知事の認可を得ることで，社員の退社を拒否することは可能です。しかし，社員の除名については社員総会を招集する必要があります。社員総会の招集は，その社員総会の目的である詳細を示して通知しなければなりませんし，社員総会は当該通知した事項以外の決議をすることはできませんので，実際には社員の除名は難しいと考えられます。

医療法人の社員の退社について

（平成3年10月30日　指第70号）
（福岡県弁護士会会長あて厚生省健康政策局指導課長回答）

＜照会＞

医療法人は総会の承認または理事長の同意がないことを理由に社員退社を拒否する法的根拠があるかどうかの点につき御教示下さい。

以上。

＜回答＞

標記について，平成3年10月14日付福岡県弁照第933号で照会のあったことについては，下記により回答する。

> 記
>
> 　医療法人の社員については，社団の医療法人に存在するものであるが，社員の身分は社員総会の承認を得て取得することとなります。出資持分とは，法人の設立時等に出資した額に応じて法人の資産に対して持分相当の財産権を持つというものである。
>
> 　出資持分を持っている社員が社員資格を喪失した場合は，その持分に相当する資産の払戻しを請求する権利を有することとなる。また，法人が解散した場合についても，残余財産の分配の権限を有することとなる。
>
> 　しかし，この出資持分については，社員の身分を保持している状況では財産権に対する権限の行使はできないものであり，あくまで社員資格の喪失等の事由が生じた時に限り，払戻しを請求する権利が生じるものである。
>
> 　また，定款には，必要的記載事項として「社団たる医療法人にあっては，社員資格の得喪に関する規定」を必ず定めることとしている。
>
> 　つまり，社員が退社する場合は，定款に基づき処理されなければならず，これを拒否する理由に関して医療法等の法的根拠はないものと判断する。

　このことから，定款に「社員の退社については社員総会の同意を要する」と記載し，知事の認可を受ければよいこととなります。

現行制度

19 社団医療法人の出資持分

Q 出資持分あり社団医療法人の出資持分はどのように考えますか。

A 出資持分とは，社団医療法人の設立時等に出資した額に応じて，当該医療法人の資産に対して持分相当の財産権を持つということです。出資持分を持っている社員が社員資格を喪失した場合は，その持分に相当する資産の払戻しを請求する権利を有することになります。

　また，当該法人が解散した場合についても，残余財産の分配の権限を有することとなります。出資持分については，あくまでも社員資格の喪失等の事由が生じた時に限り払戻しを請求する権利，すなわち出資持分払戻請求権が生じることとなります。

　次に，営利を目的とする会社が，出資持分あり社団医療法人に対する出資者として，出資によって医療法人に財産を提供することは可能ですが，社員となることはできません。すなわち，社員としての社員総会における議決権を取得することや，役員として医療法人の経営に参画することはできません。

改正項目

20 出資持分あり社団医療法人の基本財産と運用財産

Q 出資持分あり社団医療法人の基本財産と運用財産を区分した場合の出資持分の評価はどのようになりますか。

A 基本財産と運用財産とは明確に区分管理され，法人の所有する不動産等重要な資産は基本財産として定款に記載することが望ましく，かつ，基本財産の処分又は担保の提供については，定款の定めにより適正になされていることとされています。

定款で基本財産の処分について禁止条項を設け基本財産の処分を禁止することとした場合であっても，出資持分あり社団医療法人の出資持分の評価に関しては，基本財産と運用財産を含めたところでその時の時価により評価することとなります。

医療法54条の9第4項により都道府県知事は，定款の認可申請があった場合には，定款変更の手続が法令又は定款に違反していないかどうかを審査した上でその認可を決定しなければなりません。すなわち，定款変更の手続及び定款内容に法令違反がない限り，いつでも定款変更が可能であることから，出資持分の評価は基本財産と運用財産を区分して評価することは許されないこととなります。

現行制度

21 出資社員の退社と出資持分の払戻し

Q 出資持分あり社団医療法人の出資社員の退社と出資社員の出資持分の払戻しはどのようになりますか。

A 出資社員の退社と出資持分の払戻について図示すると下記のとおりです。なお、出資社員の退社には生前退社と死亡退社があります。

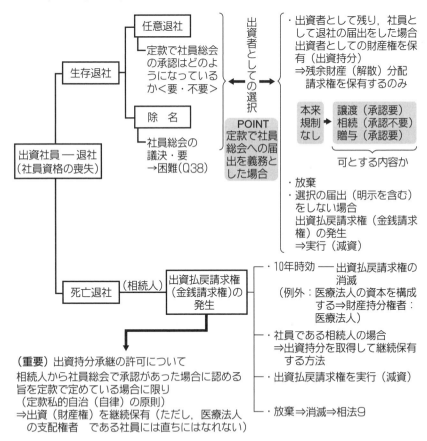

※金銭請求権（金銭債権）は、その時点で金銭に見積もることができる経済的価値のある権利として評価される額と考える。

出資社員である被相続人の相続開始をもって死亡退社と考えるならば，評価は出資持分（有価証券）の評価とすべきか，出資払戻請求権（債権）の評価とすべきかについては，定款が明示されていないので判断できません。いずれにしても，相続開始時点の財産の価額は，その時の時価と判断します。

　時価とは，特別な事情がない限り，評価通達の定めに基づき評価した価額をもって時価とすることに疑義は生じません。税法上の評価は，将来においてもゆるぎのない統一的考え方が必要であり，医療法54条の9第4項に基づく私的自治の原則による定款の変更内容が優先されるべきものではありません。

■　脱退社員の財産権（出資持分）について

　医療法人社団にあっては，出資をした社員は出資額に応じた法人の資産に対する分け前として財産権（出資持分）を有するものとし，出資持分を有する社員が退会したときその他社員資格を喪失した場合は定款において，当該社員に対して出資持分に相当する資産の払戻しを請求することができるとされています。

　このように定款の定めは，社員資格を喪失した社員（脱退社員）に対して財産権としての出資持分の払戻しを認めるものであって，一部清算としての実質を持つものです（東京高裁平成7年6月14日判決）。平成15年3月25日裁決においても，出資持分の定めがある社団医療法人の社員は，出資に対する持分権を有し，その持分は譲渡や相続又は贈与の対象となり，ひとつの財産権と解されると判断されています。

　ちなみに出資持分ありから出資持分なしへの移行決議に反対する出資社員への対策として，定款において，社員の退社は，社員総会の承認を要するとして社員の任意退社を拒否する方法があります。

現行制度

22 出資持分の譲渡

Q 出資持分あり社団医療法人の出資社員による、出資持分の譲渡は可能ですか。

A 出資社員は、いつでも当該出資持分を財産評価基本通達194－2の評価額（債務控除はしない額）により第三者へ譲渡することができます（定款で出資持分譲渡について社員総会の承認を要するとされている場合を除く）。また、相続開始時点で社員総会により医療法人を解散して、残余財産分配請求をすることも可能です。

【出資持分の譲渡（参考）】

商法204条1項但書は、株式の譲渡につき、定款をもって取締役会の承認を要する旨定めることを妨げないと規定し、株式の譲渡性の制限を許しているが、その立法趣旨は、もっぱら会社にとって好ましくない者が株主となることを防止することにあると解されます。そして、右のような譲渡制限の趣旨と、一方株式の譲渡が本来自由であるべきこととに鑑みると、定款に前述のような定めがある場合に取締役会の承認を得ずになされた株式の譲渡は、会社に対する関係では効力を生じないが、譲渡当事者間においては有効であると解するのが相当であります（最高裁昭和48年6月15日判決）。

現行制度

23 出資物件の返還

Q 退社社員又は医療法人の解散の場合で、出資持分あり社団医療法人に対する出資物件の返還額を請求するには、現行法上いくらが妥当ですか。

A 医療法人への出資物件の返還について、次のような疑義照会回答があります。

医療法人に対する出資物件の返還について

(昭和32年12月7日)

(厚生省総43)

（照会）

医療法人の定款中に「退社した社員は、その出資額に応じて払い戻しを請求することができる」と規定されておる場合に、現物を金額に見積もって出資したときの払戻しは当然現金にて返還するをもって足りると解するが、本件において左記事例に接したので何分の御指示を願いたい。

記

出資持分有り社団医療法人（※医療法人定）の精神病院を開設するために社員7名がそれぞれ現物（土地及び建物）及び現金を出資し、土地847坪建物307.75坪現金34万6,000円、合計価格500万円をもって法人を設立、精神病院を経営しておりますが、右社員のうち1名が退社し、出資した土地の返還を要求しておりますが、同人の出資は土地533坪を70万円と見積もり現金の代わりに出資したものであり、かつ、前記土地は現在病院敷地847坪中の大半を占めており当該土地は病院経営上必要欠くべからざるものであります。依って出資額に応ずる退社社員への払戻しは、土地の見積

価格である70万円を返還することをもって足りると思考されます。

　なお，返還要求者は，所有権移転後は法人と貸借契約をするからと申し立ておるものにつき念のため申し添えます。

（回答）

　退社社員に対する持分の払戻しは，退社当時当該医療法人が有する財産の総額を基準として，当該社員の出資額に応ずる金銭でなくても差し支えないものと解する。

　同趣旨の判例として，出資持分の評価については，昭和63年4月25日名古屋地裁61行ウ6号，平成元年2月27日名古屋高裁63行コ9号，昭和53年4月17日東京地裁51行ウ107号，昭和54年4月17日東京高裁53行コ35号，が参考となります。

　この中で通常の場合，医療法人は右収益事業を行っている点において特に一般の私企業とその性格を異にするものとは考えられないとしています。また，昭和54年東京高裁においては，医療法人は払戻しを請求された持分の比重が大きいため払戻し原資に不足し，解散のやむなきに至るということはありうることのように思われ，そのような事態は医療法の目的に照らし，必ずしも望ましいといえないことはいうまでもないが，さりとて特定の医療法人の解散がつねに人々にとって適正な医療を与えられる機会を奪うことになることを意味する，とまでいうことはできないし，その一方税負担の適正公平ということはそれ自体極めて重要な要請であるから，医療法人が解散のやむなきに至ったとしても……と判示しています。

　上記疑義照会回答と同一の考えを判例でも支持しています。

現行制度

24 剰余金の帰属

Q 出資持分あり社団医療法人の剰余金の帰属はどのように考えますか。

A 剰余金の配当禁止に反して，結果的に剰余金の配当と同じ効果となり，これが一番問題となっています。

1 医療法54条（剰余金の配当禁止）の考え方

医療法人は，剰余金の配当をしてはなりません。よって，原則として財産権である出資持分の返還は認めることができないと考えられますが，経過措置医療法人（旧医療法人）にあっては，厚生労働省モデル定款旧第9条において「社員資格を喪失した者は，その出資額に応じて払戻しを請求することができる」とされています。この「できる」という文言から，社員資格を喪失した者に限り払戻請求（出資払戻請求権の行使）は，その者に裁量権を有すると考えられます。

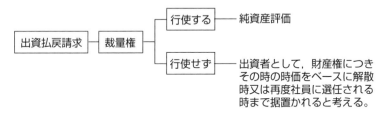

また，厚生労働省モデル定款旧第34条では，「本社団が解散した場合の残余財産は，払込済出資額に応じて分配するものとする」（残余財産分配請求権）とされており，この文言から，解散した場合は，出資者に対し当該払込済出資額に応じて分配するものと考えます。

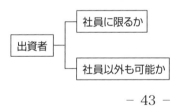

2 社団たる医療法人の社員と出資について

(1) 社員について

　社員は社員総会において法人運営の重要事項についての議決権及び選挙権を行使する者であり，実際に法人の意思決定に参画できない者が名目的に社員に選任されていることは適正ではありません。

　未成年者でも自分の意思で議決権が行使できる程度の弁別能力を有していれば（義務教育終了程度の者）社員となることができます。

　出資持分の定めがある医療法人の場合，相続等により出資持分の払戻請求権を得た場合であっても，社員としての資格要件を備えていない場合は社員となることはできません。

(2) 社員の入社・退社について

　① 社員の入社については社員総会で適正な手続がなされ，承認を得ていること

　② 社員の退社については定款上の手続を経ていること

　③ 社員の入社及び退社に関する書類は整理保管されていること

　以上のことから社員は出資の義務付けはなく，また出資をした者が必ず社員になれるものでもありません。すなわち出資持分の定めがある医療法人の場合にあって，たとえ出資持分を有していても，社員となるには社員総会で承認を得た者ということになります。

25 出資持分の放棄義務

現行制度

Q 出資持分の放棄義務は、相続財産の価額から債務控除できる確実な債務に当たりますか。

A 相続税法13条（債務控除）では被相続人の債務で相続開始の際、現に存するものの金額のうち当該相続又は遺贈により財産を取得した者の負担に属する部分がある場合には、その負担に属する部分の金額を控除して課税価格を計算することと規定されています。

しかし、Q21に示すとおり、出資社員の死亡退社に伴って出資払戻請求権が発生することはありますが、被相続人に出資持分放棄の意思があっても、出資金放棄の実行ということは担保されていません。したがって、債務控除がされることにはなりません。

現行制度

26 出資額限度法人

Q 現行の「出資額限度法人」とはどのようなものですか。

A 出資持分の定めのある社団医療法人のうち，定款により，次のような定めを設けているものを，「出資額限度法人」ということとされています。

① 社員資格を喪失したものは，払込出資額を限度として払戻しを請求することができる。

② 本社団が解散した場合の残余財産は，払込出資額を限度として分配するものとする。

③ 解散したときの払込出資額を超える残余財産は，社員総会の議決により，都道府県知事の認可を経て，国若しくは地方公共団体又は租税特別措置法（昭和32年法律第26号）67条の2第1項に定める特定医療法人に帰属させるものとする。

④ ①〜③までの定めは変更することができないものとする。ただし，特定医療法人に移行する場合はこの限りではない。

なお，出資額限度法人の定義については，下記の通知が参考となります。

（厚生労働省医政局長通知）

いわゆる「出資額限度法人」について（抄）

（略）

第1 医療法人制度における「出資額限度法人」の位置づけ等
　（略）

> 「出資額限度法人」の位置づけは，医療法人制度の運用の実態として，医療法人の大半を持分の定めのある医療法人が占めている現状に照らし，出資者にとっての投下資本の回収を最低限確保しつつ，医療法人の非営利性を徹底するとともに，社員の退社時等に払い戻される額の上限をあらかじめ明らかにすることにより，医療法人の安定的運営に寄与し，よって医療の永続性・継続性の確保に資するものであること。
>
> 第2 「出資額限度法人」の定義
> 　本通知において「出資額限度法人」とは，出資持分の定めのある社団医療法人であって，その定款において，社員の退社時における出資持分払戻請求権や解散時における残余財産分配請求権の法人の財産に及ぶ範囲について，払込出資額を限度とすることを明らかにするものをいうこと。

　すなわち，出資額限度法人といえども出資持分の定めのある社団医療法人であるということです。

現行制度

27 減資と払戻し

Q 出資持分あり社団医療法人の減資と払戻しの違いについてはどのように考えますか。

A 出資持分あり社団医療法人の減資とは，出資者の変更は伴わずに減資をしようとする部分について資本金を資本剰余金に振り替える会計処理のことで，出資者の出資持分を変更するものではありません。社団医療法人へ財産の提供・贈与等の出資持分の移転もない場合，当該出資者及び当該社団医療法人への課税関係は生じません。

払戻しについては，モデル定款旧第9条によれば「社員資格を喪失した者は，その出資額に応じて払戻しを請求することができる」とされ，出資社員が社員資格を喪失（退社）した場合に限り，その出資払戻請求権が財産権として成立します。

この場合の出資払戻しの評価額は，その時（喪失時）の時価による出資払戻請求権と考えます。その時の時価より低い価額で出資払戻しがなされれば，他の出資者へのみなし贈与が発生します。なお，社員資格を喪失した出資社員に限定していますので，社員でない出資者への出資払戻請求はないものと考えられます。ただし，解散時の残余財産分配請求権は有します。参考までに財産権である出資持分権の譲渡は有価証券の譲渡に該当します。

現行制度

28 新たな一人医師医療法人の剰余金の帰属

Q 平成19年４月以降の医療法人について剰余金の制度はどのようになりますか。

A 現行の医療法人の形態は次頁図のとおりです（Ｑ７図再掲）。
　新医療法人又は出資持分なし社団医療法人は，剰余金の帰属先が医療法関係法令上明確に位置付けられており，社員の退社時に出資額に比例して剰余金が分配されないようになっています。
　すなわち，医療法人の剰余金については従来より医療法人に帰属するものですが，医療法人制度改革の一連の中で医療法関係法令又は通知等を通じて周知することとし，社員の退社時に出資額に比例して剰余金が分配されないようにするものとなります。ただし，新制度施行前の持分の定めがある社団医療法人には，この考えが及ばないものと思料します。
　現行の医療法の判例（最高裁平成13年受850号）によれば，医療法56条は解散した医療法人の残余財産の帰属につき，定款又は寄付行為の定めるところによるものとし，当然に出資者に帰属するものとはしていません。

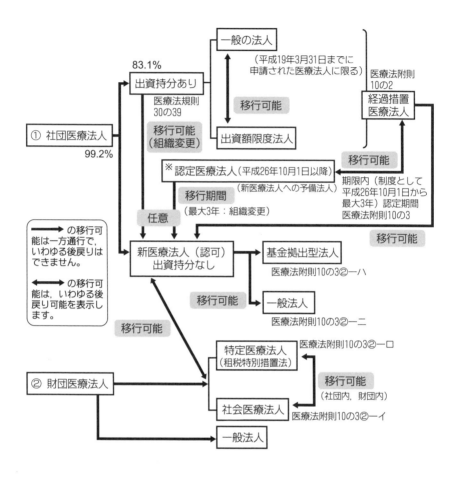

現行制度

29 残余財産の帰属

Q 医療法人解散時の残余財産の帰属先は制限されますか。

A 医療法では，医療法人解散時の残余財産の帰属すべき者を限定し，医療法人の非営利性の徹底を図っています。したがって，「①国，②地方公共団体，③医療法人その他の医療を提供する者であって厚生労働省令で定めるもの」のいずれかのうちから選定することになります。

従前の取扱い
定款，寄附行為の定めるところにより，その帰属する者に帰属。
※合併，破産による解散を除く。

問題点
出資者の残余財産分配請求権を保証
↓
◆営利法人と同様な取扱いとの指摘
◆国民皆保険で支える資源が医療の継続性に使われない

非営利性の徹底
◆残余財産の帰属先について，個人（出資者）を除外
◆医療法人の非営利性を厳格に位置づけ

経過措置
◆既存医療法人は，『当分の間』適用せず
◆出資者の財産権侵害を回避し自主的移行とするが，変更は後戻り禁止

改正項目

30 認定医療法人

Q 認定医療法人とはどのような法人をいいますか。

A 認定医療法人とは，経過措置医療法人（出資持分の定めのある医療法人）が平成26年10月1日から起算して3年を経過する日までの間に出資持分なし医療法人に移行する計画（移行するための取組みの内容などが記載された計画）を作成し，その計画について厚生労働大臣の認定を受けた経過措置医療法人をいいます。

医療法人に求められるものとして非営利性の確保があり，医療法54条の剰余金の配当禁止が存在します。しかし，経過措置医療法人の出資持分は財産権であり，出資社員は退社時において出資払戻請求権を有し，当該医療法人が解散する場合は出資者への残余財産の帰属が可能となることから医療法人の非営利性の確保が危ぶまれています。この非営利性の確保と，安定した医業経営の実現という名のもとに出資持分のない医療法人への移行による認定医療法人と医業承継税制が実現しました。

認定医療法人化の内容として，次のことを理解する必要があります。
相続とは：相続により出資持分の分割が確定したもので相続人が明確なもの
贈与とは：相続税法9条の「みなし贈与」をいう（ビックリ贈与）。
二人以上の出資者がいる場合で，他の出資者が，その出資持分を放棄（全部又は一部）したことにより受贈者の意思とは関係なく，降って湧いた経済的利益部分をみなし贈与といい，すなわち当事者間の合意のない贈与で認定医療法人の贈与はこの"ビックリ贈与"の納税猶予をいいます。

この認定医療法人は，経過措置医療法人が出資持分なしの新医療法人に移行する目的で，中間法人として3年間の時限立法で成立しました。しかし認定医

療法人に移行しても，出資持分なし新医療法人に移行するために知事の認可を受けていない場合，経過措置医療法人へ戻ることが可能（認定医療法人の取下げ申請→取消処分に移行することとなる）であることから経過措置医療法人の組織変更とはなりません。しかし，認定医療法人として認定されると出資者全員の出資持分を放棄する移行期間，すなわち3年以内の間は納税猶予をするとされています。

医療法人の定款（定款変更含む）は医療法54条の9により知事の認可を受けて定款が確定する，いわゆる認可主義です。認定医療法人とは定款変更について厚生労働大臣の認定を受けた定款のことであり，医療法上当該定款が確定することではありません。よって，認定を受けた定款すなわち認定医療法人について移行期間内に当該認定医療法人の取下げを申請することにより認定医療法人の取消処分を受けることとなり，経過措置医療法人に戻ることとなります。この取消処分を受けると再度認定医療法人への申請は不可能となりますが，この認定医療法人は，贈与税・相続税について，3年間納税を猶予するために活用することが可能であると考えられます。

贈与税の納税猶予特例制度は，贈与の時点で既に認定医療法人であることとされ，相続税の納税猶予特例制度は，相続税の申告期限までに認定医療法人となることとされています。贈与税の納税猶予は本人以外の者が受贈意思のない経済的利益（ビックリ贈与）で，いわゆるみなし贈与に対する贈与税をいい，相続税の納税猶予は相続人が承知して受ける経済的利益をいいます。ここで注意を要するのは認定医療法人の納税猶予特例制度である移行期間の3年間に他の出資者への一部の払戻しや出資者が出資持分譲渡を行った場合（基金拠出型医療法人への移行も一部払戻しと考える），その時点で納税猶予特例制度は終了するという点です。

この認定医療法人の認定による贈与税・相続税の納税猶予特例制度を経由して移行期間3年間に知事による新医療法人として認可を受けた場合は出資持分に係る贈与税・相続税の納税が免除されます。

なお，認定医療法人を経由せずに，経過措置医療法人（出資持分あり）から

出資持分なしへの直接移行し，知事の認可を受ける組織変更は医療法施行規則30条の39が現存しています。

改正項目

31 認定医療法人を活用した相続税の延納

Q 認定医療法人を活用して出資持分の相続税を延納するとは、どのようなことですか。

A 認定医療法人の認定要件は、以下の二つがあります。

① 変更の手続が法令又は定款に違反していないこと→すなわち適正な社員総会
② 移行計画の申請が有効になされていること

　出資持分の相続の場合には、とりあえず認定医療法人とすることを考えます。認定医療法人は組織変更ではありませんので、その後の3年間の移行期間において、認定医療法人の取止届を申請し、取消処分を選択することによって、出資持分の相続税を3年間延納することが可能となります。

　移行期間の3年間に、退社社員である創業者理事長の退職金2分の1課税及び過大退職金部分の別表四加算による法人税率15%（又は23.9%）について検討しておきます。

　その後退社社員の出資払戻請求の実行によるみなし配当課税を考えることになります。認定医療法人を経由した新医療法人（出資持分なし）への組織変更は慎重に検討する必要がありますので、とにかく出資持分の相続の場合は、認定医療法人を活用して相続税を3年間延納することだけを勧めます。

　なお、本件類似の贈与税にも活用が可能だと考えます。

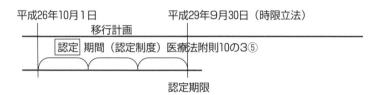

移行計画期間中，認定期限までに次の事項を確認し，認定医療法人の認定を受ける。

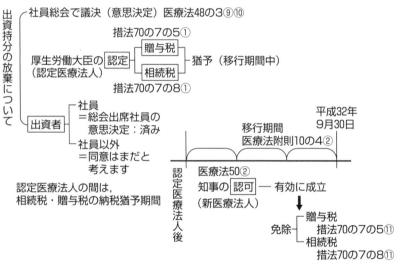

改正項目

32 認定医療法人の手続上の注意点

Q 認定医療法人の手続上の注意点にはどのようなものがありますか。

A 相続税の納税猶予を受ける目的で認定医療法人を取る場合は，理事長が亡くなってから，相続税の申告期限までに認定医療法人を取ればよいのであって，あらかじめ，又はとりあえず認定医療法人を取るということは勧められません。

■ 出資持分の放棄の考え方（手続）

実態は，出資者の出資持分の収奪的考えから，出資者全員の出資持分の放棄書の著名，実印，印鑑証明書が必要と考えます。

現行制度

33 基金拠出型医療法人

Q 基金拠出型医療法人の目的と基金とはどのようなものですか。

A 資本金制度をなくして基金という制度にすることで、運営資金を調達することを目的とします。

1 基金とは

① 社団医療法人に拠出された金銭その他の財産であって、当該社団医療法人が拠出者に対して当該医療法人と当該拠出者との間の合意の定めるところに従い返還義務を負います。

② 金銭以外の財産については、拠出時の当該財産の価額に相当する金銭の返還義務を負います。

社団医療法人の重要事項は定款自治の原則から、定款に定めることを旨としています。したがって、基金制度による基金拠出型医療法人は基金の増加、すなわち、当該社団医療法人の資産調達を容易に行えます。ただし、医療法64条により剰余金配当の禁止は存在し、基金には、上記①、②により利息を付すことはできないこととなります。

2 基金の特性

① 基金とは、社団医療法人に拠出された金銭その他の財産であって、当該社団医療法人が基金の拠出者に対して返還義務を負います（医療規則30の37①）。

② 基金制度は剰余金の分配を目的としないという医療法人の基本的性格を維持しつつ、その活動の原資となる資金を調達し、その財産的基礎の維持を図るための制度です。

③ 医療法人の議決権については、基金の拠出者が議決権を有する旨の規定

④ 基金制度における経理処理等については,基金の総額(基金の返還をする場合の代替基金を含む)は,貸借対照表の純資産の部に「基金」(又は「代替基金」)の科目で計上します。よって「資本金」ではありません。
⑤ 社団医療法人が破産手続開始の決定を受けた場合には,基金の返還に係る債権は,破産法に規定する約定劣後破産債権となります。
⑥ 基金の返還に係る債権には利息を付すことはできません(医療規則30の37②)。

【参考:医療法の施行規則】

(基金)
第30条の37 社団である医療法人(持分の定めのあるもの,法第42条の2第1項に規定する社会医療法人及び租税特別措置法第67条の2第1項に規定する特定の医療法人を除く。社団である医療法人の設立前にあつては,設立時社員。以下この条において「社団医療法人」という。)は,基金(社団医療法人に拠出された金銭その他の財産であつて,当該社団医療法人が拠出者に対して本条及び次条並びに当該医療法人と当該拠出者との間の合意の定めるところに従い返還義務(金銭以外の財産については,拠出時の当該財産の価額に相当する金銭の返還義務)を負うものをいう。以下同じ。)を引き受ける者の募集をすることができる旨を定款で定めることができる。この場合においては,次に掲げる事項を定款で定めなければならない。
一 基金の拠出者の権利に関する規定
二 基金の返還の手続
2 前項の基金の返還に係る債権には,利息を付することができない。

34 医療法人の内部管理体制

Q 理事・監事・社員総会等の医療法人の内部管理体制について，医療法でははどのように明確化されていますか。

A 民間非営利部門として地域医療の中心である医療法人の理事，監事，社員総会，評議員会の各機能の明確化により，医療法人の内部管理体制の強化を図ります。

【役員】
- 役員（理事・監事）任期⇒2年と明記，「再任は可能」など

【社員総会（社団医療法人）】
- 定時社員総会，臨時社員総会の招集権者，招集方法などの明確化
- 一定数（総社員の5分の1）以上の社員による臨時社員総会招集請求権を付与
- 社員の議決権⇒「1人1票」に限定し，非営利を徹底など

【監事】
- 監事の職務の明確化⇒業務監査や監査報告書の作成など
- 欠員時の補充規定を明記

【評議員会（財団医療法人）】
- 評議員会　財団医療法人の理事会をチェックする「必置機関」として位置付け
- 一定数（総評議員の5分の1）以上の評議員による評議員会招集請求権を付与，評議員会への最低諮問事項を明記化（議決事項とすることも可能）
- 評議員会の機能，評議員資格の明確化など

　以上，医療法人の内部管理体制の明確化を通じた効率的な医業経営の推進することとなります。

改正項目

35 医療法人の機関

Q 医療法人の機関に関する規定について教えてください。

A 医療法人は次のような機関の設置となります（医療法46の2）。

【社団たる医療法人】

社団たる医療法人は，社員総会，理事，理事会及び監事を置かなければなりません。

【財団たる医療法人】

財団たる医療法人は，評議員，評議員会，理事，理事会及び監事を置かなければなりません。評議員会は，財団医療法人の理事会の業務を内部からチェックする機関であります。

36 理事・監事・理事会の役割

Q 医療法人の理事・監事・理事会の役割はどのようなものですか。

A 医療法人の役員は，経営を司る理事と法人の業務を監査する監事が存在します。また，医療法人の経営方針を決定し，それを実行する理事会があります。これらについては，法人運営の執行という観点から必須の機関であり，医療法人の理事・監事・理事会の役割の明確化を通じ，医療法人の各機関（理事・監事・理事会）が効率的な医業経営の実施に向けて有効に機能します。

なお，医療法人の役員の選任にあたっては，当該医療法人内部の適正な手続に基づいて行われます。

改正項目

37 理事会設置法人

Q 理事が一人の場合も理事会設置法人と読むのでしょうか。

A 医療法人には、役員として、理事三人以上及び監事一人以上を置かなければなりません。ただし、理事について、都道府県知事の認可を受けた場合は、一人又は二人の理事を置けば足ります。このただし書きで理事が一人の場合も理事会設置法人と読むこととなります。次に医療法人と役員との関係は、委任に関する規定に従います。

38 役　　員

Q 医療法人の役員は，解任できますか。

A 社団たる医療法人の役員は，いつでも社員総会（又は評議員会）の決議によって解任できます。ただし，監事を解任する場合は，特別決議が必要です。

役員の解任例としては次のものが考えられます。

① 職務の執行に関し，不正の行為又は法令若しくは定款に違反する重大な事実があったとき

② 心身の故障のため，職務の執行に支障があり，又はこれに堪えないとき

社員総会（又は評議員会）では，あらかじめ通知をした事項についてのみ決議を行うことができます。したがって，医療法人の役員を解任する場合（社員の除名も同じ）は，解任しようとする役員の氏名及び解任理由を通知する必要があります。

現行制度

39 社団医療法人と会社の違い

Q 社団たる医療法人と会社の決議の方法の相違と社員の人選の注意事項はどのようなものでしょうか。

A 医療法人の重要事項の決議方法は，社員の頭数により決することとなります。特に社団医療法人で出資持分のある旧社団医療法人にあっては，出資社員の出資額及び社員でない出資者の出資額は医療法人の重要な決議事項に影響を及ぼさないこととなります。

しかし，会社の場合は会社法による資本の論理から，株主の意向により重要事項が決議されることとなります。

- 社員総会の議決事項において，社団たる医療法人の運用について重要な事項は社員総会の議決により行う（医療法人運営管理指導要綱の審議状況より）。
- 社員は各一個の議決権を有する（医療法46の3の3）。

これらのことから，社団たる医療法人の社員は次の3権を有することと考えられ，職責が重く，付加価値が高いことと考えられます。

① 立法権 ― 医療法人の憲法（定款）を定める権利
② 行政権 ― 医療法人の重要事項を審議する権利
③ 裁判権 ― 医療法人を取り仕切り管理支配する権利

社員の人選には十分注意する必要があります。

- 社員総会は社団医療法人の最高意思決定機関
- 社員は社団医療法人の最高意思決定権者

現行制度

40 医療法人の社員名簿備付け義務

Q 社団たる医療法人の社員名簿は備付ける必要がありますか。

A 医療法人は社員名簿の記載及び整理を必要とします。社員名簿の記載事項は次のとおりです。

① 氏名
② 生年月日（年齢）
③ 性別
④ 住所
⑤ 職業
⑥ 入社年月日（又は退社年月日）
⑦ 出資額及び出資持分割合（必ずしも出資額は要しない）

社員総会は社団医療法人の適正な運営をチェックし，かつ理事会の業務を内部からチェックするための機関です。

改正項目

41 社団医療法人の社員総会

Q 社員総会の開催及び決議はどのようにするのですか。

A 社員総会の招集・開催，議長の選任や決議のついては以下のとおり行います。

◼ 社員総会の招集・開催について

① 社団たる医療法人の理事長は，少なくとも毎年1回（2回が望ましい），定時社員総会を開かなければなりません。また，理事長は，必要があると認めるときは，いつでも臨時社員総会を招集することができます。

② 理事長は，総社員の5分の1以上の社員から社員総会の目的である事項を示して臨時社員総会の招集を請求された場合には，請求のあった日から20日以内に，これを招集しなければなりません。ただし，総社員の5分の1の割合については，定款でこれを下回る割合を定めることができます。

③ 社員総会の招集の通知は，その社員総会の日より少なくとも5日前に，その社員総会の目的である事項を示し，定款で定めた方法に従って行わなければなりません。

◼ 社員総会の議長について

議長は，社員総会において選任します。

◼ 社員総会の決議について

① 社員総会は，法に規定する事項及び定款で定めた事項について決議をすることができます。

② 法の規定により社員総会における決議を必要とする事項について，理事，理事会その他社員総会以外の機関が決定することができることを内容とす

る定款の定めは，その効力を有しません。
③　決議は，社員総会の招集通知によりあらかじめ通知した事項についてのみ行うことができます。ただし，定款に別段の定めがあるときは，この限りではありません。
④　社員は，各一個の議決権を有することとなります。
⑤　社員総会は，定款に別段の定めがある場合を除き，総社員の過半数の出席がなければ，その議事を開き，決議をすることができません。
⑥　社員総会の議事は，法又は定款に別段の定めがある場合を除き，出席者の議決権の過半数で決し，可否同数のときは，議長の決するところによることとなります。
⑦　⑥の場合において，議長は，社員として議決に加わることができません。
⑧　社員総会に出席しない社員は，書面で，又は代理人によって議決をすることができます。ただし，定款に別段の定めがある場合は，この限りではありません。
⑨　社員総会の決議について特別の利害関係を有する社員は，議決に加わることができません。

改正項目

42 社員総会の議事録

Q 社員総会の議事録は作成する必要がありますか。議事録を作成する場合は，どのような内容ですか。

A 社員総会の議事については，次に定めるところにより，議事録を作成しなければなりません。

① 書面（又は電磁的記録）をもって作成します。
② 次に掲げる事項を内容とします。
　イ　開催された日時及び場所
　ロ　議事の経過の要領及びその結果
　ハ　決議を要する事項について特別の利害関係を有する社員があるときは，当該社員の氏名
　ニ　述べられた意見又は発言の内容の概要
　　・監事が述べた意見
　　・監事を辞任した者が述べた意見
　　・監事が行った報告
　ホ　出席した理事又は監事の氏名
　ヘ　議長の氏名
　ト　議事録の作成に係る職務を行った者の氏名

　議事録は，社員総会の日から10年間，主たる事務所に備え置かなければなりません。また，その写しを，社員総会の日から5年間，従たる事務所に備え置かなければなりません。
　社員及び債権者は，医療法人の業務時間内は，いつでも，次に掲げる請求をすることができます。
　・議事録が書面をもって作成されているときは，当該書面又は当該書面の写しの閲覧又は謄写の請求

改正項目

43 社員総会の了解

Q 社員総会の了解について教えてください。

A 社団医療法人にあっては、事業の遂行については一つ一つ社員の了解をとらなければなりません。基本的には事業の実情について隠さず全てオープンにすることが必要です。

44 社員への説明義務

Q 理事及び監事は，社員総会において社員から特定の事項について説明を求められた場合，全ての説明を要しますか。

A 社員総会は，理事会の業務をチェックする機関であることから，原則として説明義務があります。詳細については次のとおりです。

① 理事及び監事は，社員総会において，社員から特定の事項について説明を求められた場合には，当該事項について必要な説明をしなければなりません。ただし，当該事項が社員総会の目的である事項に関しないものである場合その他次に掲げる正当な理由がある場合には，この限りでないとされています。

　イ　社員が説明を求めた事項について説明をすることにより社員の共同の利益を著しく害する場合

　ロ　社員が説明を求めた事項について説明をするために調査をすることが必要である場合。ただし，次に掲げる場合を除きます。

　　(イ)　当該社員が社員総会の日より相当の期間前に当該事項を医療法人に対して通知した場合

　　(ロ)　当該事項について説明をするために必要な調査が著しく容易である場合

　ハ　社員が説明を求めた事項について説明をすることにより医療法人その他の者（当該社員を除く）の権利を侵害することとなる場合

　ニ　社員が当該社員総会において実質的に同一の事項について繰り返して説明を求める場合

　ホ　イからニまでに掲げる場合のほか，社員が説明を求めた事項について説明をしないことにつき正当な理由がある場合

② 社団たる医療法人は，社員名簿を備え置き，社員の変更があるごとに必要な変更を加えなければならないこととなります。

③ 社団たる医療法人の社員には，自然人だけでなく法人（営利を目的とする法人を除く）もなることができることとなります（社員について法令上明確になった）。

改正項目

45 | 社員総会の決議

Q 社員総会の決議を持ち回りで行うことは可能ですか。

A 社員総会は原則として理事長が招集します。この場合に，社員総会の決議する方法について構成員が一同に会することが原則ですが，やむを得ない場合には，社員総会の決議事項はあらかじめ通知し，通知事項についてのみ決議することになりますので，持ち回り決議することは可能と考えられます（平成15年6月27日最判。いわゆる八王子判決）。

社員は各一個の議決権を有することになりますが，出資持分あり医療法人の出資者は議決権を有しません。すなわち，出資額に応じて議決権を持つわけではなく，資本の論理は働かないこととなります。

46 役員の選任

Q 役員の選任はどのように行いますか。

A 役員の選任についての留意点は以下のとおりです。

1 役員の選任について

① 医療法人には，役員として，理事3人以上及び監事1人以上を置かなければなりません。ただし，理事については，都道府県知事の認可を受けた場合は，1人又は2人の理事を置けば足ります。
② 社団たる医療法人の役員は，社員総会の決議によって選任します。
③ 財団たる医療法人の役員は，評議員会の決議によって選任します。
④ 医療法人と役員の関係は，民法の委任に関する規定に従います。
⑤ 医療法人は，その開設する全ての病院，診療所又は介護老人保健施設（指定管理者として管理する病院等を含む）の管理者を理事に加えなければなりません。ただし，医療法人が病院，診療所又は介護老人保健施設を2以上開設する場合において，都道府県知事の認可を受けたときは，管理者（指定管理者として管理する病院等の管理者を除く）の一部を理事に加えないことができます。また，管理者たる理事は，管理者の職を退いたときは，理事の職を失うものとします。ただし，理事の職への再任を妨げるものではありません。
⑥ 監事は，当該医療法人の理事又は職員を兼ねてはならないこととなります。

2 役員の任期等について

① 役員の任期は，2年を超えることはできません。ただし，再任を妨げないこととなります。

② 法又は定款(若しくは寄附行為)で定めた役員の員数が欠けた場合には,任期の満了又は辞任により退任した役員は,新たに選任された役員(③の一時役員の職務を行うべき者を含む)が就任するまで,なお役員としての権利義務を有することとなります。

③ ②の場合において,医療法人の業務が遅滞することにより損害を生ずるおそれがあるときは,都道府県知事は,利害関係人の請求により又は職権で,一時役員の職務を行うべき者を選任しなければならないこととなります。

④ 理事又は監事のうち,その定数の5分の1を超える者が欠けたときは,1月以内に補充しなければならないこととなります。

3 監事の選任に関する監事の同意等について

① 理事は,監事がある場合において,監事の選任に関する議案を社員総会(又は評議員会)に提出するには,監事(監事が2人以上ある場合にあっては,その過半数)の同意を得なければならないこととなります。

② 監事は,理事に対し,監事の選任を社員総会(若しくは評議員会)の目的とする又は監事の選任に関する議案を社員総会(若しくは評議員会)に提出することを請求することができることとなります。

③ 監事は,社員総会(又は評議員会)において,監事の選任若しくは解任又は辞任について意見を述べることができることとなります。

④ 監事を辞任した者は,辞任後最初に招集される社員総会(又は評議員会)に出席して,辞任した旨及びその理由を述べることができます。この場合において,理事は,監事を辞任した者に対し,社員総会(又は評議員会)を招集する旨並びに当該社員総会(又は評議員会)の日時及び場所を通知しなければならないこととなります。

47 理事に関する事項

改正項目

Q 理事長の権限等はどのようになっていますか。

A 理事長の代表権等については以下のとおりです。

① 医療法人の理事のうち一人は，理事長とし，医師又は歯科医師である理事のうちから選出します。ただし，都道府県知事の認可を受けた場合は，医師又は歯科医師でない理事のうちから選出することができることとなります（ただし書きは現状において一般的には認められていない）。

② 理事長は，医療法人を代表し，医療法人の業務に関する一切の裁判上又は裁判外の行為をする権限を有することとなります。

③ ②の権限に加えた制限は，善意の第三者に対抗することができないこととなります。

④ 任期の満了又は辞任により退任した理事長は，新たに選任される理事長が就任するまで，なお理事長としての権利義務を有することとなります。

⑤ 理事長が退任し，新たな理事長が選任されない場合において，医療法人の業務が遅滞することにより損害を生ずるおそれがあるときは，都道府県知事は，利害関係人の請求により又は職権で，一時理事長の職務を行うべき者を選任しなければならないこととなります。

⑥ 医療法人は，理事長がその職務を行うについて第三者に加えた損害を賠償する責任を負うこととなります。

【理事長の資格要件の見直しへの提言】

　理事長は，都道府県知事の認可を受けた場合，医師又は歯科医師でない理事のうちから選出することができるとされていますが，現実では，医療法人を代表し，その業務を総理します。

　理事長の資格要件として，医師又は歯科医師であることを堅守しています。なぜなら，医療サービスという人の生命・健康に著しく影響を及ぼすものを提供する医療法人の経営に携わる者は，原則として，医師又は歯科医師の資格が必要とされているからです。

　しかし，昨今の医業経営を取り巻く厳しい状況を考えると，顧客である患者の立場を尊重した質の高い医療サービスを効率的に提供するためには，医療に関する知識のほか，経営の根幹に関わる重要な判断を行う資質も理事長には求められます。例えば，特定医療法人等一定の法人においては，都道府県知事の認可によって医師又は歯科医師でない理事のうちから理事長を選出することができるという取扱いに鑑みると，医療法人の理事長についても医師又は歯科医師である理事のうちから選出するという原則を維持しながらも医療法人がそれぞれの状況に応じて人材を幅広く求めることを可能とすることも有用であると考えます。

　医療法人の理事長については，当該医療法人自らが多様な人材から的確な者を選ぶことができるよう，実務上見直すべきではないでしょうか。

（出所：厚生労働省）

現行制度

48 管理者（院長）

Q 医療法人の管理者（院長）は他の医療法人の理事に就任することは可能ですか。

A 医療法人の管理者（院長）にかかわらず，医療機関の管理者（院長）は，医療法15条（監督義務）に基づき，その医療機関に勤務する医師等を監督し，その業務遂行に欠けることのないよう必要な注意をしなければならないとされており，医療機関に勤務する医師，看護師，その他医療機関に勤務する職員全員を常時監督することが義務付けられています。

この常時監督義務から，管理者（院長）は，他の医療法人の理事として理事会に出席するなど，理事としての職務の執行に従事することはできないものと考えられます。よって，他の医療法人の理事には就任できないものと考えます。

【参考：医療法】

> 第10条 病院又は診療所の開設者は，その病院又は診療所が医業をなすものである場合は臨床研修等修了医師に，歯科医業をなすものである場合は臨床研修等修了歯科医師に，これを管理させなければならない。
>
> 第15条 病院又は診療所の管理者は，その病院又は診療所に勤務する医師，歯科医師，薬剤師その他の従業者を監督し，その業務遂行に欠けるところのないよう必要な注意をしなければならない。

改正項目

49 医療安全の確保

Q 医療機関の管理者（院長）に対する医療安全確保の体制はどのようになりますか（医療法）。

A 医療法において医療安全の確保にかかる医療機関の管理者（院長）の義務を規定することにより医療安全の確保という施策の方向を明示します。

現状は，医療法施行規則において病院・有床診療所の管理者に対して以下の安全管理体制の整備が義務付けられています。

① 医療にかかる安全管理のための指針の整備
② 医療にかかる安全管理のための委員会の開催
③ 医療にかかる安全管理のための職員研修の実施
④ 医療機関内における事故報告等の医療に係る安全の確保を目的とした改善のための方策の実施

【法律上の規定の新設（第6次医療法改正）】

「病院，診療所又は助産所の管理者は，厚生労働省令で定めるところにより，医療安全確保のための指針策定，従業者に対する研修実施その他の医療安全を確保するための措置を講じなければならない」とされました。

医療法施行規則において，病院，診療所又は助産所の管理者に対して，以下の項目が義務付けられています。

① 安全管理体制の整備（対象となる医療機関の対象拡大（無床診療所，歯科診療所，助産所））
② 院内感染制御体制の整備（新設）
③ 医薬品，医療機器の安全使用，管理体制の整備（新設）

改正項目

50 | 理事会の招集

Q　理事会の招集はどのようにするのですか。

A　理事会招集に係る留意点は以下のとおりです。

① 理事会は，各理事が招集します。ただし，理事会を招集する理事を定款（若しくは寄附行為）又は理事会（若しくは評議員会）で定めたときは，その理事が招集することとなります。

② ①のただし書の場合には，理事会を招集する理事（以下「招集権者」という）以外の理事は，招集権者に対し，理事会の目的である事項を示して，理事会の招集を請求することができることとなります。

③ ②による請求があった日から5日以内に，その請求があった日から2週間以内の日を理事会の日とする理事会の招集の通知が発せられない場合には，その請求をした理事は，理事会を招集することができることとなります。

④ 理事会を招集する者は，理事会の日の1週間（これを下回る期間を定款（又は寄附行為）で定めた場合にあっては，その期間）前までに，各理事及び各監事に対して理事会を招集する旨の通知を発しなければならないこととなります。

　　監事に対して理事会を招集する旨の通知が発せられない場合は，理事会の決議事項は無効となります。

⑤ 上記にかかわらず，理事会は，理事及び監事の全員の同意があるときは，招集の手続を経ることなく開催できます。

51 理事会の議事録

Q 理事会の議事録の作成と保存期間はどのようになっていますか。

A 議事録の作成・保存期間とその他の留意点については以下のとおりです。

① 理事会の議事については，次に定めるところにより，議事録を作成しなければなりません。

イ 書面（又は電磁的記録）をもって作成します。

ロ 次に掲げる事項を内容とするものです。

　(イ) 開催された日時及び場所（当該場所に存在しない理事又は監事が出席した場合における当該出席の方法を含む）

　(ロ) 理事会が次に掲げるいずれかのものに該当するときは，その旨
　　・招集権者が理事の請求を受けて招集されたもの
　　・理事が招集したもの
　　・監事の請求を受けて招集されたもの
　　・監事が招集したもの

　(ハ) 議事の経過の要領及びその結果

　(ニ) 決議を要する事項について特別の利害関係を有する理事があるときは，当該理事の氏名

　(ホ) 次のことについて，述べられた意見又は発言の内容の概要
　　・理事が行った報告
　　・監事が行った報告
　　・監事が述べた意見

　(ヘ) 定款（又は寄附行為）の定めがあるときは，理事長以外の理事であって，出席した者の氏名

　(ト) 議長の氏名

ハ　次に掲げる場合には，議事録は次に定める事項を内容とします。
　　　(イ)　理事会の決議があったものとみなされた場合　次に掲げる事項
　　　　・理事会の決議があったものとみなされた事項の内容
　　　　・当該事項の提案をした理事の氏名
　　　　・理事会の決議があったものとみなされた日
　　　　・議事録の作成に係る職務を行った理事の氏名
　　　(ロ)　理事会への報告を要しないものとされた場合　次に掲げる事項
　　　　・理事会への報告を要しないものとされた事項の内容
　　　　・理事会への報告を要しないものとされた日
　　　　・議事録の作成に係る職務を行った理事の氏名
②　議事録が書面をもって作成されているときは，出席した理事（定款（又は寄附行為）で，議事録に署名し，又は記名押印しなければならない者を当該理事会に出席した理事長とする旨の定めがある場合にあっては，当該理事長）及び監事は，これに署名し，又は記名押印しなければなりません。
③　医療法人は，理事会の日（理事会の決議があったものとみなされた日を含みます）から10年間，①の議事録又は意思表示を記載し，若しくは記録した書面（若しくは電磁的記録）（以下，「議事録等」という）をその主たる事務所に備え置かなければなりません。
④　社員は，その権利を行使するため必要があるときは，裁判所の許可を得て，次に掲げる請求をすることができます。
　　イ　議事録等が書面をもって作成されているときは，当該書面の閲覧又は謄写の請求
　　ロ　議事録等が電磁的記録をもって作成されているときは，当該電磁的記録に記録された事項を紙面又は映像面に表示する方法により表示したものの閲覧又は謄写の請求
⑤　評議員は，財団たる医療法人の業務時間内は，いつでも，④に掲げる請求をすることができます。
⑥　債権者は，理事又は監事の責任を追及するため必要があるときは，裁判

所の許可を得て，議事録等について，④に掲げる請求をすることができます。

⑦　裁判所は，④及び⑥の請求に係る閲覧又は謄写をすることにより，医療法人に著しい損害を及ぼすおそれがあると認めるときは，その許可をすることができません。

改正項目

52 | 理事の報酬等①

Q 役員に対する報酬等はどのように定める必要がありますか。

A 理事の報酬等（報酬，賞与その他の職務執行の対価として医療法人から受ける財産上の利益をいう。以下同じ）は，定款（又は寄附行為）にその額を定めていないときは，社員総会（又は評議員会）の決議によって定めることとなります。

※ 定款（若しくは寄附行為）又は社員総会（若しくは評議員会）においては，理事の報酬等の総額を定めることで足り，理事が複数いる場合における理事各人の報酬等の額を，その総額の範囲内で理事会の決議によって定めることは差し支えありません。また，報酬等の総額の上限を超えない限り，毎会計年度の社員総会（又は評議員会）における決議はしなくても構わないこととなります。

　理事の報酬等の額を，定款で定めていないときは，社員総会（又は評議員会）の決議により定めるとしていることの趣旨は，理事が自らの報酬等の額を定めることによるお手盛りを防止するためです。したがって，支給基準に則った場合であっても理事長が理事の個々の報酬等の額を決定することは認められません。理事によるお手盛り防止という趣旨からは，定款又は社員総会（若しくは評議員会）においては，理事の報酬等の総額を定めることで足り，理事各人の報酬等の額は，その総額の範囲内で理事会の決議によって定めることになります。

改正項目

53 理事の報酬等②

Q 理事の報酬について、剰余金の配当禁止の観点から上限はあり得ますか。

A 理事の報酬等が医療法人の資産・収入の状況から見てあまりに多額になると、当該法人として不適切な利益配分となるおそれがあります。つまり役員の報酬等が不当に高額な場合には医療法人の非営利性を潜脱することになりかねず、望ましくありません。

一方で医業経営を実施するためには有能な理事の確保が必要となります。その観点から理事の報酬等について、医療法人の自律性が尊重されています（ただし、特定医療法人にあっては理事の給与制限あり）。

改正項目

54 理事の報酬等③

Q 役員等報酬等支給基準について,「理事の報酬額は理事長が理事会の承認を得て定める」のような支給基準とすることは可能でしょうか。

A 医療法人の理事等の報酬等が,民間事業者の役員の報酬等や医療法人の経理の状況に照らし,不当に高額な場合には,法人の非営利性を潜脱するおそれがあり,適当ではないと考えます。このため,理事等に対する報酬等が不当に高額なものとならないよう支給の基準を定めておくことが望ましいといえます。この支給の基準は,理事等の勤務形態に応じた報酬等の区分,金額の算定方法,支給の方法等が明らかになるよう定めることをお勧めします。

なお,理事の報酬等の支給の基準ではありませんが,報酬等の額については,定款で定めていないときは,社員総会又は評議員会の決議により定めることが必要です(一般社団・財団法人法)。これは,理事が自らの報酬等の額を定めることによるお手盛りを防止するためです。したがって,支給の基準に則った場合であっても,理事長が理事の個々の報酬等の額を決定することは認められません。

(注) 理事によるお手盛りを防止するという一般社団・財団法人法の趣旨からは,定款又は社員総会若しくは評議員会においては,理事の報酬等の総額を定めることで足り,理事が複数いる場合における理事各人の報酬等の額を,その総額の範囲内で理事会の決議によって定めることは差し支えないと解されます。

改正項目
55 | 理事の報酬等④

Q 理事に対するお車代も報酬に含めて支給の基準に盛り込むことが必要でしょうか。

A 理事，監事，評議員に対する報酬等とは，報酬，賞与その他の職務遂行の対価として受ける財産上の利益及び退職手当と定められていますので理事に対して，交通費実費相当額をお車代として支給する場合には，報酬等には該当しません。

1 常勤理事

常勤理事に対する車代は，交通費実費相当額を支給する限り，報酬等には該当しません。

2 非常勤理事（又は評議員）

非常勤理事（又は評議員）に対して，職務遂行の対価として支給する日当や，交通費実費相当額を超えて支給する車代等は，報酬等に含まれます。この場合には，支給する場合の基準について定めておくことが必要と考えられます。

56 非常勤理事・評議員の報酬

Q 非常勤理事や評議員に対して給与は支給できるのでしょうか。非常勤理事や評議員は現在は無報酬ですが、報酬を支給しなければならないのでしょうか。

A 医療法人の理事等の報酬等が、民間事業者の役員の報酬等や医療法人の経理の状況に照らし、不当に高額な場合には、法人の非営利性を潜脱するおそれがあり、適当ではありません。このため、理事等に対する報酬等が不当に高額なものとならないよう支給の基準を定めておきましょう。

ただし、報酬等の支給の基準を定めるといっても、報酬等の支給を義務付ける趣旨ではなく、無報酬でも問題ありません。

逆に、非常勤理事や評議員に対し、職務遂行の対価として、各々の責任に見合った報酬等を支給することも可能です。非常勤理事や評議員に対して、職務遂行の対価として支給する日当や、交通費実費相当額を超えて支給するお車代等は、報酬等に含まれます。

定款で「原則」無報酬であるとしながらも、常勤役員等に対して支給することも「できる」と規定する場合には、支給する場合の基準について定めておくことが望ましいといえます。定款で支給ができる旨の規定はあるものの、当面の間は役員報酬を支給する予定がないような場合は、無報酬である旨を定めることを勧めます（将来支給することとなった場合には改訂が必要になる）。

改正項目

57 役員退職金の支給

Q 一人医療法人の対策として新制度施行後に剰余金を零にする方法はありますか。

A 新制度においては、医療法人の剰余金の帰属先が医療法上明確に位置付けられる予定です。そのため、剰余金を発生させない手法、又は発生した剰余金を零とする方法を検討する法人も多いと思われます。これに対しては、役員退職金の活用が考えられます。

医療法人の年間利益は、800万円以下となるのが役員報酬と医療法人の分岐点上一番有利となる額と考えられます。そうすると、800万円×25年（平均的一人医療法人の存続期間）＝2億円が剰余金の在り高となりますが、役員退職金及び慰労金を活用して零にすることができるものと思料します。

58 過大役員給与

Q 税法基準で，①過大役員賞与②過大役員退職給与について一部否認を受けた場合や，医療法人が他の法人に貸付金がある場合は剰余金の配当となりますか。

具体的には，①役員賞与は業績に基づいて支給，しかし税法上は一部過大否認された場合，②役員退職給与は過去の当医療法人についての貢献度に基づき支給したものですが税法上は功績倍率が優先されて過大役員退職給与部分が一部否認された場合です。

A 社員総会でそれぞれについて出席者全員により決議されている場合は，過大部分を含めた役員賞与及び一部過大とされた部分も含めた役員退職給与については，医療法上は剰余金の配当（医療法54）には含まれないと考えます。

医療法人の剰余金は原則として，その運営する施設の維持・向上・事業の目的を達成する観点など法人本来の目的に沿った支出に充てることとしています。すなわち，事実上利益の分配とみなされる行為をすることはできません。

① 税法上，役員賞与や役員退職金が過大として否認されたことをもって，ただちに医療法上の剰余金配当禁止に抵触するとはいえないと考えられます。しかし，役員賞与や役員退職金の額が当該役員の職務に比して過大なものとなっている等，実質的に利益の分配となっているときは，剰余金配当禁止に抵触すると考えられます。この場合，役員の職務に比して過大とは，理事長，専務理事等の役付役員か否か，次に理事が総務担当，経理担当，コメディカル担当等の担当業務により，その職務内容が役員の職務に比して過大か否かを判断することになると考えます。すなわち，役員賞与や役員退職金は医療法人についての貢献度が理事会及び社員総会において決議されていることが要求されます。例えば，民間事業者の役員の賞与や退職金，当該法人の経理の状況その他の事情を考慮して，不当に高額なも

のとならないことが重要と考えます。
② 医療法人が他の法人に貸付金がある場合は，当医療法人から他の法人に資金の融通と考えられ貸付行為は法人本来の目的に沿った支出に充てることにならないことから，剰余金の分配とみなされるものと考えます。

59 | 役員報酬の支給基準

改正項目

Q 役員（理事及び監事）の報酬はどのような支給の基準を定める必要がありますか。

A 役員に対する報酬の支給基準は、次の三つの事項が考えられますが、医療法上、現状では支給の基準は必ずしも条件とはなっていないものと考えます。

❶ 役員の勤務形態に応じた報酬の区分

役員の勤務形態に応じた報酬の区分とは、常勤役員、非常勤役員の報酬の別をいい、例えば常勤役員への月額報酬、非常勤役員への理事会への出席の都度支払う日当と考えます。

❷ その額の算定方法

その額の算定方法とは、報酬の算定の基礎となる額、役職、在職年数等により構成される基準等をいうと考えます。例えば役職に応じた上限額のうち各理事の具体的な報酬金額については理事会が、監事については社員総会（又は評議員会）が決定することは許容されると考えます。

❸ 支給の方法

支給の方法とは、支給の時期（毎月か出席の都度か、各年のいつ頃か）や支給の手段（銀行振込みか現金支給か）等をいいます。定期同額給与が一般的ですが、例外として、毎年の事前確定届出給与を利用する方法もあります。

したがって、役員に対する報酬は、民間事業者の役員の報酬等を考慮して不当に高額なものとならないような支給基準を定めることが求められます。

改正項目

60 監事の職務

Q 監事の職務はどのようなことでしょうか。

A 監事の職務は次のとおりです。

1 監事の職務

① 医療法人の業務を監査します。
② 医療法人の財産の状況を監査します。
③ 医療法人の業務又は財産の状況について，毎会計年度，監査報告書を作成し，当該会計年度終了後3月以内に社員総会（又は評議員会）及び理事会に提出します。
④ ①又は②による監査の結果，医療法人の業務又は財産に関し不正の行為又は法令若しくは定款（若しくは寄附行為）に違反する重大な事実があることを発見したときは，これを都道府県知事，社員総会（若しくは評議員会）又は理事会に報告します。
⑤ ④の報告をするために必要があるときは，社員総会を招集（又は理事長に対して評議員会の招集を請求）します（監事の社員総会招集は例外的）。

2 監事による理事会の招集等について

① 監事は理事会に出席し，必要があると認めるときは，意見を述べなければなりません（監事の理事会への出席義務）。
② 監事は，必要があると認めるときは，理事（又は理事の招集権者）に対して，理事会の招集を請求することができます。
③ 請求があった日から5日以内に，その請求があった日から2週間以内の日を理事会の日とする理事会の招集の通知が発せられない場合は，その請求をした監事は，理事会を招集することができます。

3 監事による理事の行為の差止め及び医療法人と理事との間での訴えにおける法人の代表について

① 監事は，理事が医療法人の目的の範囲外の行為その他法令若しくは定款（若しくは寄附行為）に違反する行為をし，又はこれらの行為をするおそれがある場合において，当該行為によって医療法人に著しい損害が生ずるおそれがあるときは，当該理事に対し，当該行為をやめることを請求することができます。

② ①の場合において，裁判所が仮処分をもって当該理事に対し，その行為をやめることを命ずるときは，担保を立てさせないものとします。

③ 次に掲げる場合には，監事が医療法人を代表します。

　イ　医療法人が理事（理事であった者を含む。ロ及びハにおいて同じ）に対し，又は理事が医療法人に対して訴えを提起する場合

　ロ　社団たる医療法人が訴えの提起の請求（理事の責任を追及する訴えの提起の請求に限る）を受ける場合

　ハ　社団たる医療法人が訴訟告知（理事の責任を追及する訴えに係るものに限る）並びに通知及び催告（理事の責任を追及する訴えに係る訴訟における和解に関するものに限る）を受ける場合

改正項目

61 監事の報酬等について

Q 監事の報酬等はどのように決めればよいのでしょうか。

A 監事が，ガバナンス上の重要な役割を適切に果たしていくためには，理事からの独立性を確保する必要があります。監事は，社員総会において個人的な能力，資質等が信頼できるとの判断の下に選任されるものであり，その適正な報酬を確保する必要があることから，次のような方法で監事の報酬等を定めることは許されないものと考えます。

① 監事の報酬等と理事の報酬等とを一括して，その総額を定めること
② 監事の報酬等の総額のみを定め，監事の報酬等は理事（又は理事会）が決定すること
③ 監事の報酬等の上限額等を定め，その範囲内で理事（又は理事会）が監事の報酬等の具体的な金額を決定すること

【監事の報酬規程】

　イ　監事の報酬等は，定款（又は寄附行為）にその額を定めていないときは，社員総会（又は評議員会）の決議によって定めること

　　※　定款（若しくは寄附行為）又は社員総会（若しくは評議員会）においては，監事の報酬等の総額を定めることで足り，報酬等の総額の上限を超えない限り，毎会計年度の社員総会（又は評議員会）における決議はしなくても構いません。

　ロ　監事が2人以上ある場合において，各監事の報酬等について定款（若しくは寄附行為）の定め又は社員総会（若しくは評議員会）の決議がないときは，当該報酬等は，イの報酬等の範囲内において，監事の協議によって定めること

　ハ　監事は，社員総会（又は評議員会）において，監事の報酬等について意見を述べることができること

ニ 監事がその職務の執行について医療法人に対して次に掲げる請求をしたときは,医療法人は,当該請求に係る費用又は債務が当該監事の職務の執行に必要でないことを証明した場合を除き,これを拒むことができないこと
(イ) 費用の前払の請求
(ロ) 支出した費用及び支出の日以後におけるその利息の償還の請求
(ハ) 負担した債務の債権者に対する弁済(当該債務が弁済期にない場合にあっては,相当の担保の提供)の請求

改正項目

62 理事の就業・利益相反

Q 理事が競業及び利益相反取引を行う場合はどのようにすべきですか。

A 理事会において，承認を受けなければなりません。詳細は以下のとおりです。

① 理事は，医療法人に著しい損害を及ぼすおそれのある事実があることを発見したときは，直ちに，当該事実を監事に報告しなければならないこととなります。

② 理事は，法令及び定款（又は寄附行為）並びに社員総会（又は評議員会）の決議を遵守し，医療法人のため忠実にその職務を行わなければならないこととなります。

③ 理事は，次に掲げる競業及び利益相反取引を行う場合には，理事会において，当該取引につき重要な事実を開示し，その承認を受けなければならないこととなります。

　イ　自己又は第三者のためにする医療法人の事業の部類に属する取引
　ロ　自己又は第三者のためにする医療法人との取引
　ハ　医療法人が当該理事の債務を保証することその他当該理事以外の者との間における医療法人と当該理事との利益が相反する取引

④ 理事会の承認を受けた③のロの取引については，適用しないこととなります。

⑤ 理事が社員総会（又は評議員会）に提出しようとする議案，書類，（電磁的記録）その他の資料を調査します。この場合において，法令若しくは定款（若しくは寄附行為）に違反し，又は著しく不当な事項があると認めるときは，その調査の結果を社員総会（又は評議員会）に報告することとなります。

63 | 理事の競業・利益相反（具体例）

Q 理事の競業及び利益相反取引の具体例について，どのようなものがあるでしょうか。

A 理事である医師が当該医療機関の近隣で開業する場合が考えられます。

① 〔競業及び利益相反取引の制限〕がありますが，医師で常勤理事のアルバイトは，社員総会の承認を要することになるでしょうか。
　⇒ アルバイトの非常勤医師であっても，理事として選任されているのであれば利益相反・競業取引を行う場合は理事会の承認を得る必要があると考えます。

② アルバイトの医師を理事に就任させ実働による報酬支払は可能でしょうか。
　⇒ 非常勤医師であっても，理事としての職務を全うするのであれば，職務執行のための労務に応じた報酬を支払うことは可能と考えます。

③ 勤務医師で理事である者が当医療機関の近隣で開業し，当該医師について患者が移ることが明らかと考えられる場合は，医療法に抵触すると判断し，開業差止めは可能でしょうか。
　⇒ 一般論として，そのような場合は競業取引にあたると考えられますので，理事会において承認を得る必要があるものと考えます。

他にも理事（理事長を含む）と医療法人の間で建物の賃貸借契約を結ぶ場合等も考えられます。

改正項目

64 役員等の損害賠償責任

Q 医療法人に対する役員等の損害賠償責任及び免除については，どのようになっていますか。

A 役員等の損害賠償責任と免除については，以下のとおりです。

1 医療法人に対する役員等の損害賠償責任について

① 医療法人に損害が生じた場合に，医療法人の（評議員又は）理事若しくは監事がその任務を怠ったときは，医療法人に対し，（評議員又は）理事若しくは監事は，これによって生じた損害を賠償する責任を負うこととなります。

② 医療法人の理事が，競業及び利益相反取引に違反して取引をしたときは，当該取引によって理事又は第三者が得た利益の額は，①の損害の額と推定することとなります。

③ 競業及び利益相反取引の取引によって医療法人に損害が生じたときは，次に掲げる理事は，その任務を怠ったものと推定することとなります。
　イ　競業及び利益相反取引の理事
　ロ　医療法人が当該取引をすることを決定した理事
　ハ　当該取引に関する理事会の承認の決議に賛成した理事

2 医療法人に対する役員等の損害賠償責任の免除について

① 損害賠償の責任は，総社員（又は総評議員）の同意がなければ，免除することができないこととなります。

② ①にかかわらず，医療法人の（評議員又は）理事若しくは監事の損害賠償の責任は，当該医療法人の評議員又は理事若しくは監事が職務を行うにつき善意でかつ重大な過失がないときは，次のイに掲げる額からロに掲げる額（「最低責任限度額」という）を控除して得た額を限度として，社員総会

又は評議員会の決議によって免除することができます。ただし，出席者の3分の2（これを上回る割合を定款（又は寄附行為）で定めた場合にあっては，その割合）以上の賛成がなければ，決議をすることができないこととなります。

イ　賠償の責任を負う額
ロ　当該医療法人の（評議員又は）理事若しくは監事がその在職中に医療法人から職務執行の対価として受け，又は受けるべき財産上の利益の1年間当たりの額に相当する額として算定される額に，次に掲げる医療法人の（評議員又は）理事若しくは監事の区分に応じ，次に定める数を乗じて得た額になります。

(イ)　理事長　6
(ロ)　理事長以外の理事であって，次に掲げるもの　4
・理事会の決議によって医療法人の業務を執行する理事として選定されたもの
・当該医療法人の業務を執行した理事（理事長を除く）
・当該医療法人の職員
(ハ)　（評議員又は）理事（理事長及び(ロ)に掲げるものを除く）若しくは監事　2

改正項目

65 | 理事会の役割

Q 医療法人の理事会の役割が明確になりますか。

A 医療法人の理事会の役割を強化し，理事会の権限が明確にされます。また医療法人の経営を実質的に担う役員（理事及び監事）について，それぞれの役割を明確にするものとし，その際，役員の責任の及ぶ範囲についても同様に明確になります。

なお，医療法人の利益が役員の私的な行動によって害されることを防ぐため，社団医療法人の社員による役員に対する代表訴訟制度を，公益法人の改革を例にしながら検討するものとされます。その際，濫訴防止の観点から，代表訴訟の制限に関する規定についても同様に検討するものとされます。

66 理事会の職務

Q 理事会の職務はどのようなことでしょうか。

A 理事会の職務は次のとおりです。

1 理事会の職務について

① 理事会は、全ての理事で組織します。
② 理事会は、次に掲げる職務を行います。
　イ　医療法人の業務執行の決定
　ロ　理事の職務の執行の監督
　ハ　理事長の選出及び解職
③ 理事会は、次に掲げる事項その他の重要な業務執行の決定を理事に委任することができません。次に掲げる事項は社員総会の決議事項となります。
　イ　重要な資産の処分及び譲受け
　ロ　多額の借財
　ハ　重要な役割を担う職員の選任及び解任
　ニ　従たる事務所その他の重要な組織の設置、変更及び廃止
　ホ　定款（又は寄附行為）の定めに基づく責任の免除

2 理事等による理事会への報告及び開催について

① 理事長は、医療法人の業務を執行し、3箇月に1回以上、自己の職務の執行の状況を理事会に報告しなければなりません。ただし、定款（又は寄附行為）で毎事業年度に4箇月を超える間隔で2回以上その報告をしなければならない旨を定めた場合は、この限りでないこととなります。
② 競業及び利益相反取引をした理事は、当該取引後、遅滞なく、当該取引についての重要な事実を理事会に報告しなければならないこととなります。

③ 理事又は監事が理事及び監事の全員に対して理事会に報告すべき事項を通知したときは，当該事項を理事会へ報告することを要しないこととなります。ただし，①の報告については，これを適用しないこととなります。

❸ 理事会の決議について

① 理事会の決議は，議決に加わることができる理事の過半数（これを上回る割合を定款（又は寄附行為）で定めた場合にあっては，その割合以上）が出席し，その過半数（これを上回る割合を定款（又は寄附行為）で定めた場合にあっては，その割合以上）をもって行うこととなります。

② ①の決議について特別の利害関係を有する理事は，議決に加わることができないこととなります。

③ 理事会の決議に参加した理事であって議事録に異議をとどめないものは，その決議に賛成したものと推定することとなります。

④ 理事が理事会の決議の目的である事項について提案をした場合において，当該提案につき理事（当該事項について議決に加わることができるものに限る）の全員が書面（又は電磁的記録）により同意の意思表示をしたとき（監事が当該提案について異議を述べたときを除く）は，当該提案を可決する旨の理事会の決議があったものとみなす旨を定款（又は寄附行為）で定めることができることとなります。

67 | 特別代理人

改正項目

Q 特別代理人の選任はどのようになりましたか。

A 医療法人とその理事長との間で取引をする場合は，立場を異にする同一人が利益相反取引を行うことになるため特別代理人を選任する，という運営管理指導要綱の記載が廃止となりました。

しかし，一般社団法人及び一般財団法人に関する法律の読み替えにより，理事は，医療法人との利益が相反する取引を行う場合には，特別代理人を選任することなく理事会（議事録作成）において，当該取引につき重要な事実を開示し，その承認を受けなければならないこととなります。また医療法に，当該取引後，遅滞なく理事会に報告しなければならないと記載されました。

68 | 理事会の開催

改正項目

Q 医療法人の理事会開催についてどのようになりますか。

A 理事長は，医療法人の業務を執行し，3カ月に1回以上，理事会に報告しなければならないこととなります。ただし，定款（又は寄附行為）で毎事業年度に4カ月を超える間隔で2回以上その報告をしなければならない旨を定めた場合は，この限りでないとされています。

このただし書きの定款に毎事業年度に2回以上理事会を開催する旨を定めることを勧めます。なお，理事会は一事業年度単位で考えます。

【例】

原則として医療法人の会計年度は4月1日に始まり，翌年3月31日に終るものとします。

原則どおりの会計年度とすると

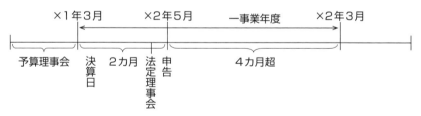

① 3月収支予算理事会
② 5月決算の決定理事会
(③ 10月業務執行の報告のための理事会)

このように理事会開催月を定款で定めることで法律をクリアできます。

改正項目

69 | 理事会の招集と決議方法

Q 理事会の招集と決議方法はどのようにされますか。

A 理事会は，各理事が招集します。また，理事長は原則として3カ月に1回以上，自己の職務の執行の状況を理事会に報告しなければなりません。よって，理事長が理事会を招集し，次期の予算（決算月）と当期の決算（決算月の翌々月）の決議は別々にしなければなりません。

また，理事会の決議は，必ず討論をする必要があります。理事会は対面が原則ですが，討論することが基本ですから，テレビ討論による理事会の決議も可能と考えます。

改正項目

70 定款（及び寄附行為）の変更

Q 定款変更は速やかに行う必要がありますか。

A 社会医療法人及び大規模の医療法人とそれ以外の医療法人とで異なります。

1 定款（及び寄附行為）の変更について

① 社団たる医療法人が定款を変更するには，社員総会の決議によらなければならないこととなります。

② 財団たる医療法人が寄附行為を変更するには，あらかじめ，評議員会の意見を聴かなければならないこととなります。

③ 定款（又は寄附行為）の変更は，次に掲げる事項を除き，都道府県知事の認可を受けなければ，その効力を生じないこととなります。

　イ　事務所の所在地

　　※　ただし，「主たる事務所」の所在地の変更が都道府県を異にする場合，定款（又は寄附行為）における監督権限のある都道府県知事の変更は，定款（又は寄附行為）の変更に係る認可が必要になることに留意することとなります。

　ロ　公告の方法

④ 都道府県知事は，③の認可の申請があった場合には，定款（又は寄附行為）の内容が法令の規定に違反していないこと及びその変更の手続が法令又は定款（若しくは寄附行為）に違反していないことなどを審査した上で，認可を決定することとなります。

⑤ 医療法人は，③のイ及びロに係る定款（又は寄附行為）の変更をしたときは，遅滞なく，その変更した定款（又は寄附行為）を都道府県知事に届け出なければならないこととなります。

⑥ 定款（又は寄附行為）の変更により，残余財産の帰属すべき者に関する

規定を設け，又は変更する場合について準用することとなります。

2 医療法人の定款例（及び寄附行為例）の改正について

　施行日以後に設立認可等の申請をする医療法人の定款例（又は寄附行為例）は，改正後の定款例（又は寄附行為例）とすることとなります。

　また，施行日において現に存する医療法人の定款（又は寄附行為）について，理事会に関する規定が置かれていない場合には，施行日から起算して2年以内に定款（又は寄附行為）の変更に係る認可申請をしなければならなこととなります。ただし，理事会に関して，変更前の定款例（又は寄附行為例）に倣った規定が置かれている場合は，この限りでありません。

　なお，社会医療法人及び大規模の医療法人については，改正後（本年9月1日）の定款例（又は寄附行為例）に倣った定款（又は寄附行為）の変更に係る認可申請を速やかに行うことが望ましいといえます。それ以外の医療法人については，当分の間，必ずしも定款例（又は寄附行為例）と同様の規定を設けなくても構わないこととなります。

現行制度

71 定款変更されていない場合

Q 定款が変更されていない場合には，医療法の適用はどのようになりますか。

A 定款又は寄附行為（以下定款等）の変更は，都道府県知事の認可を受けなければ，その効力を有しません。また，都道府県知事は，当該認可の申請があった場合には，その内容が法令の規定に違反していないかどうか，及び定款等の変更の手続（社員総会等）が法令又は定款等に違反していないかどうかを審査した上で，その認可を決定することとなっています。

したがって，定款等の変更の内容は私的自治により自由であり，法令違反をしていない限りは，定款等の認可を決定することとなります。定款変更については，都道府県知事によって法令又は定款等に違反していないかどうかのチェック（審査）を受けることとなりますが，定款等の変更がされていないからといって，医療法の適用を受けないものではありません。したがって，医療法の適用は定款等の変更に左右されるものではありません。つまり定款等よりも法律の適用が優先されることとなります。

改正項目
72 医療法人社団及び医療法人財団の合併

Q 社団医療法人と財団医療法人の合併後の法人類型はどのようになりますか。

A 医療法人社団及び医療法人財団の合併については認められます。なお，持分なし社団又は持分あり社団と，財団との合併後の法人類型については，以下の表のとおり整理されます。

【医療法人の合併前後における法人類型について】

合併前の法人類型		合併後の法人類型
持分なし社団	持分なし社団	持分なし社団
持分なし社団	持分あり社団	持分なし社団
持分あり社団	持分あり社団	（合併により新たに法人を設立する場合）持分なし社団
		（合併前の法人が存続する場合）持分あり社団
財団	財団	財団

持分なし社団	財団	持分なし社団又は財団
持分あり社団	財団	持分なし社団又は財団

【税務の考え方（合併＝適格合併）】

適格合併により被合併法人から移転を受けた資産・負債については新たな「取得」と考えずに，税務上は最終事業年度の帳簿価額により引き継がれます。

改正項目

73 | 合併の会計処理

Q 合併による資産の移転は会計処理上どのようになりますか。

A 適格合併により資産の移転が行われた場合，合併法人は被合併法人の資産を合併直前の帳簿価額により引き継ぎます。適格合併の場合は，移転資産に対する支配が合併の前後を通じて継続しているという見方をし，簿価引継ぎという処理を定めています。

一方，非適格合併の場合は，被合併法人が合併時の時価により譲渡したものとして被合併法人の最後事業年度（合併の日の前日の属する事業年度）において譲渡損益を認識し，合併法人は時価で受け入れることになります。

【合併法人における実務対応】

適格合併により合併法人が移転を受けた資産の取得価額は，①被合併法人の取得価額と②合併法人が事業の用に供するために直接要した費用の額の合計額とされています。取得価額については，被合併法人の取得価額（原始取得価額）を引き継ぐという考え方が適用されます。また，同様に，合併法人における取得の日も，被合併法人の取得の日（原始取得日）を引き継ぎます。定額法又は旧定額法を適用する場合には，その計算の基礎となる取得価額については，原則として，被合併法人の取得価額（原始取得価額）を用いて計算する必要があります。一方，定率法又は旧定率法を適用する場合には，被合併法人における合併直前の帳簿価額に償却率を乗じて計算することになります。

注意しなければならないのは，償却の方法です。償却の方法については，引継ぎという考え方はありません。あくまでも合併法人の現に採用している償却の方法を適用することになります。

【被合併法人の償却の方法を適用できる特別な例外あり】

　合併により移転を受けた減価償却資産について，被合併法人の適用していた償却の方法を合併法人が合併後において適用できる例外があります。次のいずれかのケースに該当し，かつ，「減価償却資産の償却方法の届出書」を提出した場合です。

　①　既に償却方法を選定している資産以外の資産を合併により取得した場合
　②　合併により新たに事業所を設けたと解し得る場合

　この場合の届出書の提出期限は，合併事業年度の確定申告書の提出期限です。

【合併法人において適用すべき耐用年数】

　合併法人が合併により引き継いだ減価償却資産に適用する耐用年数は，原則として，法定耐用年数です。ただし，中古資産の耐用年数を適用することが例外的に認められています（耐令3①）。

改正項目

74 合併の手続①

Q 医療法人の合併手続はどのようにするのですか。

A 医療法人の合併手続を図示すると以下のとおりとなります。

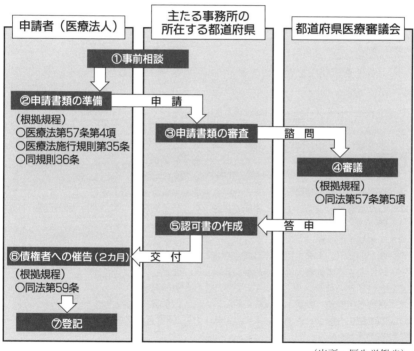

(出所：厚生労働省)

改正項目

75 | 合併の手続②

Q 医療法人の吸収合併と新設合併の手続上の流れはどのようになりますか。

A 事前準備は次のとおりです。

① 事業の統合と再編集→目的は一体化
② 社員資格の統一
③ 理事会等の統合
④ 主たる事務所をどこにするか
⑤ 従業員の処遇

吸収合併の場合	新設合併の場合
1．合併契約の決議（総社員の同意） 2．定款の変更 3．都道府県知事の認可 4．財産目録及び貸借対照法の作成（2週間以内） 5．合併契約の締結 6．事前開示（効力発生日までの間合併契約に関する書面等の備置き及び閲覧等） 7．合併契約の承認 8．債権者の異議（弁済，担保提供等） 9．効力発生（吸収合併消滅法人の権利義務の承認） 10．登記（効力発生日から2週間以内に変更登記）	1．合併契約の決議（総社員の同意） 2．定款の作成（新設合併消滅法人が作成） 3．都道府県知事の認可 4．財産目録及び貸借対照表の作成（2週間以内） 5．合併契約の締結 6．設立手続（新規設立に準ずる） 7．理事長の選定 8．事前開示 9．合併契約の承認 10．債権者の異議 11．登記 12．設立法人の貸借対照表の作成（成立日）

【出資持分の放棄の考え方】

実態は，出資者の出資持分に対して収奪的となることから，出資者全員の出資持分の放棄書の著名，実印，印鑑証明書が必要と考えます。

76 合併の範囲拡大

改正項目

Q 医療法の合併について,どのように範囲の拡大がされましたか。

A 医療法人の合併については,これまで社団同士,財団同士の合併は認めているものの,社団と財団の合併については認めていなかったところです。しかし,今回の医療法改正により,これが可能となります。

社団と財団の合併後は,合併後存続法人又は合併後新設法人の法人形態(社団又は財団)の組織となります(例えば,合併後存続法人が「財団」となる場合,合併前の社団にあった社員総会は廃止され,その社員が合併後存続法人の評議員に加わるか否かは法人間の協議により決定する)。

また,合併後の医療法人については,合併をする医療法人が社団のみである場合にあっては社団,合併をする医療法人が財団のみである場合にあっては財団でなければならないこととなります。

なお,施行日は平成26年10月1日です。

【合併前後の法人類型】

合併前の法人類型		合併後の法人類型	
社団	社団	社団	従来より可能
財団	財団	財団	
社団	財団	社団又は財団	今回の法改正により可能

社員と評議員の地位は双方の協議によることとなります。

【税務の考え方(合併=適格合併)】

適格合併により被合併法人から移転を受けた資産・負債については新たな「取得」と考えずに,税務上は最終事業年度の帳簿価額により引き継がれます。

改正項目

77 会社法と医療法の規定の比較

Q 医療法人の合併分割の規定はどのようになりますか。

A 現行の会社法の合併・分割の規定と医療法の合併の規定から、医療法人の分割制度を導入する際には、以下の規定が必要と考えられます。

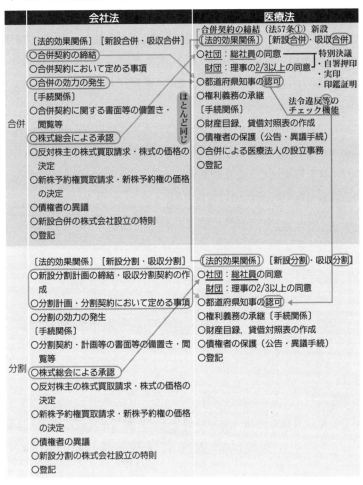

改正項目

78 医療法人の分割①

Q 医療法人の分割の仕組みが新設されたようですが,どのようになるのでしょうか。

A 現行の医療法人では病院等の事業譲渡を行うことは可能ですが,分割については制度化されていません。

事業譲渡の場合,病院の廃止届出・新規の開設許可が必要となることや,債権者の個別の承諾が必要となる等,手続が煩雑な部分があることから,今般,他の法人類型と合わせて,医療法人においても分割の制度を新設することとなりました。

その際,分割制度の対象範囲としては,持分あり医療法人は既存の法人しか認めていないことから対象とせず,持分なし医療法人(社団・財団)について認めることとなりました。

また,税制上の観点から社会医療法人・特定医療法人を対象外とすることとなりました。

【医療法人制度に関する規制の見直し】

会社法の会社分割と同様のスキームを医療法人について認めることとなりました。

改正項目

79 医療法人の分割②

Q 医療法人の適格分割はどのようになりますか。

A みなし配当は発生しません。分割法人の（資本）利益剰余金は引き継がれる為です。医療法人の分割は，持分なし医療法人（社会医療法人，特定医療法人は除く）を対象とし，課税上優遇されているものは除きます。

このうち，組織再編成として，複数の法人が関わる分割については，以下の要件を満たせば適格分割となり，分割して移転する資産に係る法人税が課税繰延べ，形式的な所有権移転のため不動産取得税が非課税となります。ある事業を他法人に譲り渡す方法であり，事業の全部又は一部について承継（部分的包括承継）します。よって消費税は不課税取引となります。

株式会社の適格分割（共同で事業を営むための分割の場合）の要件（税制適格）共同事業要件―分割後の法人を支配するのではなく共同事業を営んで分割前と変わらないこととなります。		医療法人の分割への適用可能性
事業関連性に関する要件	・分割対象の事業が分割を承継する法人の事業と関連するものであるかどうか。共同事業を営むための分割です。 ・分割法人の分割事業と分割承継事業とが相互に関連するものとなります。	適用可能
事業規模類似又は特定役員参画に関する要件	・分割対象の事業と分割を承継する法人の事業規模（売上金額，従業員数）が概ね5倍を超えないかどうか ・分割法人の分割事業と，分割承継事業の分割事業において事業規模の類似性があるか 又は ・分割前の法人の役員が分割を承継する法人の役員となることが見込まれているかどうか ・役員には社員は含まれません（相令32）。社員は最高意思決定権者です。	適用可能
資産移転に関する要件	分割対象の事業の主要な資産及び負債が分割を承継する法人に移転しているかどうか（帳簿価額，課税の繰延べとなります）	適用可能
従業員引継に関する要件	分割対象の事業に従事していた従業員数の概ね80％以上に相当する数の者が分割を承継する法人で従事することが見込まれているかどうか。従業員の個別交渉は不要です。	適用可能
事業継続に関する要件	分割対象の事業が分割を承継する法人においても引き続き営まれることが見込まれているかどうか。許認可の承継⇒知事の認可事項です。	適用可能

【適格分割】

継続保有は分割前と分割後の同一性を確認するため一つの法人が二つの法人に分割されます。

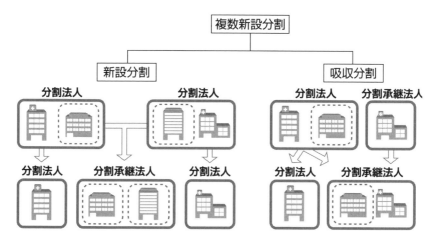

単独新設分割：一つの分割法人が一つの分割法人を作ることです。
複数新設分割：2以上の分割法人が一つの分割承継法人を作ることです。
新設分割：共同事業を行うためです。

【適格分割でない分割】

（課税）資産負債の時価譲渡単独新設分割となります。

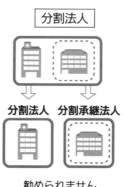

勧められません

【税務の考え方(分割=適格分割型分割)】

　適格分割型分割により分割承継法人に資産・負債を移転したときは、分割の直前の帳簿価額により(分割承継法人は)新たな「取得」ではなく、引継ぎをしたものとして取り扱われます。

改正項目

80 医療法人の分割（純資産の部の取扱い）

Q 医療法人の分割における純資産の取扱いはどのようになりますか。

A 医療法人の分割は，持分なし医療法人を対象としています。純資産は，一定の計算に基づいて分割承継法人に引き継がれます。

1 分割法人

① 適格分割型分割

　分割法人の資本金等の額及び利益積立金額が分割承継法人に引き継がれます。

　イ　利益積立金額は次の算式による移転純資産帳簿価額－資本金等（純資産）の額

　　(イ) 資本金等（純資産）の額 ＝ 分割法人の直前の資本金等（純資産）の額 × 純資産帳簿価額割合

　　(ロ) 純資産帳簿価額割合 ＝ $\dfrac{直前の移転純資産帳簿価額}{分割事業年度の前事業年度の純資産帳簿価額}$

　　(ハ) 純資産帳簿価額割合 ＝ 移転資産分割直前の帳簿価額 － 移転した負債分割直前の帳簿価額

② 非適格分割型分割（参考）

　利益積立金額：金銭等の資産の価額（時価）－上記の資本金等の額

2 分割承継法人

① 適格分割型分割

　利益積立金額：上記の利益積立金額の引継額となります。

② 非適格分割型分割（参考）

　イ　資本金等の額

　　分割法人に分割対価として交付した資産の分割時の価額（時価）

　ロ　利益積立金額

　　引き継ぎません。

【避けたい分割】

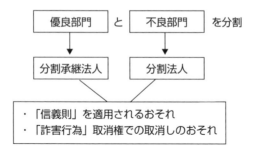

いずれにしても分割は都道府県知事の認可が必要なため，上記例の場合は知事のチェック機能によって認可が受けられないものと思われます。

改正項目

81 MS法人取引

Q 今回改正でMS法人との全取引について開示義務がありますか。

A MS法人との取引では，剰余金の配当禁止にかかわらず費用の形で実質的に利益の原資が流出している場合があります。なかには，医療法人の運営に支障を来すほどに経費を負担していることも考えられます。

１ 関係事業者に関する注記について

医療法51条1項に定める関係事業者との取引（**２**参照※）について，次に掲げる事項を関係事業者ごとに注記しなければならないこととなります。

① 当該関係事業者が法人の場合には，その名称，所在地，直近の会計期末における総資産額及び事業の内容
② 当該関係事業者が個人の場合には，その氏名及び職業
③ 当該医療法人と関係事業者との関係
④ 取引の内容
⑤ 取引の種類別の取引金額
⑥ 取引条件及び取引条件の決定方針
⑦ 取引により発生した債権債務に係る主な科目別の期末残高
⑧ 取引条件の変更があった場合には，その旨，変更の内容及び当該変更が計算書類に与えている影響の内容

ただし，関係事業者との間の取引のうち，次に定める取引については，上記の注記を要しないこととなります。

　イ　一般競争入札による取引並びに預金利息及び配当金の受取りその他取引の性格からみて取引条件が一般の取引と同様であることが明白な取引
　ロ　役員に対する報酬，賞与及び退職慰労金の支払

2 医療法51条1項に定める関係事業者

当該医療法人と(2)に掲げる取引を行う場合における(1)に掲げる者をいうこととなります。

(1) (2)に掲げる取引を行う者です。

　イ　当該医療法人の役員又はその近親者（配偶者又は二親等内の親族）

　ロ　当該医療法人の役員又はその近親者が代表者である法人

　ハ　当該医療法人の役員又はその近親者が，株主総会，社員総会，評議員会，取締役会，理事会の議決権の過半数を占めている法人

　ニ　他の法人の役員が，当該医療法人の社員総会，評議員会，理事会の議決権の過半数を占めている場合の他の法人

　ホ　ハの法人の役員が，他の法人（当該医療法人を除く）の株主総会，社員総会，評議員会，取締役会，理事会の議決権の過半数を占めている場合の他の法人

(2) 当該医療法人と行う取引，すなわちＭＳ法人との取引開示基準は次のとおりです。

　イ　事業収益又は事業費用の額が，1,000万円以上であり，かつ当該医療法人の当該会計年度における事業収益の総額（本来業務事業収益，附帯業務事業収益及び収益業務事業収益の総額）又は事業費用の総額（本来業務事業費用，附帯業務事業費用及び収益業務事業費用の総額）の10パーセント以上を占める取引です。

　ロ　事業外収益又は事業外費用の額が，1,000万円以上であり，かつ当該医療法人の当該会計年度における事業外収益又は事業外費用の総額の10パーセント以上を占める取引です。

　ハ　特別利益又は特別損失の額が，1,000万円以上である取引です。

　ニ　資産又は負債の総額が，当該医療法人の当該会計年度の末日における総資産の1パーセント以上を占め，かつ1,000万円を超える残高になる取引です。

　ホ　資金貸借，有形固定資産及び有価証券の売買その他の取引の総額が，

1,000万円以上であり，かつ当該医療法人の当該会計年度の末日における総資産の1パーセント以上を占める取引です。

へ　事業の譲受又は譲渡の場合にあっては，資産又は負債の総額のいずれか大きい額が，1,000万円以上であり，かつ当該医療法人の当該会計年度の末日における総資産の1パーセント以上を占める取引です。

【参考】

関係事業者との取引の状況に関する報告書（参考）

(1)　法人である関係事業者

種類	名称	所在地	総資産額（千円）	事業内容	関係事業者との関係	取引の内容	取引金額（千円）	科目	期末残高（千円）

（取引条件及び取引条件の決定方針等）

注：「関係事業者との関係」欄について，社員との取引である場合には社員である旨及び当該社員の有する法人の議決権割合を記載すること。

(2)　個人である関係事業者

種類	名称	職業	関係事業者との関係	取引の内容	取引金額（千円）	科目	期末残高（千円）

（取引条件及び取引条件の決定方針等）

注：「関係事業者との関係」欄について，社員との取引である場合には社員である旨及び当該社員の有する法人の議決権割合を記載すること。

(厚生労働省医改支発217第3号参考)

現行制度

82 MS法人に支払う管理委託料

Q MS法人に支払った給食管理委託料等について争われた事例はありますか。

A 個人で病院を営む者がMS法人に支払った管理委託料が、類似同業者の収受する適正な管理委託料に比し、不当に高額であるとして所得税法157条（同族会社の行為又は計算の否認等）の規定を適用した処分があります。

1 事案の概要

① 原告は医師でありA病院を開業していること
② 株式会社Bは、法人税法に規定する同族会社であり、主として原告から委託を受けてA病院の建物管理・給食管理・事務管理の業務を行う法人であること
　株式会社B（以下会社B）の主たる株主は、原告及び原告の妻（以下「C」）であり、代表取締役はCであること（筆者注：原告がMS法人の役員に就任することを禁止することを薦めます）
③ 原告主張の委託料（以下「本件委託料」）は、全額原告が会社Bと締結したA病院の管理委託契約（以下「本件委託契約」）に基づき、会社Bに対して支払われたものであること

本件委託契約による委託料の額
(1) 建物管理の対価として月額20万円／定額
(2) 給食管理の対価として月額150万円／定額
(3) 事務管理の対価として、A病院の収入金額の10％に相当する額

2 争点

原告が、同族会社たる会社Bに対して支払った本件委託料が、原告の所得税を不当に減少される結果となると認められるかどうかがポイントです。

① 所得税法157条の適用にあたって，同族会社の法人税額及び同社の役員報酬に対する所得税額をも斟酌する必要があるのか。

② 本件における適正委託料の額（及び右適正委託料を前提とした場合に原告の所得税を「不当に減少させる結果」となっているといえるか）

【被告の主張】

① 会社Bが行っている事務管理の受託業務は，清掃・営繕業務，防災及びその申請に関する業務並びに診療報酬請求事務，受付事務及びそれに付随する一切の業務であること

② 上記①の業務に伴う電気料，消耗品等は，全て原告の負担となっていること

③ 会社Bは，A病院の事務所を借りて業務を行っているが，その借料の支払がないこと

④ 会社Bの従業員は，A病院のタイムレコーダー及びそのカードを使用しており，その勤務実績はA病院の従業員と同様に原告によって管理されていること

以上のことからすれば，会社Bが行っている事務管理の受託業務は，実質的には人材派遣業務に該当するものと認められること

【原告の主張】

会社Bの業務には，会社B固有の伝票・帳簿の整理等会社B固有の業務が存在すること，建物管理業務は，工事の外注だけでなく，点検や簡単な修理等営繕の仕事は会社Bの従業員がしていたこと，給食管理についても，材料費の支払は会社B自らの計算でしていたこと，事務管理についても，その業務の大半を固定した仕事場（原告A病院）で専ら行うという作業形態であったことなどからすると，会社Bの業務を単なる取次業と人材派遣業とに単純に分割できるものではない。

3 争点に対する判断

〔争点1〕「所得税法157条を適用するにあたって、同族会社の法人税額及び同社の役員の報酬に対する所得税額を斟酌する必要があるのか」

① 所得税法157条は、同族会社が少数の株主ないし社員によって支配されているため、当該会社又はその関係者の税負担を不当に減少させるような行為や計算が行われやすいことに鑑み、税負担の公平を維持するため、そのような行為や計算が行われた場合にそれを正常な行為や計算に引き直して更正又は決定を行う権限を税務署長に認めるものです。

② しかし、個人と法人とは適用される税法を異にし、それぞれ全く別個の課税主体として規定されていること、同条が「不当に減少させる結果」となるかどうかを問題としているのは、当該行為計算と直接関係のある当該同族関係者の所得税だけであると考えるのが同条の文理上自然な解釈であることから、同条の適用にあたっては、個人と法人を通じた総合的税負担の減少を考える必要はなく、所得税の課税主体（個人）を単位とした税負担の減少の結果を考えれば足りるものと解されます。

③ したがって、会社Bの法人税額及びCの所得税額を斟酌する必要がないと考えられます。

〔争点2〕「適正委託料の額」について

① 適正委託料についての判断基準

　同族会社の行為又は計算が「所得税の負担を不当に減少させる結果となると認められる」かどうかは、専ら経済的、実質的見地において、当該行為又は計算が通常の経済人の行為として不合理、不自然なものと認められるかどうかを基準として判断すべきであることとなります。

　そして、本件委託料が、所得税法157条に基づく行為計算の否認の対象となるか否かを判断するためには、また、否認すべきものとした場合における適正な委託料を計算するためには、会社Bと業務内容、事業規模、収入金額等の近似する同業者（以下「受託同業者」という）が、その者と同族関係にない者から、同様の条件の下で、その業務の管理を受託している場

合に，受託同業者が委託者から受け取った委託料の額とその原価相当額との割合に比準させる方法によって，正常な委託料を算定するのが最も合理的な方法であり，相当であるものと解することとなります。

　本件においては，原告が病院経営にあたり，医療行為以外の業務部分を原告とは法人格を異にする第三者に委託するという方式を選択した場合における通常の管理料の額が問題となっているのですから，原告が自ら当該管理行為をした場合に通常要する経費の額ではなく，これを第三者に委託した場合に通常支払われる管理料の額が適正な委託料であるというべきであり，適正委託料の算定方法について被告主張の経費実額方式によることは相当でありません。

　したがって，適正委託料の算定方法としては，同業者比準方式によるのが相当と思料します。

② 会社Bの業務の実体について

⑴ 証拠によれば，以下の事実が認められることとなります。

⑵ 会社Bは，原告にのみ役務を提供することを目的として設立された法人であり，その業務は主として，建物管理，給食管理，病院の事務管理であり，その対価額は原告と懇意であった税理士の助言により決定されています。実際に原告から委託を受けていた業務は，主として，1）建物の管理について外部の専門業者に発注し，建物管理費用を支払うという建物管理受託業務，2）給食材料を外部の納入業者に発注し，給食材料費を支払うという給食管理受託業務，3）従業員をA病院に派遣して事務管理の受託業務に従事させるという事務管理受託業であることとなります。

⑶ 右認定事実から，会社Bの実質的な業務内容は，建物管理及び給食管理の取次並びに事務管理の人材派遣であること，本件委託料は，会社Bにとっての必要経費等から一定の利益率を加算して決定されたものではなく，専ら税理士の助言によって決定されていることが認められることとなります。

③ 個別受託同業者倍率比準方式について

　右に述べたように，会社Bの業務内容の実質は，1）建物管理，2）給食管理，3）事務管理であることとなります。

　前記のとおり，同業者比準方式により，適正な委託料を算定する場合，原則として，業種，業態，規模等が原告と類似する同業者を選定する必要があることはいうまでもありません。しかし，現実には会社Bのような業務を一括して受託している適切な比準同業者は稀であり，そうすると，このような場合には，次善の方策として，会社Bの業務実態に着目し，建物管理，給食管理の各取次業及び人材派遣業を営んでいる者について，それらの業務を個別に受託している同業者（以下「個別受託同業者」という）が，その者の同族関係にない委託者から当該業務の対価として受け取った手数料の額とその原価相当額との割合に比準させる方法により，個々の委託業務ごとに正常な委託料を算出し，これを積算して総体としての適正委託料の額を算定するという個別受託同業者倍率比準方式によらざるを得ないこととなります。

④ 適正委託料の算定

　したがって，個別受託同業者倍率比準方式により，抽出された個別受託同業者の手数料割合及び人材派遣倍率から，原告が通常であれば支払うであろう標準的な委託料の金額を算定することとなります。

(1) 建物管理委託料の額

　原告の係争各年分の建物管理委託料の額は，会社Bが外部の委託業者に支払った各年分の建物管理費用の額に個別受託同業者の取次手数料割合の平均値を乗じて算出でき，その金額は×1.1となります。

(2) 給食管理委託料の額

　原告の係争各年分の給食管理委託料の額は，会社Bが外部の納入業者に支払った各年分の給食材料費の額に個別受託同業者の取次手数料割合の平均値を乗じて算出でき，その金額は×1.1となります。

(3) 事務管理委託料の額（∴事務派遣業とみたと思われる）

(a) 原告の係争各年分の事務管理委託料の額は，会社BがA病院に派遣した従業員の各年分の人件費（給料及び法定福利費の合計額で，病院業務に係る原価相当額に限る）の合計額に，会社Bの個別受託同業者の派遣従業員の人件費（給料及び法定福利費の合計額）の額に対する人材派遣倍率の平均値を乗じて算出することになります。

(b) 以上により，原告の係争各年分の事務管理委託料の額を，右病院業務にかかる各年分の原価相当額に個別受託同業者の人材派遣倍率の平均値を乗じて算出すると，×1.2の金額となります。

（福岡地裁平成元年（行ウ）第19号（平成4年2月20日言渡）（棄却）（確定）税務訴訟資料第188号334頁）

4 解　説

　課税庁は，管理委託の実態が外部の専門業者に再委託されていることから，実質的には管理業務の取次ぎを行っているに過ぎず，当該管理業務を他に委託すること自体が経済的合理性を欠いており，このような形式の行為自体を否認しよとする考えに基づいたのでしょうが，判決では当該行為は経済的合理性があるとした前提で納税者が選択した形態の計算方法に応じて税法が適用されたものと思料します。

　納税者において適切な比準同業者（本判決は個別同業者比準方式を用いているが）を調査することは困難であるため，対策としては，A社の医療管理料については計算根拠のない（計算根拠に合理性のない）漠然とした金額の定め方ではなく，計算の基礎を明確にした，例えばそれぞれ実際に要した経費等の額に一定の利益率を加算して決定する方法もあったのではないでしょうか。

> 現行制度

83 MS法人に支払う賃料

Q MS法人に支払った病院の賃料について争われた事例はありますか。

A 病院とMS法人との間でなされた賃料の支払に関する行為又は計算が、所得税法157条に規定する請求人の所得税の負担を不当に減少させる結果となっているとして争われた事例があります。

1 事実の概要

審査請求人（以下「請求人」）は、医療保険業（病院）を営む者の所得税について、青色の確定申告書を法定申告期限までにP税務署長に申告しました。

2 争　点

請求人と株式会社Fとの間においてなされた本件病院用建物の賃貸借に関する行為又は計算が、所得税法157条に規定する請求人の所得税の負担を不当に減少させる結果となるか否かについて争われています。

⑴　請求人が提出した資料、原処分関係資料及び当審判所の調査による事実は以下のとおりであり、請求人と原処分庁との間に争いがありません。

　①　株式会社Fは、不動産の売買、賃貸及び管理業務を目的として設立された法人で、株式会社Jが発行済株式の全部を所有する法人税法2条《定義》10号に規定する同族会社であり、請求人の長男であるKが代表取締役に就任していること。なお、株式会社Jは、請求人の妻であるLが代表取締役であり、Kがその発行済株式の80パーセントを所有する同族会社であること

　②　請求人は、請求人が所有していた本件病院用建物及び本件老人ホーム用建物を株式会社Fに譲渡したこと

　③　株式会社Fは、請求人及び株式会社Jとの間で本件病院用建物の月額賃

料を1,350万円（1平方メートル当たり3,346円，以下「当初月額賃料」といい，当初月額賃料の12か月分162百万円を「当初賃料」という）及び本件老人ホーム用建物の月額賃料を150万円（1平方メートル当たり876円）とする賃貸借契約を締結したこと。なお，上記各建物に係る月額賃料は，その後，本件病院用建物は1,500万円，本件老人ホーム用建物は，200万円と改定（値上げ）され，1平方メートル当たりの単価は，それぞれ3,717及び1,169円となったこと

④ 請求人は，請求人所有の本件病院用建物及び本件老人ホーム用建物の敷地である本件敷地5,970.38平方メートルを株式会社Fに月額260万円の地代で賃貸する契約をしたこと（筆者注：借地権無償返還届の提出があったかは不明）。なお，地代の額は改定されていないこと

⑤ 上記の本件敷地の賃貸借に際して，株式会社Fは権利金等の支払をしていないこと

⑥ 本件病院用建物の修繕及び改修工事等の必要性の判断並びに工事等の立会いは，請求人の職員又は，Kが行っており，小修繕以外の修繕及び改修工事費用については，その発生の都度，請求人と株式会社Fとの協議により負担割合を決定するものとされ，実際に請求人がその費用を支払ったことがあること。また，使用上通常発生する修繕については，賃借人の負担となっていること

(2) 本件病院用建物は，鉄筋コンクリート造り陸屋根地上3階建て（延床面積2,243.14平方メートル）に，その後延床面積1,787.85平方メートルが増築されたものです。なお，その他付属建物として，コンクリートブロック造り陸屋根平屋建て（床面積4平方メートル）の汚物庫が建築されています。

したがって，本件病院用建物の合計床面積は4,034.99平方メートルであることとなります。

(3) 本件老人ホーム用建物は，鉄骨造り陸屋根地上2階建て（延床面積1,177.66平方メートル）に，その後延床面積533.73平方メートルが増築されたものです。

(4) 請求人は，上記(1)の④の本件敷地の賃貸に係る地代の額を法人税法施行令137条《土地の使用に伴う対価についての所得の計算》に規定する相当の地代として，3年間の本件敷地の相続税評価額の平均値を基礎として，次の算式により月額260万円としています。
(5) 本件病院用建物の賃料は，本件鑑定評価で求められた月額実質賃料として，本件付属意見書に記載された本件病院用建物と本件老人ホーム用建物との配分比率に従って，算定されています。
(6) 本件鑑定評価の基礎とされた不動産は，本件土地，本件病院用建物及び本件老人ホーム用建物であり，その所有者はいずれも請求人であるとして鑑定評価されています。
(7) 本件鑑定評価での鑑定事項は，本件建物及び本件土地を新規に一括して賃借するとした場合の適正な月額実質賃料であり，その価格時点も適正であるとされています。

　請求人は，本件病院用建物を株式会社Ｆに賃貸するに際して，本件賃料の決定が同族会社ゆえの恣意的決定との判断を避ける目的で，合理的な賃料を求めるため本件鑑定評価を行い，当該鑑定評価額を参考として本件賃料を決定したものであるから，この行為は純経済人として極めて合理的な行為である旨主張します。

3 判　　断

　当審判所が本件鑑定評価を行った不動産鑑定士にその配分比率の根拠について質問したところ，該当不動産鑑定士は，その配分については「ラフな見方をすれば建物の価格でもいいし，建物の面積でもいいと思うが，9対1と判断した根拠については記憶がない」旨答述しています。
　したがって，本件付属意見書の配分比率が合理的であるとの請求人の主張には理由がありません。
　以上のとおり，①本件鑑定評価で求めた年額積算賃料が，売買等実額を対象

不動産の基礎価格として算出した推定年額積算賃料に比較して高額であることに加えて，実態を反映しない本件付属意見書の配分比率によって本件病院用建物と本件老人ホーム用建物の賃料をゆえなく９対１としたために，本件賃料は殊更不合理に高額となったものであること，また，②本件賃料に含まれる本件土地の純賃料相当額に比較して本件敷地の支払地代が低額であることから，結果として，本件鑑定評価が不合理である以上，本件賃料の決定に際して，本件鑑定評価及び本件付属意見書を求めたことのみをもって経済的合理性があるということはできず，本件鑑定評価に基づく鑑定評価額を基礎として本件賃料を決定した行為は，純経済人として極めて合理的な行為であるとの請求人の主張は認めることができないこととなります。

　また，請求人は，不動産鑑定評価によって求める建物の正常賃料の計算にあっては，本件建物の敷地上の権利が所有権によるものであるか，あるいは賃借権によるものであるかは大きな賃料変動要因ではないから，本件鑑定評価に基づく本件賃料には合理性がある旨主張します。

　不動産鑑定評価において建物の正常賃料を求める場合，その敷地が所有権に基づくものであるか，あるいは権利金の支払などによって確定している借地権に基づくものであるかによって結果に極端な差がないことは首肯できるが，本件の事例においては，本件賃料の決定に関する請求人の不合理な行為又は計算によって本件賃料が不自然・不合理に高額になっているものであるから，この点に関する請求人の主張は認めることができないこととなります。

【類似建物月額賃料について】
① 類似建物月額賃料の算定方式の合理性について

　　請求人は，不動産賃料の合理的，正確な算出は困難なものであって，特に病院用建物の場合，同一需給圏内における賃貸事例が極めて少ないため，比準法のみでは合理的賃料の算出ができないにもかかわらず，原処分庁が不動産鑑定評価基準を無視して，比準法のみによって類似建物月額賃料を算定している点に誤りがある旨主張します。

　　しかし，比準法そのものは合理性が認められる方法であり，新規賃料を

求める有力な手法であると認められ，原処分庁が比準法によって算定したことのみをもって不合理であるということはできず，この点に関する請求人の主張は認めることができないこととなります。

② 原処分庁の類似建物の賃貸事例選定の適否について

　原処分庁が事例選定のために設定した条件は，本件賃貸借契約内容との類似性を求める上で必要な条件を一応満たしていると認められ，また，実際に選定された事例も本件賃貸借契約の契約内容と類似している上に，事例の選定も合理的に行われているため，各事例の月額賃料の平均値は基準となるべき標準賃料として採用できるものと認められることとなります。

　したがって，この点に関する請求人の主張には理由がありません。

③ 類似建物月額賃料の適否について

　請求人は，仮に類似建物月額賃料を一応の基準としても本件月額賃料は類似建物月額賃料の1.4倍程度のものであり，しかも，一番高額のC物件とは1.24倍でしかなく，類似建物月額賃料との比率の開差は極めて合理的な偏差の範囲にあり，著しく過大なものではないから，本件賃料の決定行為に不当なものはない旨主張します。

　しかしながら，所得税の負担を不当に減少させる結果となったか否かについては，単に基準となるべき適正な賃料との比率の開差の大小のみによって一律に判断すべきものではなく，その基準となるべき適正な賃料に基づいて算出した納付すべき税額と請求人が決定した賃料に基づいて算出した納付すべき税額とを比較し，その税額のかい離がどの程度であるかを考慮した上で判断すべきものと解するのが相当であることとなります。

　請求人の場合，本件病院用建物に係る本件月額賃料の決定は，本件建物の所有者である株式会社Fが請求人の親族が支配する同族会社であるがゆえになし得た行為又は計算であることが認められ，請求人のこのような行為は，純経済人の行為として不自然・不合理な行為又は計算によるものであり，その結果，本件月額賃料が不相当に高額なものとなっているものと認められることとなります。

④　所得税法157条の適用の可否について

　請求人と株式会社Ｆとの間の本件病院用建物の賃貸借に関する行為又は計算が，請求人の所得税の負担を不当に減少させる結果となっているかどうかを検討すると，次のとおりです。

　本件賃料決定に関しては，請求人と株式会社Ｆの間で各種の不合理な行為又は計算が行われている結果，本件賃料は不合理に高額となっていることが認められることとなります。

　そうすると，本件賃料のうち標準賃料の年額（標準賃料の12か月分をいう）を超える部分の金額は，本件賃料決定に関する請求人と株式会社Ｆとの間の各種不合理な行為又は計算によって生じたものであり，これを容認した場合は，請求人の所得税の負担を不当に減少させる結果となるものに該当するから，本件賃料の額のうち標準賃料の年額を超える額（以下「標準賃料超過額」という）は，請求人の事業所得の金額の計算上必要経費の額に算入すべきではないというべきであることとなります。

　したがって，この点に関する請求人の主張には理由がないこととなります。

（所得税　平成10年４月24日裁決）

> **現行制度**

84 MS法人に支払う業務委託料（MS法人の業務実体）

Q MS法人に支払った業務委託料について争われた事例はありますか。

A 医療保険業（病院）を営む審査請求人（以下「請求人」という）が同族会社である有限会社A（以下「A社」という）に支払った外注費の額を認容した場合，請求人の所得税の負担を不当に減少させる結果となると認められるか否かについて争われた事例があります（全部取消し）。

1 事案の概要

① 審査請求に至る経緯

請求人は，各年分の所得税について，いずれも法定申告期限までに申告しています。

② 基礎事実

以下の事実は請求人及び原処分庁の双方に争いがなく，審判所の調査によってもその事実が認められています。

イ　A社は，請求人の親族が全額出資している法人税法2条《定義》10号に該当する同族会社であり，請求人は当該法人の取締役です。

ロ　請求人とA社は，各年分において請求人の業務に関する請負契約書（以下「本件契約書」という）を交わしています。

なお，A社が請求人に対して行う業務（以下「本件請負業務」という）は，本件契約書の第2条に定められており，同契約書の業務仕様書によれば，次のとおりとなっています。

(イ)　病院の電話，受付，来客案内業務補助，電算入力業務，請求書・領収書整理，保険請求業務，患者負担分の請求業務，銀行等への入出金業務，会計・経理業務等

(ロ)　不動産の管理

(ハ) 病院の車両運転及び管理，駐車場管理及び院内の営繕

(ニ) 院内の清掃，クリーニング

(ホ) 上記に付帯する一切の業務

ハ 請求人は，各年分の事業所得の収支内訳書に，本件契約書に係る支払金額（以下「本件請負金額」という）を外注費（以下「本件外注費」という）として，事業所得の金額の計算において必要経費に算入しています。

ニ 本件請負金額は，契約期間に対応する前年同期間のＡ社が派遣した従業員に係る給与支給金額（以下「基礎給与額」という）に，請求人とＡ社とが算定した倍率を乗じて計算されています。

ホ 原処分庁は，請求人が必要経費に算入した本件外注費が，同族関係にない通常一般の取引を行っているＡ社の同業者（以下「本件比準同業者」という）の人材派遣倍率（本件比準同業者の派遣した従業員の人件費等の額を分母とし，派遣先からの収入金額を分子とした倍率の平均値をいい，以下「本件倍率」という）に基礎給与額を乗じて計算した相当な外注費の額（以下「認定外注費」という）を超えるとして，所得税法157条《同族会社等の行為又は計算の否認》１項の規定に基づいて，その超える額については各年分の必要経費への算入を認められないとして更正処分をしました。

❷ 主　張

① 請求人の主張

原処分は，次の理由により違法であるから，その全部の取消しを求めるとしています。

イ 事業所得の金額

(イ) 原処分庁は，所得税法157条を適用して事業所得の金額を算定しているが，次のとおり，原処分にはその内容に誤りがあるとしています。なお，原処分庁が採用した同業者比準方式については争っていません。

Ａ 本件外注費は，業務を包括的に委託したことの対価であり，外注

先のA社はメディカルサービス法人であることから，同業者比準方式で用いる同業者はA社と業務内容，事業規模，収入金等が近似する法人とし，それらの法人の平均値で本件外注費が適正か否かを判断すべきであること

B　本件倍率は，信頼できる統計数値とあまりにもかけ離れており，本件比準同業者は，「業務内容，事業規模，収入金等がA社と近似する同業者であること」を完全に欠落させていると見ざるを得ないこと

C　本件倍率で請負金額を置き換えた場合，A社の決算では高額の欠損が生じることからも，本件比準同業者がA社と異業種であることが明らかであること

㈹　本件外注費の額は，次の理由から適正であることとしています。

A　A社が請求人に派遣している従業員の人件費の額に対する請負金額の比率は，1.59倍ないし1.77倍であり，A社のような小企業のサービス業種の統計上の人件費対売上高比率の平均倍率の範囲内であること

B　「小企業の経済指標」（国民金融公庫総合研究所編）によれば，小企業の人件費の額対売上額の平均値は43.6％ないし44.0％であり，したがって，人件費の額対売上額の平均倍率は2.27倍ないし2.29倍であること

② 原処分庁の主張

原処分は，次の理由により適法であるから，審査請求を棄却するとの裁決を求めることとしています。

イ　本件更正処分について

㈶　更正処分の手続

原処分は，所得税法及び国税通則法の規定に基づき適正に行われており，何ら違法な点はないこととなります。

(ロ) 事業所得の金額等

A 原処分庁が調査したところ，本件請負業務は，契約書及びその実態から見て次の事実が認められ，実質的に単純労働者の人材派遣業務であると判断されること

(A) 請求人とA社で契約している業務内容は，前記**1**の②のロのとおりであること

(B) A社から派遣される従業員には，資格を持った者はいないこと

(C) 本件請負金額の算定根拠となっているのは，「人件費」であること

B 請求人がA社に対して殊更に高額な外注費を支払うべき合理的な理由も認められないこと

3 判　　断

本件更正処分に係る手続の違法性の存否及び所得税法157条の適用の可否について，以下のとおり審理されています。

① 認定事実

原処分関係資料及び審判所の調査によると，次の事実が認められます。

イ 調査担当職員は，審判所に対し，本件調査の状況について次のとおり答述しています。

(イ) 請求人の自宅において，請求人に対し，本件請負金額の計算根拠となっている人件費の倍率について質問した際に，「税理士でないとわからない」というような回答があったため，A社の役員であれば契約内容を理解しているはずであり，本人自身がわからないというのはおかしいという意味で「ペーパーカンパニー」という言葉を使用したと記憶していること

(ロ) 調査内容について請求人に説明する目的で請求人に電話を架けており，請求人に直接電話した理由は，①この時期には，関与税理士から調査に対する抗議が続いていたため，関与税理士とは面接できないと

　　　　考えた、②関与税理士とは、以前に面接の約束を破られたりいろいろな理由を付けられて、調査期間中に一度も面接できないという通常では考えられない状況にあったため、これについても請求人に伝えたかったからとしていること
　ロ　調査担当職員は、関与税理士から委任状が提出された以降数回にわたり、関与税理士と面接すべく事務所への臨場及び電話での連絡を行っていますが、面接には至っていないこと。特に、税務署内での面接を約束していたが、関与税理士は連絡もせず出署しなかったこと
　ハ　A社と請求人との間で本件契約書を交わした行為は、同族会社の行為又は計算に当たること
　ニ　請求人は、当審判所に対し、「A社との請負契約の内容は、簡単に言うと病院で行う業務のうち、私が行う業務以外のすべてです。」と答述しており、医療行為以外の業務はすべてA社の派遣従業員に従事させていること
　ホ　本件契約書の第4条において、本件請負業務に必要な機械、器具等はすべてA社の負担で準備し、消耗品、機材等もA社が負担すること。なお、各年分においてA社が負担した本件請負業務に係る費用は、別紙のとおりであること
　ヘ　本件倍率の計算基礎となった本件比準同業者の収入金額は、いずれも人材派遣業に係るものであり、本件比準同業者が負担している費用は、派遣した従業員の賃金及び法定福利費のみであること
　ト　本件比準同業者のうち3件は、収入金額がA社の収入金額2倍以上であり、また、残る1件は、人材派遣業のほかに業務受託、マネキン等の紹介業、パソコン教室等の業務を行っており、人材派遣に係る収入金額が総収入金額に占める割合は、13％ないし17％であること
②　本件更正処分について
　イ　更正処分の手続
　　　請求人は、調査担当職員が、調査もせずに断定的に調査担当職員の主

張を認めさせようとしたことは違法である旨主張しています。

しかしながら，審判所の調査によれば，本件調査は旧所得税法234条に規定する質問検査権に基づき適正に行われたことが認められ，その点において，本件調査に違法はないこととなります。

更に，審判所の調査によれば，調査担当職員は関与税理士に面接するために相当な方法を採っているにもかかわらず，関与税理士がそれに応じていないことが認められ，このような状況の中で調査担当職員が請求人に直接調査に関する事項等を説明しようとしたことは何ら不相当とは認められず，その点において，本件調査に違法はないこととなります。

したがって，これらの点に関する請求人の主張には理由がありません。

ロ　所得税法157条の適用

請求人は，①本件請負契約は業務の包括的委託契約であり，同業者比準方式に用いる同業者は，A社と業務内容，事業規模，収入金額等が類似する法人とすべきであり，本件比準同業者はこの要件を欠いている，②本件外注費の額は適正に算定していることから，所得税法157条を適用したことは違法である旨主張することとなります。

ところで，所得税法157条によれば，①同族会社の行為又は計算であること，②これを容認した場合には，その株主等の所得税の負担を減少させる結果となること，③その所得税の減少は不当と評価されるものであることという三要件を充足するときは，その同族会社の行為又は計算にかかわらず，税務署長は，正常な行為又は計算を前提とした場合の当該株主等に係る所得税の課税標準等又は税額等の計算を行い，これに基づいて更正又は決定を行うことができるとされています。

また，株主等の所得税の減少の不当の評価については，同族会社の行為又は計算が，同族会社以外の会社との間における通常の経済活動としては不合理又は不自然で，少数の株主等によって支配される同族会社でなければ通常は行わないものであり，このような行為又は計算の結果として同族会社の株主等特定の個人の所得税が減少する場合には，特段の

事情がない限り，所得税の減少自体が一般的に不当と評価されるべきものと解されていることとなります。

なお，所得税法157条の適用要件である所得税の負担を不当に減少させる結果となるか否かの判断の方法としては，独立かつ対等で相互に特殊な関係にない当事者間での通常の取引と同族会社の行為又は計算を比較する同業者比準の方法は，その合理性が認められているところであり，この点に関して請求人及び原処分庁双方に争いもないことから，当審判所は，原処分庁が採用した同業者比準の内容の適否について，以下審理することとなります。

(イ) 同業者比準等

　原処分庁は，①本件請負業務は，契約書及びその実態からみて，実質的に単純労働者の人材派遣業務である，②同族関係間にない通常一般の人材派遣業に係る本件倍率から算定した認定外注費に比べて，本件外注費は著しく高額である旨主張していることから，これらについて審理したところ，次のとおりであります。

　A　本件請負業務

　　本件契約書の第2条及び業務仕様書によれば，A社から派遣された従業員は，派遣先である請求人の病院において診療行為を除く各種の業務に従事していることが認められ，この面に限れば，本件請負業務の内容は，一般的な人材派遣の形態であるといえなくはありません。

　　しかしながら，本件契約書の第4条及び第5条では，業務に係る費用の負担について定めており，A社は本件請負業務を実行するに当たり，派遣従業員に係る賃金等以外に賃金等の約3割ないし5割相当の水道光熱費，備品消耗費等の費用を負担していることが認められることとなります。

　　これらの実態からみると，A社は，本契約書に基づいて，病院の診療行為を除くほとんどの業務を遂行するために必要な役務の提供

及び諸費用の負担を行っているものであり，このような形態は，一般的な人材派遣にとどまらず，A社が請求人が営む病院の業務全般の委託を受けていると考えるのが相当であることとなります。

したがって，本件請負業務を単純労働者の人材派遣業務であるとした原処分庁の主張は，採用できません。

B　本件比準同業者

原処分庁は，認定外注費を算定するために比準同業者を採用しているが，同業者比準の方法による場合，比準の対象となる割合等の信頼性を担保するには，比準同業者と同族法人とに事業内容，事業規模等において類似性が必要であるとされています。

ところで，当審判所が本件比準同業者4件について，その適否を検討したところ，次のとおりであります。

(A)　事業内容

本件比準同業者の事業内容は，従業員を契約先企業等に派遣して収入を得ている人材派遣であり負担する費用も限定されていますが，A社の業務内容は，前記Aのとおり，請求人の病院の業務の受託であることから，事業内容において，A社と本件比準同業者には個別条件の相違を超えた違いが認められます。

(B)　事業規模等

本件比準同業者は，A社とは事業規模等においてかなりの差異が認められます。

以上のとおり，本件比準同業者4件は，事業内容，事業規模等において相当な類似性を備えているとは認められないこととなります。

したがって，比準同業者としての基礎的要件に欠け，算定した本件倍率はその合理性が認められないことから，本件倍率を基礎とする認定外注費に比べて本件が外注費は著しく高額であるとした原処分庁の主張は採用できないこととなります。

(ロ)　所得税法157条の適用の可否

　　所得税法157条の適用にあたっては，株主等の所得税の負担を不当に減少させる結果となることが要件とされていますが，本件の場合，不当に減少させる結果となるかどうかの基準とした同業者比準には，合理性が認められないことから，これによって本件外注費が請求人の所得税の負担を不当に減少させるとして，所得税法157条を適用した本件更正処分は，法令の適用を誤ったものと認められることとなります。

以上のとおり，請求人のその他の主張を判断するまでもなく，本件更正処分はその全部を取り消すべきであります。

4　注意点（私見）

不服審判においては，代理人は，今回の**3**①トのように比準同業者の選定を確認する必要があります。次に，ＭＳ法人にあっては，**3**①ホ及び**3**②ロ(イ)Ａしかしながら……において，負担すべき費用等を請求人である病院に支払っているものであり，一般的な人材派遣にならないとされていることに注意する必要があります。

今回は，原処分庁の**3**①トの選定業者に問題があり，ここに，**2**①イ(ロ)Ｂを認めたものではないのであろうと思料します。

<u>ポイント</u>

院長が「診療行為以外は全てＭＳ法人に任せています」と回答し，税務調査時はＭＳ法人側で答弁する。

（福裁（所）平12第25号　平成13年3月13日）

改正項目

85 施行期日

Q 平成27年9月28日に公布された改正医療法に基づき医療法人会計基準はいつから施行されますか。

A 医療法人会計基準は平成29年4月2日から施行され，同日以後に開始する会計年度に係る会計について適用されることとなります。医療法上，医療法人の会計年度は原則として4月1日に始まり，翌年3月31日に終る1年間の会計年度とされています。そうすると原則どおりの会計年度の医療法人にあっては，当基準が適用される会計年度は，平成30年4月1日から平成31年3月31日ということになります。医療法人会計基準が適用される医療法人は次によることとなります。

1 本運用指針について

本運用指針は，医療法51条2項の医療法人が，同条1項の規定により作成する事業報告書等のうち，会計情報である財産目録，貸借対照表，損益計算書，純資産変動計算書及び附属明細表を作成する際の基準，様式等について定めるものです。

医療法51条2項の医療法人とは，以下のとおりです。

① 最終会計年度に係る貸借対照表の負債の部に計上した額の合計額が50億円以上又は最終会計年度に係る損益計算書の収益の部に計上した額の合計額が70億円以上である医療法人です。

② 最終会計年度に係る貸借対照表の負債の部に計上した額の合計額が20億円以上又は最終会計年度に係る損益計算書の収益の部に計上した額の合計額が10億円以上である社会医療法人です。

③ 社会医療法人債発行法人である社会医療法人です。

（上記①・②の基準となっている金額については，都道府県知事に届け出た貸借対照表又は損益計算書によって判断することで足りることとなりま

す）

2 各医療法人における会計処理の方法の決定について

　会計基準及び本運用指針は，医療法人で必要とされる会計制度のうち，法人全体に係る部分のみを規定したものです。医療法人は，定款又は寄附行為の規定により様々な施設の設置又は事業を行うことが可能であり，当該施設又は事業によっては会計に係る取扱いが存在することがあります。そのため，医療法人の会計を適正に行うためには，各々の医療法人が遵守すべき会計の基準として，当該施設又は事業の会計の基準（明文化されていない部分については，一般に公正妥当と認められる会計の基準を含む）を考慮した総合的な解釈の結果として，各々の医療法人において，経理規程を作成する等により，具体的な処理方法を決定しなければならないこととなります。

3 重要な会計方針に記載する事項について

　会計基準第3条第5号に規定の「その他貸借対照表等を作成するための基本となる重要な事項」の例は，補助金等の会計処理方法，企業会計で導入されている会計処理等の基準を適用する場合の当該基準であることとなります。

4 収益業務の会計について

　医療法42条の2第3項において，「収益業務に係る会計は，本来業務及び附帯業務に関する会計から区分し，特別の会計として経理しなければならない」とされています。したがって，貸借対照表及び損益計算書（以下「貸借対照表等」という）は，収益業務に係る部分を包含していますが，内部管理上の区分においては，収益業務に固有の部分について別個の貸借対照表等を作成することとします。

　なお，当該収益業務会計の貸借対照表等で把握した金額に基づいて，収益業務会計から一般会計への繰入金の状況（一般会計への繰入金と一般会計からの元入金の累計額である繰入純額の前期末残高，当期末残高，当期繰入金額又は元入金額）並

びに資産及び負債のうち収益業務に係るものの注記をすることとします。

5 基本財産の取扱いについて

　定款又は寄附行為において基本財産の規定を置いている場合であっても，貸借対照表及び財産目録には，基本財産としての表示区分は設ける必要ありませんが，当該基本財産の前会計年度末残高，当該会計年度の増加額，当該会計年度の減少額及び当該会計年度末残高について，貸借対照表の科目別に会計基準第22条第8号の事項として注記するものとします。

改正項目

86 会計基準・外部監査及び公告

Q 会計基準の適用及び外部監査の実施が義務付けられる医療法人の基準について教えてください（医療法51条2項及び5項関係）。

A 医療法51条2項の「厚生労働省令で定める基準」とは医療法施行規則33条の2であり，具体的には次のとおりであることとなります。

① 医療法人（社会医療法人を除く）について

　貸借対照表の負債の部に計上した額の合計額が50億円以上又は損益計算書の事業収益の部に計上した額の合計額が70億円以上であることとなります。

② 社会医療法人について

　イ　貸借対照表の負債の部に計上した額の合計額が20億円以上又は損益計算書の事業収益の部に計上した額の合計額が10億円以上であることとなります。

　ロ　社会医療法人債を発行していることとなります。

【対策】

分院をQ79を参考に，分割する方法が考えられます。

【作成及び公告が必要な書類について】

	医療法51条2項に該当する医療法人・社会医療法人	左記以外の社会医療法人	左記以外の医療法人
貸借対照表	作成及び公告義務(注1)	作成及び公告義務(注3)	作成義務(注3)※法改正前と同じ
損益計算書	作成及び公告義務(注1)	作成及び公告義務(注3)	作成義務(注3)※法改正前と同じ
財産目録	作成義務(注2)	作成義務(注3)	作成義務(注3)※法改正前と同じ
附属明細表	作成義務(注2)	任意	任意
純資産変動計算書	作成義務(注2)	任意	任意
関係事業者との取引に関する報告書	規則に定める基準に該当する場合は作成(注3)	規則に定める基準に該当する場合は作成(注3)	規則に定める基準に該当する場合は作成(注3)

(注1) 医療法人会計基準（平成28年厚生労働省令第95号）で定める貸借対照表及び損益計算書の作成及び公告には注記も含むこととなります。

(注2) 医療法人会計基準適用上の留意事項並びに財産目録，純資産変動計算書及び附属明細表の作成方法に関する運用指針（平成28年4月20日医政発0420第5号）で定める様式を使用することとなります。

(注3) 医療法人における事業報告書等の様式について（平成19年3月30日医政指発第0330003号）で定める様式を使用することとなります。

(注4) （注1）（注2）に関わらず，社会医療法人債発行法人については，社会医療法人債を発行する社会医療法人の財務諸表の用語，様式及び作成方法に関する規則（平成19年厚生労働省令第38号）で定める様式を使用することとなります。

87 売買目的有価証券の保有

改正項目

Q　医療法人が売買目的の株式を保有することは認められますか。

A　医療法人は，売買利益の獲得を目的とした株式保有は適当でないとされています。したがって，損益計算書に毎期有価証券売却損益の記載がある場合には指導の対象も考えられます。

改正項目

88 地域医療連携推進法人創設について

Q 地域医療連携推進法人(平成27年9月28日公布)の設立と運営について教えてください。

A 医療提携について統一的な方針を持った複数の医療法人が,グループとなって一体的な経営を行う目的で設立される一般社団法人を地域医療連携推進法人といいます。設立にあたっては,都道府県知事の認定を受ける必要があります。

複数の医療法人が医療連携を進めていく中で,地域医療連携推進法人が統括し法人本部機能(親法人機能と考える)を担うという位置付けであり,経営効率の向上を図るための連携をどこまで深めるかは,あくまでも参加する各医療法人である社員が決定することとなります。

これは,都道府県が策定する地域医療構想(ビジョン)を実現するための一つの選択肢と考えられています。

1 地域医療連携法人制度の創設の背景

都道府県で現在策定作業が進められている地域医療構想(ビジョン)を実現するためには,効率の良い医療提供体制の構築を進める必要があります。

地域医療構想は,「医療機関の施設整備」と「急性期病床の3割減」を目標にしたものですが,具体的には,医療人材の確保,療養病床等の在り方や,在宅を含めた慢性期病床の患者をどうするのかといった課題についての取組みであり,その解決には地域ごとの医療需要推計,高齢化の進度など地域の実情に応じた対応が必要となると考えられています。また,地域医療構想で使われているNDB(レセプト情報等データベース)は,自院をどのように改革していくのかのツールになるものと考えられます。

2　地域の業務連携を強めるのが狙いか

　「現状の医療供給体制では，事業を継続できない状況が10年以内には必ず到来するであろう」と考えられています。大学病院，国立病院（国立病院機構独立行政法人），県立病院，市民病院，労災病院（独立行政法人），日赤病院（特殊法人，総務省），（社・福）済生会病院（以上，900以上ある公的病院の例）―これらについて現状は参加できません。文部科学省，総務省との省庁間との話し合いが必要であり，消極的な省庁もあると聞いています。

3　経営改善

　200床未満の中小病院が病院全体の約70％を占めていますが，これら規模が小さい医療法人にとっては，医師や看護師を確保するといった人材対応や固定費削減をはじめとした経営改善の実行は容易ではありません。地域医療連携法人として参加するかどうかは，規模拡大による経済的メリットが得られるかによると思われます。

改正項目

89 地域医療連携推進法人制度

Q 地域医療連携推進法人制度のビジョンはどのようなものでしょうか。

A 地域医療構想（ビジョン）で示した目標値を達成するためには，医療機関の機能変更や再編を進める必要があります。そのための具体策として，医療法人・社会福祉法人等の非営利法人におけるホールディングカンパニー制度に類似する地域医療連携推進法人を創設することとなります。地域医療構想では2025年から高齢者が圧倒的に増える東京が高齢者の医療提供体制になっているのかが最大の要因でしょう。

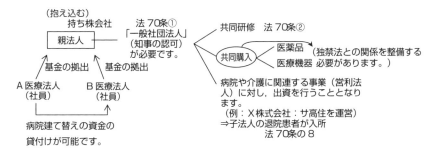

親法人が傘下の子法人に対して経営上の意思決定権を持っていると考えられます。

1 仕組みとメリット

医療機関の機能分担と，義務の連携を推進する制度です。非営利性を担保するために参加法人は非営利法人のみの構成に限定され，経過措置医療法人が参加することは不可能となります。

事業地域の範囲を限定した上で都道府県知事が認可します。メリットは複数の法人が一体となることでグループ内での病床数の融通や医師の再配置が可能となり経営的にもメリットが生じると期待されます。

地域医療構想とは，人口減少や高齢化に伴う疾病の構造変化がもたらされるなかで，地域の実情に応じた医療資源を配分・提供する必要があることから，地域の平成37年の医療需要に見合った機能別病床数の目標値を定めて共有しようとするものです。

　具体的には地域に必要な医療提供体制のあり方をまとめて，「地域医療構想」として策定し，医療計画に新たに盛り込むことが義務付けられており，自治体は病床削減や病床機能の再編を進める必要があるとされています。

2　出資持分の放棄の考え方

　経過措置医療法人が出資持分なし社団医療法人に変更する場合は，実態は，出資者の出資持分の収奪的考えから，出資者全員の出資持分の放棄書の著名，実印，印鑑証明書が必要と考えられます。

改正項目

90 地域医療連携推進法人制度の創設の経緯

Q 地域医療連携推進法人制度の創設に至る経緯はどのようなものでしたか。

A 内閣府側からの提案では，当初ホールディングカンパニーという文言でしたが，「医療法人の事業展開等に関する検討会」の議論のなかで，最終的に「地域医療連携推進法人」という名称となりました。これは，ホールディングというより地域医療の結合を進める制度であるという点が強調されたものと思われます。

ホールディングカンパニー（持ち株会社）に類似する制度ですが，「大山鳴動して鼠一匹」という結果に終わる可能性もあります。

【趣　旨】

医療機関相互間の機能の分担及び業務の連携を推進し，二次医療圏ごとの地域医療構想すなわち病院完結型（地域完結型）の医療を達成するための一つの選択肢として，地域の実情にあった地域医療連携推進法人（仮称）の認定制度を創設するとしています。

これにより，競争よりも協調を進め，地域において質が高く効率的な医療提供体制を確保改革することとなります。

① 手を挙げる法人はあるのか
② 地域の名士（一国一城の主）に親法人を持ってくるということになるのか
③ 病床を利用する目的で参加するという法人がある可能性
④ 資金繰りの悪い医療法人が参加する可能性
⑤ 後継者不在の病医院（ただし法人）が参加する可能性

【ポイント】※医療法改正
① 法人格について
　　地域の医療機関等を開設する複数の医療法人その他の非営利法人の連携を目的とする一般社団法人について，都道府県知事が地域医療連携推進法人として認定します（認定法）。
② 参加法人（社員）
　　都道府県病院や独立行政法人が参加するかは不明です。総務省が管轄している病院もありますので，省庁間の打合せが必要となってくるでしょう。
・地域で医療機関を開設する複数の医療法人その他の自由選択オプションとして多様な非営利法人を参加法人とすることを必須とします。医療の連携です。
・地域医療連携推進法人の定款の定めるところにより，地域包括ケアの推進のために，介護事業その他地域包括ケアの推進に資する事業を行う非営利法人を参加法人とすることができます。
・営利法人を参加法人・社員とすることは認めないこととなります。
③ 業務内容
・統一的な連携推進方針（医療機能の分化の方針必須の事業，各医療機関の連携の方針等）の決定。意思決定方式に係る自由度の確保です。
・病床再編（病床数の融通），キャリアパスの構築，医師・看護師等の共同研修，医療機器等の共同利用，病院開設，病院建て替えの時期を迎え資金貸付等，グループ全体での資金調達，効率的な資金の活用が期待できます。ヒト，モノ，カネ，情報の有効活用やその機能統合が考えられますが，地域医療を混乱させないことが必要です。
・関連事業を行う株式会社（医薬品の共同購入等）を保有できます。営利法人との緊密な連携等を可能とします（⇒100％保有が条件です）。
④ ガバナンス（非営利性の確保等）－患者・職員・病院のためのもの－
・社員の議決権は各1個としますが，不当に差別的な取扱いをしない等の条件で，定款で定めることができます。

- 参加法人の事業計画等の重要事項について，意見を聴取し，指導又は承認を行うことができることとなります。
- 理事長は，その業務の重要性に鑑み，都道府県知事の認可を要件とします（認可制）。
- 地域医療連携推進協議会の意見を尊重するとともに，地域関係者を理事に加えて，地域の意見を反映することとなります。
- 営利法人役職員を役員・社員にしないこととするとともに参加法人の意思が適切に反映されるような役員構成，剰余金の配当も禁止して非営利性の確保を図ることとなります。
- 外部監査等を実施して透明性を確保することとなります。
- 都道府県知事が，都道府県医療審議会の意見に沿って，法人の認定，重要事項の認可・監督等を行うこととなります。

改正項目

91 地域医療連携推進法人制度の仕組み

Q 地域医療連携推進法人制度の仕組みはどのようになりますか。

A 以下の図のとおりです。

親法人 経営の統合ではありません。一種のグループ経営。

監視の目 病院数の変更(病床機能)

【地域医療連携推進法人】
地域住民の参加により地域医療を考える

- 理事会(地域関係者含む)
  業務執行(共同購入,資金貸付等)
- 地域のご意見番
  地域医療連携推進協議会(市長,医師会長等)

指示 ← 意見具申(理事会はその意見を尊重) / 意見具申(社員総会はその意見を尊重)

重要事項及び業務の評価公表

社員総会
- 統一的な連携推進方針の決定
- 参加法人の統括(予算・事業計画の指導又は承認)

※新型法人においては、利害関係のある営利法人役職員が役員になることを規制するとともに、剰余金の配当も禁止して、非営利性の確保を図る。

認可・監督 ← 都道府県知事 ← 意見具申 ← 都道府県医療審議会

意見を交わす機関

参画 / 参画 / 参画 / 参画

参加法人(非営利法人に限る)

医療法人A	医療法人B	医療法人C	その他の非営利法人D
病院	病院	診療所	介護事業

医療法人のうち

介護は営利
非営利の部分のみ参画。
介護施設の整備が必要とされます。

(出所:「地域医療連携推進法人制度(仮称)の創設及び医療法人制度の見直しについて(案)」(厚生労働省)に一部追記)

改正項目

92 地域医療連携推進法人のメリット

Q 地域医療連携推進法人設立のメリットはどのように考えられますか。

A 地域医療連携推進法人は二次医療圏の地域医療を支えながら病床をどう再編するかという構想から生まれました。設立の効果・メリットは下図のとおりです。

【法人設立前】

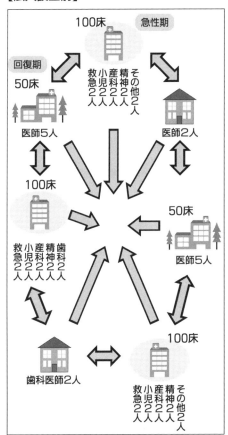

【法人設立後】

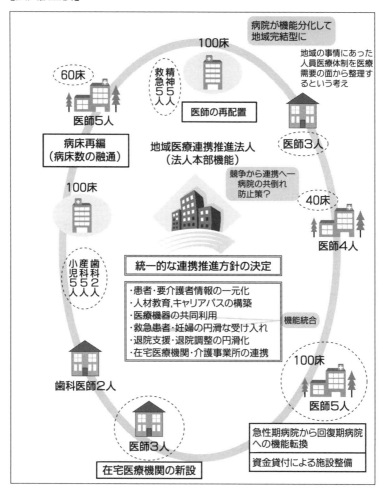

(出所:「地域医療連携推進法人制度(仮称)の創設及び医療法人制度の見直しについて(案)」(厚生労働省)を一部修正・追記)

改正項目

93 地域医療連携推進法人と地方創生

Q 地域医療連携推進法人制度の創設による地方創生の取組みとしてどのようなことが想定されているのでしょうか。

A 「複数の病院（医療法人等）を統括し，一体的な経営を行うことにより，経営効率の向上を図るとともに，地域医療・地域包括ケアの充実を推進し，地域医療構想を達成するための一つの選択肢とするとともに，地方創生につなげる」としており，下図のとおりです。

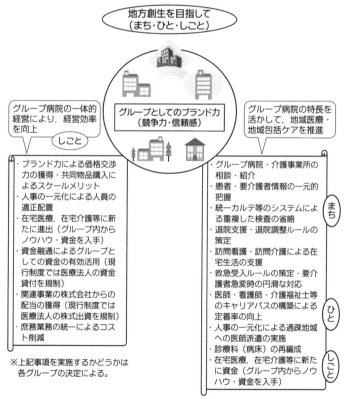

（出所：「地域医療連携推進法人制度（仮称）の創設及び医療法人制度の見直しについて（案）」（厚生労働省）を一部修正）

94 | 地域医療連携推進法人の社員

改正項目

Q 地域医療連携推進法人の社員には、医療法人の管理者でもある理事長が就任可能ですか。

A 医療法15条1項には、病院又は診療所の管理者は、その病院又は診療所に勤務する医師等の従業者を監督し、その業務遂行に欠けることのないよう必要な注意をしなければならないとしています。すなわち、常時監督する必要があることから禁止と考えられますが、今回の大きな改正項目であります地域医療連携推進法人に限り、原則として医療法人の管理者が他の法人の社員に就任するに限り、例外として医療法人の管理者が社員に就任することは認められることになると思われます。

改正項目

95 地域医療連携推進法人の事業

Q 地域医療連携推進法人の収入源や機関設計，課税の取扱い等の詳細を教えてください。

A それぞれ以下のとおりです。

① 収入について

当該法人の目的から職員の給与等の支出が発生します。この支出を賄うための収入としては，地域医療連携推進法人の活動資金として参加法人から集めた会費等で賄うことが想定されます。

② 理事会

当該法人は，一般社団法人として認定を受けることとなります。したがって，理事会設置が必須となります。

③ 参加法人の脱退

当該法人への参加法人は，脱退したい場合は随時脱退できるかどうかについてですが，定款に「脱退は社員総会の承認を要する」という文言がない限り参加法人の自由な脱退も可能と考えます。

④ 法人税

当該法人は一般社団法人として法人税の申告が課されるものと考えます。

「共益的活動を目的とする法人」として一般社団法人・一般財団法人は，事業を行って利益を稼得したり，その利益を構成員等に分配することを目的とせず，営利企業と異なる特性を有する法人として活動する場合の法人格を取得する手段として利用されることが見込まれています。例えば，ある一般社団法人が会員に共通する利益の実現を目的として，公費収入を得て，その目的を達成するための活動資金としてその収入を費消していくことも考えられますが，このような場合には，必ずしも営利企業と同様に法人税を課税する必要はないと

考えられます。

　このため，一般社団法人・一般財団法人であっても，営利企業と異なる特性を有する法人については，常に法人税の課税を行うこととせず，利益を稼得すると認められる事業，すなわち営利企業と競合する収益事業を行う場合のみ課税（収益事業課税方式を適用）することとされました。

　法人税法上「公益法人等」とされ，収益事業課税方式が適用されるものと思料します。しかし，利子，配当等については，源泉税が課されますが，その源泉税は，法人税の申告において収益事業に係る法人税の額から控除されるものと思料します。

改正項目

96 地域医療連携と診療所

Q 地域医療連携と診療所はの関係はどのようになりますか。

A 診療報酬改定では，大病院を受診する際に初診でも再診でも5,000円以上（2回目以降の受診でも1,000円以上の追加負担が考えられている。ただし，診療所で受診後すぐに入院が必要な患者や急患は免除されることとなる）の選定療養費が考えられています。今までの「大病院志向」が変化し，大病院に行っていた患者の流れが大きく変わる可能性が考えられます。すなわち，まず地域の診療所に行くように促すこととなります。この場合には，大病院の「門前診療所」を作ることによって集患には困らないと考えられます。新規診療所を開設する場合には，「門前診療所」も選択の一つです。ただし，この場合は地域医療連携を推進し，大病院と顔が見える関係を構築する必要はあります。

【懸念される事項】

地域医療連携推進法人には資金繰り悪化医療機関又は赤字医療機関の救世主になる為にのみ利用されることが懸念されます。

第3部

会計・税務の注意点

> **改正項目**

97 医療法人会計基準①

Q 医療法人会計基準の重要項目はどのようなものですか。

A 医療法人会計基準適用法人については，注意を要します。

1 貸借対照表等注記事項について

会計基準第22条第8号に規定の「その他医療法人の財務状態又は損益の状況を明らかにするために必要な事項」の例は，以下のようなものがあります。

① 固定資産の償却年数又は残存価額の変更に重要性がある場合の影響額
② 満期保有目的の債券に重要性がある場合の内訳並びに帳簿価額，時価及び評価損益
③ 原則法を適用した場合の，退職給付引当金の計算の前提とした退職給付債務等の内容
④ 繰延税金資産及び繰延税金負債に重要性がある場合の主な発生原因別内訳
⑤ 補助金等に重要性がある場合の内訳，交付者及び貸借対照表等への影響額

2 財産目録について

財産目録は，当該会計年度末現在における全ての資産及び負債につき，価額及び必要な情報を表示するものとします。財産目録は，貸借対照表の区分に準じ，資産の部と負債の部に分かち，更に資産の部を流動資産及び固定資産に区分して，純資産の額を表示するものとします。

財産目録の価額は，貸借対照表記載の価額と同一とします。

また，財産目録の様式は，社会医療法人債を発行する社会医療法人の財務諸

表の用語，様式及び作成方法に関する規則（平成19年厚生労働省令第38号。以下「社財規」という）が適用になる法人を除き，様式第三号によることとします。

3 純資産変動計算書について

純資産変動計算書は，純資産の部の科目別に前期末残高，当期変動額及び当期末残高を記載します。なお，当期変動額は，当期純利益，拠出額，返還又は払戻額，振替額等原因別に表記します。

純資産変動計算書の様式は，社財規が適用になる法人を除き，様式第四号によることとします。

4 附属明細表について

附属明細表の種類は，次に掲げるものとします。
① 有形固定資産等明細表
② 引当金明細表
③ 借入金等明細表
④ 有価証券明細表
⑤ 事業費用明細表

事業費用明細表は，以下のいずれかの内容とします。

イ 中区分科目別に，損益計算書における費用区分に対応した本来業務事業費用（本部を独立した会計としている場合には，事業費と本部費に細分する），附帯業務事業費用及び収益業務事業費用の金額を表記します。この場合に，中区分科目の細区分として形態別分類を主として適宜分類した費目を合わせて記載することができます。

ロ 損益計算書における事業費用の本来業務，附帯業務及び収益業務の区分記載に関わらず，形態別分類を主として適宜分類した費目別に法人全体の金額を表記します。この場合に，各費目を中区分科目に括って合わせて記載することができます。

なお，中区分科目は，売上原価（当該医療法人の開設する病院等の業務に

附随して行われる売店等及び収益業務のうち商品の仕入れ又は製品の製造を伴う業務にかかるもの），材料費，給与費，委託費，経費及びその他の費用とします。

附属明細表の様式は，社財規が適用になる法人を除き，様式第五号〜様式第九の二号によることとします。

5 医療法人会計基準適用法人

① 会計基準が適用される会計年度について

医療法人会計基準及び地域医療連携推進法人会計基準（以下「会計基準」という）は，平成29年4月2日以後に開始する会計年度に係る会計について適用されます。

② 会計基準が強制的に適用される医療法人とは

　イ　貸借対照表の負債の部の合計額が50億円以上又は損益計算書の収益の部の合計額が70億円以上である医療法人（収益の部とは，Ⅰ．事業損益，Ⅱ．事業外収益，Ⅳ．特別利益の合計額をいう）

　ロ　社会医療法人については負債の部20億円以上又は収益の部10億円以上

　ハ　社会医療法人債発行法人

③ 従前の医療法人会計基準について（強制されない）

一般に公正妥当と認められる会計の慣行による。

98 医療法人会計基準②

改正項目

Q 医療法人会計基準適用に伴う振替処理はどのようになりますか。

A 法人の純資産が増加する場合，これを損益計算書の収益と捉えるか否かは，損益計算上の要諦であり，企業会計においては，一般原則に「資本取引・損益取引区分の原則」が置かれています。本基準においては，持分の定めのない法人類型には，資本概念がないため，この原則は置かれていません。また，現行の表示基準である様式通知及び社財規では，剰余金を資本剰余金と利益剰余金に区別していますが，本基準では，この概念を使用しておらず，全て「積立金」という概念で括ることとしています。

これは，持分のない法人類型の資本剰余金概念に対し理論的な疑問がある中で，この概念を採用する根拠としていた財団医療法人の設立時の寄附金の法人税非課税の位置付けが平成20年度税制改正により，資本等の金額から，通常の収益を前提としつつ特段の定めによる益金不算入に変更されたためです。ただし，持分の定めのある社団医療法人の場合には，資本概念が存在しており，これを処理する項目として「出資金」を使用することとしています。

また，基金制度を有する社団医療法人の劣後債務としての基金を処理する項目として「基金」を設け，公益法人会計と同様，純資産の部で処理することとしました。本基準の適用に伴う法人類型別の振替処理は以下のとおりです。

【持分の定めのない医療法人】

　　（借方）資本剰余金　　　×××　　（貸方）設立等積立金　　×××
　　（借方）繰越利益剰余金　×××　　（貸方）繰越利益積立金　×××

改正前法令により設立された法人の会計基準適用前の貸借対照表で，「資本剰余金（資本準備金，資本積立金等）」となっているものは「設立時積立金」とし

ます。利益剰余金となっているものは，○○積立金はそのまま変更せず，「繰越利益剰余金」は，「繰越利益積立金」とします。なお，基金拠出型法人の基金はそのまま「基金」とします。

【持分の定めのある社団法人（出資額限度法人を含む）】
　　（借方）資　本　金　　×××　　（貸方）出　資　金　　×××
　　（借方）繰越利益剰余金　×××　　（貸方）繰越利益積立金　×××

　改正前法令により設立された法人の会計基準適用前の貸借対照表で，「資本金」となっているものは「出資金」とします。利益剰余金となっているものは，○○積立金はそのまま変更せず，「繰越利益剰余金」は，「繰越利益積立金」とします。なお，本基準適用前の持分の払戻に係る会計処理の結果として特別の勘定科目が存在する場合は，繰越利益積立金と相殺し，残余がある場合には，「持分払戻差額積立金」とします。

改正項目

99 附帯業務

Q　医療法人の附帯業務の拡大はどのようになりましたか（医療法）。

A　医療法人の附帯業務として，有料老人ホームのほか，社会福祉法2条2項に揚げる第1種社会福祉事業及び同法2条3項に揚げる第2種社会福祉事業のうちから，厚生労働大臣が定めるものを追加し，医療と福祉の切れ目ないケアを強力に推進します。

- 介護サービスや障害者福祉サービスの進展など福祉を取り巻く環境が大きく変化しており，医療と福祉が連携してサービスを提供することが今まで以上に求められています（例：社会的入院の解消と患者の生活の場の整備など）。
- 社会的入院の解消や患者を地域全体でケアするという観点からの生活の場の整備など医療政策・福祉政策の今後の在り方に対応するためにも，医療法人の今後の活躍が求められています。
- 医療法人の経営の幅を広げ，地域に必要なケアを医療法人が切れ目なく提供できるようにするとともに，良質で効率的な医業経営に資することとします。

	第1種社会福祉事業	第2種社会福祉事業
社会医療法人	○ ケアハウスの設置・運営 ○ 知的障害児施設など児童の入所施設の設置・運営など ○ 身体障害者療護施設など障害者の入所施設の設置・運営 ○ 社会福祉法人に限定されている特別養護老人ホーム等は対象外	○ 保育所など通所施設の設置・運営など ○ デイサービスセンターなど通所施設の設置・運営など
医療法人	○ ケアハウスの設置・運営	

(別添)

○「医療法人の附帯業務について」(平成19年3月30日医政発第0330053号)(抄)の一部改正は次のとおり

(下線の部分は改正部分)

改 正 後	改 正 前
(別表) 第6号 保健衛生に関する業務 I．直接国民の保健衛生の向上を主たる目的として行われる以下の業務であること。 ① ～ ⑥ (略) ⑦ 削除 ⑦ ～ ⑰ (略) ⑱ 認可外保育施設であって、地方公共団体がその職員、設備等に関する基準を定め、当該基準に適合することを条件としてその運営を委託し、又はその運営に要する費用を補助するもの。 ⑲ <u>児童福祉法（昭和22年法律第164号）第6条の3第9項に規定する家庭的保育事業、同条第11項に規定する居宅訪問型保育事業及び事業所内保育事業（同条第12項に規定する事業所内保育事業に限っては委託する場合に限り認めること。</u> ⑳ (略) ※ (略) II．(略) [留意事項] 1 (略) 2 <u>医療従事者の養成施設に通う学生への奨学金の貸付、医療従事者における医療施設の目的範囲内において、奨学金の貸付に関する内部規定を設けるなど適切に行われる限り、差し支えないこと。</u> 3 ～ 4 (略)	(別表) 第6号 保健衛生に関する業務 I．直接国民の保健衛生の向上を主たる目的として行われる以下の業務であること。 ① ～ ⑥ (略) ⑦ 病児・病後児保育事業（地方公共団体の委託又は補助を受けて実施するもの。） ⑧ ～ ⑱ (略) ⑲ 認可外保育施設（児童福祉法第34条の15に規定する家庭的保育事業その他これに類する事業が行われる認可外保育施設を除く。）であって、地方公共団体がその職員、設備等に関する基準を定め、当該基準に適合することを条件としてその運営を委託し、又はその運営に要する費用を補助するもの。 ⑳ (略) (新設) II．(略) 留意事項 1 (略) (新設) 2 ～ 3 (略)

[留意事項]
新たに追加された業務を医療法人が行う場合にあっては、定款等の変更が必要であるが、定款等の変更の申請の際には、医療法施行規則（昭和23年厚生省令第50号）第32条第3項に規定する書類を申請書に添付することとなります。

− 176 −

改正項目

100 書類の作成・閲覧等

Q 医療法人の決算等の書類の作成・閲覧等に関する規定の整備はどのようになりますか（医療法）。

A 地域における安定した医療を確保するため，医療提供体制の中心である医療法人の効率的で透明な医業経営の実現を図る観点から，従来の財産目録，貸借対照表及び損益計算書のほか，事業報告書など都道府県知事への書類の届出，閲覧等の規程について，医療法上明確に定めることになります。

また，一定規模以上の社会医療法人においては，特に社会に必要な医療を担うため，医療法人が作成する決算等の書類に加え，公認会計士又は監査法人の監査報告書の添付を求め，地域住民から支えられる主体として位置付けます。

	作成書類	届出等	閲覧対象者
現行医療法人	・財産目録 ・貸借対照表 ・損益計算書	作成及び事務所の備え付け，都道府県知事への届出期限は2か月です。	・債権者 ※正当な理由がある場合を除くこととなります。 ※都道府県では医療法人の書類を閲覧可能です。
	↓経営に関する管理体制の明確化		↓経営管理体制の充実
改正後医療法人	・財産目録 ・貸借対照表 ・損益計算書 ・事業報告書 ・監事の監査報告書	作成及び事務所の備え付け，都道府県知事への届出期限は2か月です。	・債権者 ・社員及び評議員 ※正当な理由がある場合を除くこととなります。 ※都道府県では医療法人の書類を閲覧可能です。
	↓公益性の確保	↓公認会計士等の監査報告に伴う期限延長	↓公益性の確保
社会医療法人	・財産目録 ・貸借対照表 ・損益計算書 ・事業報告書 ・監事の監査報告書 ・公認会計士等の監査報告（一定規模以上の法人）	作成及び事務所の備え付け，都道府県知事への届出期限は3か月です。	・一般 ※正当な理由がある場合を除くこととなります。 ※都道府県では医療法人の書類を閲覧可能です。

改正項目

101 M&A①

Q 医療法人のM&A（売却）について，どのように考えますか。

A 譲渡価額の制限はありません。医療法人のM&Aは現在水面下で盛んに行われておりますが，M&Aは次の事項を念頭において仲介することを薦めます。

1 出資持分あり社団医療法人

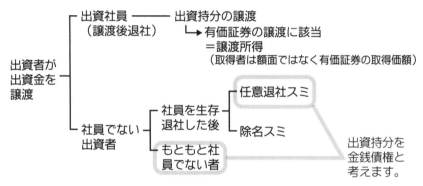

※① 出資社員については，原則として出資者と社員は一蓮托生と考えることから，退社と同時に出資持分が放棄されると考えられます。ただし出資持分を社員総会に留保する旨の届出がされている場合には出資持分の存続は有効と考えます。
※② 金銭債権の譲渡による所得は譲渡所得に該当せず，一般的には雑所得に該当することとなると考えます。この場合取得者は，その出資金の額面のみが取得価額となります。

2 出資持分なし社団医療法人

① 基金の拠出者が基金を譲渡—基金は金銭債権と考えるので上記※を参照
② 退職金の支給（ポイント）

経営権の移行（社員と役員の変更）により退職金を支給する方法が考えられ

- 178 -

ます。しかし退職金のみでまとまらない場合は、社員（最高意思決定権者）は辞任してもらい、役員としての報酬を支払うことで対応する方法もあります。

3 リスク調査（M＆Aの場合）

患者賠償問題の有無、使途不明金の有無について確認しておく必要があります。

4 分割譲渡（分院分割）

出資持分がある場合は認められません。病床返還となります。

出資持分がない場合は、総社員の同意を要します。

なお、平成28年医療法人改革により、都道府県への事前協議が必要となります。

5 全部譲渡

出資持分ありの医療法人に有効です。金額は売り手と買い手のせめぎあいで決まりますが、従業員等は現状のまま引き継ぐこととなるでしょう。

6 医療機関の一部施設の譲渡の（M＆A）の注意点

注意事項としては、保健所関係と厚生局との打合せが必要となることです。また、買い手は、新たな保険医療機関の指定申請と保険診療の遡及願いが必要です。

現行制度

102 M&A②

Q M&Aをする場合に注意事項はありますか。

A 医療法人が解散する場合の残余財産の帰属先については他の医療法人，国又は地方公共団体でなければならないと医療法上規定されますが，制度の施行前にすでに設立されている医療法人に対しては，既存医療法人の残余財産の帰属先を医療法上限定することは，当分の間，経過措置を設けることとされます。そうすると，M&Aを実施するには買収する相手医療法人の設立を登記簿謄本で確認する必要があります。

この場合，買収する医療法人が制度施行前，すなわち，既存医療法人で，買収される相手方が，平成19年4月1日後の医療法人にあっては，制度の内容を見て判断する必要があるでしょう。

改正項目

103 社団医療法人の売却(M&A)

Q 出資持分あり社団医療法人の社員以外の譲渡は存在しますか。

A 社員以外の出資持分の譲渡は社員総会の承認を要する決議を勧めます。

◼ 出資持分あり社団医療法人の出資金の売却

① 医療法人では出資者と社員とは異なりますので、出資者は必ずしも社員とはなり得ないこととなります。例えば、旧医療法による医療法人が新医療法の基金拠出型医療法人等へ移行する場合、決定は社員総会によってなされ、出資者の意向は反映されません。

② 投資目的である配当期待は全くないこととなります。

③ 相対取引は医療法上理事会の承認事項でないため、相対取引価額等について理事会は関知しないこととなります。

④ 社員となって発言する場合に、社員の入社については社員総会で適正な手続がなされ、承認を得ていることとされ、社員は出資者でなければならない規定がなく、出資者イコール社員でもないこととなります。

⑤ 医療法人運営管理指導要綱によれば、社員の出資持分の決定、変更及び払戻しについては適正な出資額の評価に基づいて行われていることとされ、出資者の出資持分については、何ら触れられていないこととなります。

⑥ 医療法46条の3の3において社員は、各1個の議決権を有するとし、出資者の出資持分については何ら触れられていないこととなります。

【相対取引の場合】

旧医療法に基づく医療法人の出資の移動として、当事者間の出資持分の有償譲渡(浦和地裁、名古屋地裁で認めている)が考えられます。医療法54条(剰余金

配当の禁止）により，第三者間での取引は考えづらいことではありますが，かかる取引の譲渡価額については，当事者の合意により取引価額が決定されることになります。

　この場合，理事等及び当該医療法人の出資社員への取引であれば，相続税法の財産評価通達を参考に価額を決めることになります（差額は贈与税の対象となる）。しかし，第三者間での取引となると，医療法52条2項で都道府県知事は，事業報告書等（旧法の決算書類）の書類について請求があった場合には，これを閲覧に供しなければならないこととされ，誰でも当該医療法人の純資産の内容をチェックすることが可能となることになります。

　すなわち，出資者は有価証券の譲渡と考えられます。

2　出資持分なし社団医療法人の法人売却

　出資持分なし社団医療法人の売却は社員総会により議決されます。また，出資持分なし社団医療法人の所有権は社員にあるものと考えられます。したがって，法人売却は社員による経営権及び営業権の譲渡であり，社員全員が等分に分配することにより各自の雑所得となります。

現行制度

104 廃業・売却

Q　廃業か売却（M＆A）かの考え方はありますか。

A　医療法人の場合，通常は，出資持分ありの場合はM＆A（有価証券の譲渡）を考え，出資持分なしの場合は（社員の雑所得）又は，廃業を考えることとなります。また，個人医療機関は状況（例えば「不動産所得」）によって様々です。

1　廃業の場合

B／Sを作成して計算してみます。

【価値の無くなるもの】

① 棚卸資産
② 建物
③ 医療機器

【支払が生じるもの】

① 従業員退職金
② 借入金
③ 買掛金
④ 未払金

2　M＆Aの場合

売り手の心理としては，次のようなものが考えられます。

① このまま診療所又は病院を経営するのは年齢的にしんどい
② 引退したいが後継者がいない
③ もしもの時に相続税の支払が心配

一方で，やはり売却しない方がよいのではという心の迷いが生じてきます。

ここで，院長又は理事長が頼りにするのが顧問税理士ということになります。

　入金：出資持分の譲渡価額①
　支出：①×20％＋仲介手数料（①×5％※参考）＝②
　手許資金残：①－②
　※一般的には廃業の場合よりM＆Aの方が手許資金残は多く残るでしょう。

【M＆Aの進め方】
　売り手としては，魅力のない医療機関に買い手は現れないということを理解する必要があります。また，買い手としては，些細な問題点に目を奪われないことが大切です。その上で，双方の信頼関係の構築が成功のポイントになります。

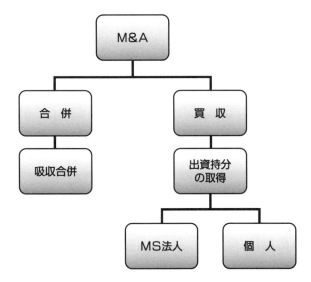

【企業価値の評価方法（一般）】
　①　純資産価額法　─　現在の純資産価値，しかし将来の収益は考慮しない
　②　ＤＣＦ法　─　将来の価値を一定のレートで現在の価値に引き直す

③　類似医療機関比較法 ─ 事業規模が似た医療経営指標と比べる

どの方法をとるにしても当事者間のせめぎ合いになります。

買収側は，デューディリジェンス（＝買収監査）を行い，提出された財務資料と実際の根拠資料を見比べ矛盾がないかを確認します。

【Ｍ＆Ａの具体的金額（いずれか多い金額）※参考】
　①　営業利益×10倍
　②　（営業利益＋役員報酬＋減価償却費）×６倍
　③　税引後当期利益×15倍
　④　年間収入高÷12月×３〜４月

③　個人医療機関

一般的には，個人医療機関は廃業届出となり，新しい管理開設者の開業届を提出することになります。すなわち，医療機関としての売却は不可能となります。

105 事業承継

Q 事業承継対応の流れを教えてください。

A 下図が医療機関事業承継対応のフローチャートです。

> 現行制度

106 保険医療機関の指導

Q 保険医療機関の指導及び監査はどのように選定されているのでしょうか。

A 厚生労働省保険局医療課医療指導監査室は，保険医療機関の指導及び監査の実施状況の調査結果を明らかにしています。

❶ 不正内容

① 付増請求

実際に行った保険診療に行っていない保険診療を付け増すことです。

② 振替請求

実際に行った保険診療を点数の高い保険診療に振り替えることです。

③ 二重請求

既に請求済みのものを重複して診療報酬を請求することです。

④ 架空請求

自費診療を行い患者から料金を受領したにもかかわらず，保険診療をしたことにして診療報酬を請求することです。

❷ 集団的個別指導の強化

都道府県の集団的個別指導は，各地域の診療科区分の平均点数を目安として，高点数（例えば診療科区分毎の1.2倍を目安とするなど）を対象としているようですが，この平均点数を目安とする集団的個別指導は萎縮診療へ向かうことへの傾向が懸念されます。

❸ 個別指導

集団的個別指導の対象医療機関が個別指導の対象となっているようですが，社保庁解体により，今後の個別指導の見通しは不明といえるでしょう。

4 集団的個別指導（医科・歯科）

① 選定方法

選定の基準は，都道府県単位の平均点数の上位8％であり，選定の時期は，任意の6カ月です。

② 返還金の額

3年，5年と遡及して返還を求めるケースもあるようです。

③ 平均点数（東京都）

平成22年度関東地区歯科医師会役員連絡協議会（現状報告より）によれば，平均点数1,680点以上の歯科医院が対象となっています。

集団から個別指導に移ったケースでは，患者や元従業員から行政，保険者への通報が多く，保険のルールについて理解不十分な医療機関が多々見受けられると報告されています。

また，1件当たりの点数が高い（各科関係なし）医療機関上位8％が選定されますが，翌年度は，それらのうち上位4％の保険医療機関について指導が行われるようです。

5 保険医療機関の指導及び監査について（厚生労働省保険局長）

① 指導形態

指導形態は，それぞれ下表のとおりです。

集団指導	講習方式
集団的個別指導	簡便な面接懇談方式
個別指導（共同的） 　都道府県個別指導 　共同指導（厚労省） 　特定共同指導（厚労省）	個別面接懇談方式

② 指導対象の選定

(1) 集団指導

イ　新規指定の保険医療機関（1年以内に全ての医療機関が対象）

ロ　診療報酬改定時の指導，保険医の新規登録時
(2)　集団的個別指導
　　1件当たりの平均点数が高い保険医療機関（「高点数保険医療機関」という。ただし，取扱件数の少ない場合は除く）のうち，1件当たりの平均点数が高い順に選定することとなります。
(3)　対象除外
　　集団的個別指導又は次の個別指導を受けた保険医療機関は，翌年度及び翌々年度は集団的個別指導の対象から除くこととなります。
(4)　個別指導（共同的）
　　イ　都道府県個別指導
　　　㈠　いわゆるタレコミにより個別指導が必要と認められるものとなります。
　　　㈡　経過観察で，改善が認められないものとなります。
　　　㈢　集団的個別指導の結果，適正を欠くと認められるものとなります。
　　　㈣　　〃　　を受けたもので，翌年度の実績においても，なお高点数保険医療機関に該当するものとなります。
　　　㈤　集団的個別指導を拒否したものとなります。
　　　㈥　その他特に個別指導が必要と認められるものとなります。
　　ロ　共同指導（厚労省）
　　　㈠　個別指導にもかかわらず，改善が見られないものとなります。
　　　㈡　その他特に共同指導が必要と認められるものとなります。
　　ハ　特定共同指導（厚労省）
　　　複数の都道府県に所在する保険医療機関。
　　ニ　個別指導を拒否した場合は「監査」に移行。
③　指導方法
(1)　集団指導は講習，講演の方法をとります。
(2)　集団的個別指導は，指導実施通知（日時，場所，出席者，準備すべき書類等）により行われ，翌年度においても高点数保険医療機関に該当した場

合は，翌々年度における個別指導の対象となります。
(3) 個別指導
指導月以前の連続した２カ月分の診療報酬明細書に基づき面接懇談方式により行うこととなります。
　イ　請求が概ね妥当適切
　ロ　経過観察は，改善が期待できる場合に行われます。
　ハ　再指導は，不正又は不当が疑われる場合は患者調査を行い，その結果によっては「監査」へ移行します

【監査】
1　行政上の措置
 (1) 取消処分
 (2) 戒告
 (3) 注意
2　経済上の措置
 (1) 返還金
　① 医療機関に支払うべき診療報酬から控除することとなります。
　② 一部負担金を当該被保険者に返還するよう指導
　③ 返還期間は，原則として５年間とすることとなります。

改正項目

107 経　　営

Q 医療機関の今後について経営アドバイスはありますか。

A 「医療と介護の連携」が求められており，厚生労働省も「在宅医療の勧め」を掲げています。

医師が患者の入院医療機関に出向くなど，治療計画を共有しながら患者の治療を進めることが求められています。在宅医療を実施している医療機関は対象患者が要介護認定を受けているかどうかをチェックしてください。訪問治療の際に，医師が介護にかかわる指導や助言を行っていれば，居宅療養管理指導の算定対象となる可能性があります。医療と介護の連携は益々進化すると予想されます。

旧厚生省保険局長（最後は事務次官）の吉村仁氏の論文によれば，今後の医療は，従来の治療中心の医療よりも「①予防」「②健康管理」「③生活指導」に重点が置かれるとされています。つまり，この部門への医療費投入の方が効果としてより高いということであり，寝たきりにならず，健康寿命を延ばすことを重視するということです。

今後の対応としては治療から予防や指導の重視へと政策の重心を移していくこととなります。特に成人病やいわゆる心身症などの心因性の病気については予防，健康管理，生活指導，健康づくりに診療報酬上の配慮は当然に必要と考えることとなります。これこそ医療費適正化の王道というべきではないでしょうか。

現行制度

108 交際費等

Q 出資持分なし医療法人の交際費等の損金不算入制度の概要について教えてください。

A 交際費等の損金不算入の特例（措法61の4，68の66）の概要については以下のとおりです。

① 資本を有する法人

資本金1億円以下の法人です。

② 資本金の額を有しない法人（平成19年4月1日以降の医療法人等が適用）

期末貸借対照表に計上された金額に基づき次の算式により計算した金額を期末の資本金の額とします。

$$\left\{\begin{array}{l}総資産の\\帳簿価額\end{array} - \begin{array}{l}総負債の\\帳簿価額\end{array}\begin{pmatrix}-当期利益\\+当期欠損金\end{pmatrix}\right\} > \frac{60}{100}$$

∴持分の定めのない医療法人の基金は劣後債務と考えます。

③ 中小法人の交際費課税の特例の拡充（法人税，法人住民税，事業税）

中小企業の交際費の支出による販売促進活動の強化等を図り，景気回復を後押しするため，中小企業（資本金1億円以下の法人）が支出する800万円以下の交際費を全額損金算入可能とすることとなります。

【改正概要】

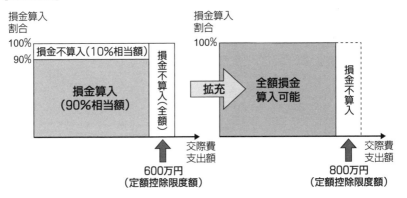

中小法人に係る損金算入の特例について，定額控除限度額を800万円に引き上げるとともに，損金不算入措置（10％）を廃止することから，今後は交際費なのか寄附金なのか役員給与なのかの判断が求められることになるでしょう。判断を明確にしておく必要があります。

109 学資金

Q 非課税とされる学資に充てるため給付される金品の範囲が改正されましたか。

A 改正の内容は以下のとおりです。

① 学資に充てるため給付される金品（以下「学資金」という）のうち，給与所得を有する者がその使用者から通常の給与に加算して受けるものであって，次に掲げるもの以外のものについて，非課税とされます。

　イ　法人である使用者から当該法人の役員の学資に充てるため給付するもの

　ロ　法人である使用者から当該法人の使用人（当該法人の役員を含む）の配偶者その他の当該使用人と特別の関係がある者の学資に充てるため給付するもの

　ハ　個人である使用者から当該個人の営む事業に従事する当該個人の配偶者その他の親族（当該個人と生計を一にする者を除く）の学資に充てるため給付するもの

　ニ　個人である使用者から当該個人の使用人（当該個人の営む事業に従事する当該個人の配偶者その他の親族を含む）の配偶者その他の当該使用人と特別の関係がある者（当該個人と生計を一にする当該個人の配偶者その他の親族に該当する者を除く）の学資に充てるため給付するもの

② 法人又は事業を営む個人から当該法人又は事業を営む個人の使用人に対して給付される金品には，例えば，法人又は事業を営む個人から学資に充てるための金品を貸与された学生が，卒業後に当該法人又は事業を営む個人の下で使用人として勤務し，一定期間勤務後，当該金品の返済を免除された場合に生ずる債務免除益や，地方公共団体から学資に充てるための金品を貸与された医学生，薬学生等で資格取得後，当該地方公共団体が設

置・運営する医療機関に使用人として勤務し，一定期間勤務後，当該金品の返済を免除された場合に生ずる債務免除益なども含まれます。

【解　説】

「地方公共団体が医学生等に貸与した修学等資金に係る債務免除益の非課税措置」について「例えば」以降の文章は直接使用人に対して給付される金品ではありませんが，学資金を貸与された医学生又はコメディカルが，将来使用人として勤務することの合意があり，資格取得後→地方公共団体が設置・運営する医療機関に使用人として勤務した場合には「使用人に対して給付される金品」に準ずるものとして，非課税とされる学資金とされます。

（適用関係）

この改正は，平成28年4月1日以後に受けるべき学資金又は同日以後に生ずる債務免除益について適用されます。

現行制度

110 寄 附 金

Q 出資持分なしの寄附金の損金不算入はどのように計算されると考えられますか。

A 損金算入限度額を超える寄附金の損金不算入（法法37①）は，次のように考えられます。

内国法人が各事業年度において支出した寄附金の額（≪利益処分による寄附金の損金不算入≫及び≪国外関連者に対する寄附金の損金不算入≫の適用を受けた寄附金の額を除く）の合計額のうち，その内国法人の資本等の金額又は当該事業年度の所得の金額を基礎として計算した損金算入限度額に掲げる金額を超える部分の金額は，その内国法人の各事業年度の所得の金額の計算上，損金の額に算入しないとされ，すなわち，普通法人のうち，資本の金額又は出資金額を有しないものは，当該事業年度の所得の金額のに相当する金額（法令73①二）とされるものと考えられます。

医療法人の寄附は医療法人の事業の目的を達成する観点から認められる場合もありますが，実質的に「剰余金の配当」に該当するかどうかは個別具体的に判断されることになります。

改正項目

111 出資持分の評価①

Q 現行において「持分の定めのある社団医療法人」の出資持分の評価はどのように行いますか。

A 現行法において「持分の定めのある社団医療法人」の出資持分の評価（払戻し）はどのように行うかというと、

① 医療法人は剰余金の配当が禁止されていることから、配当還元方式による評価は適用されないこととなります。

② 1株当たりの純資産価額を算定する際には、医療法人においては出資持分の多寡にかかわらず各社員の議決権が平等であることから、「純資産価額×80％」すなわち「20％の評価減」は適用されないこととなります。

③ 医療法人の出資の評価（以下「評価の原則」という）

医療法人に対する出資の価額は、取引相場のない株式の評価に準じて計算した価額により評価されることとなります（評基通194－2）。

したがって医療法人の規模等により、類似業種比準方式、類似業種比準方式と純資産価額方式の併用方式、及び純資産価額方式により評価することとなりますが、類似業種比準価額の計算においては、医療法人は剰余金の配当禁止になっていることから、配当金額の要素を除いたところで次の算式により行うこととなります。

(1) 類似業種比準価額（評基通180）に定める算式

$$A \times \left(\frac{\frac{Ⓒ}{C} + \frac{Ⓓ}{D}}{2} \right) \times 0.7$$

(2) 株式保有特定会社の株式の評価（評基通189－3）における「S1＋S2」方式の「S1」の金額についても次の計算式によることとなります。

モデル定款及び指導要綱の資産管理によれば、資産のうち現金は、郵便官署、確実な銀行又は信託会社に預け入れ若しくは信託し、又は国公債若しくは確実な有価証券に換え保管するものとしており、株式

保有特定会社になり得る可能性もあります（Ｓ１の金額とは，株式保有安定会社が所有する株式等とその株式等の係る受取配当収入がなかったとした場合の「原則的評価方式」により評価した金額）。

$$A \times \left(\frac{\frac{Ⓒ-ⓒ}{C} + \frac{Ⓓ-ⓓ}{D}}{2} \right) \times 0.7$$

　A：類似業種の株価
　C：課税時期の属する年の類似業種の１株当たりの年利益金額
　D：課税時期の属する年の類似業種の１株当たりの純資産価額（帳簿価額によって計算した金額）
　Ⓒ：医療法人の直前期末以前１年間における１株当たりの利益金額
　Ⓓ：医療法人の直前期末における１株当たりの純資産価額（帳簿価額によって計算した金額）
　（注１）上記算式中0.7は，中会社に相当する医療法人については0.6，小会社に相当する医療法人については0.5となることとなります。
　（注２）上記算式中のⒸの金額が０のときは，分母の４は２となる。

ⓒ＝Ⓒ×「受取配当金収受割合」　　評価通達189－３（株式保有特定会社
ⓓ＝(イ)+(ロ)［Ⓓを限度とします。］　の株式の評価）の定めによります。

(イ)＝Ⓓ× $\dfrac{評価会社の保有する株式らの価額（帳簿価額）}{評価会社の総資産価額（帳簿価額）}$

(ロ)＝評価会社の１株(50円)当たりの利益積立金×「受取配当金収受割合」

　○　利益積立金が負数のときは、０とします。

(3)　類似業種比準価額を計算する場合の類似業種

　医療法人の出資の評価において類似業種比準価額を計算する場合の類似業種については，「類似業種比準価額計算上の業種目について」で判定することになり，医療業については「その他の産業」に該当します。なお，会社規模を判定する場合には「小売・サービス業」となることに留意が必要です。

　よって①～③については，相続人が払戻請求をしない場合の出資額の継承についての評価と同じことになります。

④ 新医療法に基づく権利の評価

基金拠出型医療法人の評価

新法の基金拠出型制度について，基金は劣後債権と捉えるので，基金に移行された場合の拠出金の評価額は，おのずと当該拠出金を超える額により評価されることはあり得ないと思料することとなります。

なお，当該医療法人の純資産（相続税による評価）が当該拠出額を下回れば，当該下回る額により評価されることとなります。

現行制度

112 出資持分の評価②

Q 医療法人は，医療法の規定により剰余金の配当が禁止されていますが，特定の評価会社（比準要素数0）に該当するか否かの判定はどのように行うでしょうか。また，評価対象の医療法人が比準要素数1の会社に該当しないものの，類似業種比準方式に準じて評価する場合の算式の分母はどうなるのでしょうか。

A 医療法人の場合には，課税時期の直前期末を基準にした類似業種比準価額の計算上の比準2要素（1株当たりの年利益金額，1株当たりの純資産価額）がいずれも0であれば，特定の評価会社（比準要素0の会社）に該当するものとすることとなります。

また，医療法人の出資を類似業種比準方式により評価する場合，「1株当たりの年利益金額」が0（（C）＝0）の場合の算式は，分母の「4」を「2」とすることとなります。

医療法人の出資の評価に際して，当該医療法人が開業後3年未満等の会社に該当した場合（比準要素0の会社）には，その評価方式は，純資産価額方式により評価することになりますが，医療法人については，明確な判定基準が規定されていないこととなります。

そこで，医療法人の出資の評価に際しては，医療法の規定により剰余金の配当が禁止されていることの趣旨を考慮して開業後3年未満の会社等（比準要素0の会社）に該当するか否かを判定する必要があることから，1株当たりの配当金額（B）については，評価要素を除外して判定するのが相当であることとなります。

また，医療法人の出資の評価は，取引相場のない株式等の評価方法の定めに準じて計算した価額によって評価することとされており（評基通194－2），類似業種比準方式により評価する場合には，取引相場のない株式の評価における

− 200 −

類似業種比準価額を定めている評基通180の定めに準じて評価することとなりますが，算式については次によることとされています（評基通194－2（1））。

（算　式）

$$A \times \left(\cfrac{\cfrac{(C)}{C} + \cfrac{(D)}{D}}{2^{※1}} \right) \times 0.7$$

（注1）
　取引相場のない株式を純資産価額方式により評価する場合に，株式の取得者とその同族関係者の有する株式に係る議決権の合計数が評価会社の議決権総数の50％以下である場合には，当該純資産価額の80％相当額で評価することとされているが，医療法人の出資を純資産価額方式により評価する場合には，出資の多少と議決権との間には，何ら関係が認められないことから，20％相当額の評価減は適用しないこととなります。
（注2）
　医療法人の出資の評価に際しては，医療法の規定により剰余金の配当が禁止されていることから，配当還元法の適用はないこととなります。

※1　財産評価基本通達180＜類似業種比準価額＞における1株当たりの配当金額，年利益金額及び簿価純資産価額の比重を「1：1：1」にします。財産評価基本通達194－2＜医療法人の出資の評価＞の定めについても連動されることから，「0：1：1」とされ，分母は「2」とされます。

【評価方法の主な相違点】

			取引相場のない株式の評価	医療法人の出資の評価	
一、評価方法	1.原則的評価	大会社	類似業種比準方式 （純資産価額方式と選択可）	大会社に相当	同左
		中会社	類似業種比準方式と純資産価額方式との併用方式 (L＝ 大 0.9／ 中 0.75／ 小 0.6) （純資産価額方式と選択可）	中会社に相当	同左
		小会社	純資産価額方式 （併用方式(L＝0.5)と選択可）	小会社に相当	同左
	2.特例的評価		配当還元方式 （但し、原則的評価による評価額まで）	運用なし	
	3.特定の評価会社の評価		（比準要素数1の会社を含む） 株式の評価 原則：純資産価額方式 ○ 比準要素数1の会社の株式 　併用方式（L＝0.25）と選択可 ○ 株式保有特定会社の株式 　「S1＋S2」方式と選択可	（同左） ○ 株式に相当する出資の評価 　原則：純資産価額方式 ○ 比準要素数1の会社の株式に相当する出資 　併用方式(L＝0.25)と選択可 ○ 株式保有特定会社の株式に相当する出資 　「S1＋S2」方式と選択可	
二、類似業種比準価額			$A \times \left(\dfrac{Ⓑ/B + Ⓒ/C \times 3 + Ⓓ/D}{5} \right) \times 0.7$ 「0.7」を中会社は「0.6」とし、 小会社は「0.5」とする	$A \times \left(\dfrac{Ⓒ/C \times 3 + Ⓓ/D}{4} \right) \times 0.7$ 「0.7」を中会社は「0.6」とし、 小会社は「0.5」とする	
三、純資産価額			同族関係者の有する議決権 （株式の取得者）の合計数が議決権総数の50％以下の場合 純資産価額×80％	純資産価額×100％	

資 料

資料1　改正後運営管理指導要綱 …………………………………… 204
資料2　社団医療法人の定款例 ……………………………………… 231
資料3　医療法（昭和23年法律第205号）（抄）（第1条関係）……… 254
資料4　医療法（昭和23年法律第205号）（抄）（第2条関係）……… 289
資料5　医療法人会計基準（様式）………………………………… 309

(別添9)

「病院又は老人保健施設等を開設する医療法人の運営管理指導要綱の制定について」(平成2年3月1日健政発第110号)の一部改正
(下線の部分は改正部分)

項　目	新		項　目	旧	
	運営管理指導要綱	備　考		運営管理指導要綱	備　考
I 組織運営 1. 定款・寄附行為	1. モデル定款・寄附行為に準拠していること。 2. 定款又は寄附行為の変更が所要の手続きを経て行われていること。	・平成19年3月30日医政発第0330049号医政局長通知 ・医療法第54条の9 (注) 定款又は寄附行為の変更に関し、届出をしない、届出をしない場合又は虚偽の届出をした場合は、20万円以下の過料に処せられること。(医療法第76条<u>第5号</u>)	I 組織運営 1. 定款・寄附行為	1. モデル定款に準拠していること。 2. 定款又は寄附行為の変更が所要の手続きを経て行われていること。	・平成19年3月30日医政発第0330049号医政局長通知 ・医療法第50条 (注) 定款又は寄附行為の変更に関し、届出をしない場合又は虚偽の届出をした場合は、20万円以下の過料に処せられること。(医療法第76条<u>第3号</u>)
2. 役員 (1) 定数・現員	1. 役員名簿の記載及び整理が適正に行われていること。	・役員名簿の記載事項は次のとおり ① 役職名 ② 氏名 ③ 生年月日(年齢) ④ 性別 ⑤ 住所 ⑥ 職業 ⑦ 現就任年月日・任期	2. 役員 (1) 定数・現員	1. 役員名簿の記載及び整理が適正に行われていること。	・役員名簿の記載事項は次のとおり ① 役職名 ② 氏名 ③ 生年月日(年齢) ④ 性別 ⑤ 住所 ⑥ 職業 ⑦ 現就任年月日・任期

資料1　改正後運営管理指導要綱

- 医療法施行令第5条の13
  添付書類
  ① 就任承諾書
  ② 履歴書
- 適正に選任されていることを確認することを要する。
- 医療法第46条の2第1項

2. 役員に変更があった場合は、その都度、都道府県知事に届出がなされていること。

3. 役員として理事3人以上、監事1人以上を置いていること。また、3人未満の理事を置く場合は都道府県知事の認可を得ていること。

- 理事3人未満の都道府県知事の認可は、医師、歯科医師が常時1人又は2人勤務する診療所を一か所のみ開設する医療法人に限る。その場合であっても、可能な限り、理事2人を置くことが望ましい。

4. 役員の定数は、事業規模等の実態に即したものであること。

5. 役員の欠員が生じていないこと。

- 医療法第48条の2においては、理事又は監事のうち、その定数の5分の1を超える者が欠けた場合は、1月以内に補充しなければならないとされているが、1名でも欠員が生じた場合には、速やかに

- 医療法施行令第5条の13
  添付書類
  ① 就任承諾書
  ② 履歴書
- 適正に選任されていることを確認することを要する。
- 医療法第46条の5第1項

2. 役員に変更があった場合は、その都度、都道府県知事に届出がなされていること。

3. 役員として理事3人以上、監事1人以上を置いていること。また、3人未満の理事を置く場合は都道府県知事の認可を得ていること。

- 理事3人未満の都道府県知事の認可は、医師、歯科医師が常時1人又は2人勤務する診療所を一か所のみ開設する医療法人に限る。その場合であっても、可能な限り、理事2人を置くことが望ましい。

- 医療法第46条の5の3第3項においては、理事又は監事のうち、その定数の5分の1を超える者が欠けた場合は、1月以内に補充しなければならないとされているが、1名でも欠員が生じた場合

4. 役員の定数は、事業規模等の実態に即したものであること。

5. 役員の欠員が生じていないこと。

	左欄	右欄
	には、速やかに補充することが望ましいこと。 ・医療法第46条の5第2項及び第3項 1. 役員の選任手続きが、社員総会又は評議員会で適正に決議されていること。 2. 選任関係書類が整備されていること。 ・医療法第46条の5第9項 3. 役員の任期は2年以内とすること。なお、補欠の役員の任期は、前任者の残任期間であること。 4. 任期の切れている役員がいないこと。 ・医療法第46条の5第5項 ・欠格事由 ① 成年被後見人又は被保佐人 ② 医療法、医師法等、医療法施行令第5条の7に定める医事に	かに補充することが望ましいこと。 ・医療法第42条の2第1項第1号 ・医療法施行規則第30条の35 ・社員総会又は評議員会で適正に決議されていること。（モデル定款・寄附行為） 選任関係書類は、次のとおりである。 ① 社員総会議事録 ② 就任承諾書 ③ 履歴書 ・医療法第46条の2第3項 ・医療法第46条の2第2項 ・欠格事由 ① 成年被後見人又は被保佐人 ② 医療法、医師法等、医療法令の規定に関する法令の規定により罰金以上の刑に
	6. 社会医療法人の場合は、親族等の占める割合が役員総数の3分の1を超えていないこと。 (2) 選任・任期 (3) 適格性	6. 社会医療法人の場合は、親族等の占める割合が役員総数の3分の1を超えていないこと。 1. 役員の選任手続が、定款又は寄附行為の定めに従い行われていること。 2. 選任関係書類が整備されていること。 3. 役員の任期は2年以内とすること。なお、補欠の役員の任期は、前任者の残任期間であること。 4. 任期の切れている役員がいないこと。 1. 自然人であること。 2. 欠格事由に該当していないこと。（選任時だけでなく、任期期間中においても同様である。）
	には、速やかに補充することが望ましいこと。 1. 役員の選任手続きが、社員総会又は評議員会で適正に決議されていること。 2. 選任関係書類が整備されていること。 3. 役員の任期は2年以内とすること。なお、補欠の役員の任期は、前任者の残任期間であること。 4. 任期の切れている役員がいないこと。 1. 自然人であること。 2. 欠格事由に該当していないこと。（選任時だけでなく、任期期間中においても同様である。）	

資料1　改正後運営管理指導要綱

改正前	改正後
関する法令により罰金以上の刑に処せられ、その執行を終わり、又は執行を受けることがなくなった日から起算して2年を経過しない者 ③ ②に該当する者を除くほか、禁錮以上の刑に処せられ、その執行を終わり、又は、執行を受けることがなくなるまでの者 ・医療法人と関係のある特定の営利法人の役員が理事長に就任したり、役員として参画していることは、非営利性という観点から適当でないこと。 ・医療法第46条の6の2第1項 　定款・寄附行為に明確に規定されていること。 ・(削除) ・医療法第46条の6第1項	処せられ、その執行を終わり、又は執行を受けることがなくなった日から起算して2年を経過しない者 ③ ②に該当する者を除くほか、禁錮以上の刑に処せられ、又は、執行を受けることがなくなるまでの者 ・医療法人と関係のある特定の営利法人の役員が理事長に就任したり、役員として参画していることは、非営利性という観点から適当でないこと。 ・医療法第46条の4第1項 　定款・寄附行為に明確に規定されていること。 ・医療法第46条の4第2項 医療法第46条の3第1項
(4) 代表者 　　(理事長) 1. 当該法人の代表権は、理事長にのみ与えられていること。 2. 理事長の職務履行ができない場合の規定が定款又は寄附行為に定められていること。 3. 理事長は医師又は歯科医師の理事の中から選出されていること。	(4) 代表者 　　(理事長) 1. 当該法人の代表権は、理事長にのみ与えられていること。 2. 理事長の職務履行ができない場合の規定が定款又は寄附行為に定められていること。 3. 理事長は医師又は歯科医師の理事の中から選出されていること。

4. 医師又は歯科医師でない理事のうちから理事長を選出する場合は都道府県知事の認可を得ていること。	・医療法第46条の3第1項 ・医師、歯科医師でない理事のうちから選任することができる場合は以下のとおりである。 ① 理事長が死亡し、又は重度の傷病により理事長の職務を継続することが不可能となった際に、その子女が医科又は歯科大学（医学部又は歯学部）在学中か、又は卒業後、臨床研修その他の研修を終えるまでの間、医師又は歯科医師でない配偶者等が理事長に就任しようとする場合 ② 次に掲げるいずれかに該当する医療法人 　イ．特定医療法人又は社会医療法人 　ロ．地域医療支援病院を経営している医療法人 　ハ．公益財団法人日本医療機能評価機構が行う病院機能評価による認定を受けた医療機関を経営している

4. 医師又は歯科医師でない理事のうちから理事長を選出する場合は都道府県知事の認可を得ていること。	・医療法第46条の6第1項ただし書 ・医師、歯科医師でない理事のうちから選任することができる場合は以下のとおりである。 ① 理事長が死亡し、又は重度の傷病により理事長の職務を継続することが不可能となった際に、その子女が医科又は歯科大学（医学部又は歯学部）在学中か、又は卒業後、臨床研修その他の研修を終えるまでの間、医師又は歯科医師でない配偶者等が理事長に就任しようとする場合 ② 次に掲げるいずれかに該当する医療法人 　イ．特定医療法人又は社会医療法人 　ロ．地域医療支援病院を経営している医療法人 　ハ．公益財団法人日本医療機能評価機構が行う病院機能評価による認定を受けた医療機関を経営している

資料1　改正後運営管理指導要綱

③ 候補者の経歴、理事会構成等を総合的に勘案し、適正かつ安定的な法人運営を損なうおそれがないと都道府県知事が認めた医療法人		③ 候補者の経歴、理事会構成等を総合的に勘案し、適正かつ安定的な法人運営を損なうおそれがないと都道府県知事が認めた医療法人
5. 理事長は、各理事の意見を十分に尊重し、理事会の決定に従って法人運営及び事業経営を行っていること。 6. （新設）	・医療法第47条第1項 ・医療法第47条第1項ただし書 ・管理者を理事に加えない。	5. 理事長は、各理事の意見を十分に尊重し、理事会の決定に従って法人運営及び事業経営を行っていること。 6. 理事長は、3箇月に1回以上、自己の職務の執行の状況を理事会に報告しなければならないこと。ただし、定款又は寄附行為で毎事業年度に4箇月を超える間隔で2回以上その報告をしなければならない旨を定めた場合は、この限りでないこと。
(5) 理事		(5) 理事
1. 当該法人が開設する病院等（指定管理者として管理する病院等を含む。）の管理者はすべて理事に加えられていること。 2. 管理者を理事に加えない場合は都道府県知事の認可を得ていること。	・医療法第46条の7の2第1項により読み替える一般社団法人及び一般財団法人に関する法律第91条第2項 ・医療法第46条の5第6項 ・医療法第46条の5第6項ただし書 ・管理者を理事に加えない	1. 当該法人が開設する病院等（指定管理者として管理する病院等を含む。）の管理者はすべて理事に加えられていること。 2. 管理者を理事に加えない場合は都道府県知事の認可を得ていること。

ことができる場合は、当該法人が開設する病院等の立地及び機能等を総合的に勘案し、管理者の意向を法人の運営に反映させるという医療法第47条第1項の規定の趣旨を踏まえた法人運営が行われると認められる場合である（例えば、病院等が隣接し業務に緊密な連携がある場合や病院等の事務所が遠隔地にある場合など、これらに限定されるものではないと考えられるが、恣意的な理由ではなく、社員総会等の議決など正当な手続を経ていること等を確認すること。）。なお、

・また、同項ただし書の規定に基づく認可について、医療法人の定款又は寄附行為において、理事に加えないことができる管理者が管理する病院等を明らかにしているときは、当該病院等の管理者が交替した場合でも当該認可は継続できるものとする。

ことができる場合は、当該法人が開設する病院等の立地及び機能等を総合的に勘案し、管理者の意向を法人の運営に反映させるという医療法第46条の5第6項の規定の趣旨を踏まえた法人運営が行われると認められる場合である（例えば、病院等が隣接し業務に緊密な連携がある場合や病院等の事務所が遠隔地にある場合など、これらに限定されるものではないと考えられるが、恣意的な理由ではなく、社員総会等の議決など正当な手続を経ていること等を確認すること。

・また、同項ただし書の規定に基づく認可について、医療法人の定款又は寄附行為において、理事に加えないことができる管理者が管理する病院等を明らかにしているときは、当該病院等の管理者が交替した場合でも当該認可は継続できるものとする。

資料1　改正後運営管理指導要綱

3. 実際に法人運営に参画できない者が名目的に選任されていることは適当でないこと。	(新設)	3. 実際に法人運営に参画できない者が名目的に選任されていることは適当でないこと。	・医療法第46条の6の3
4. 理事は、当該法人にそれぞれ損害を及ぼすおそれのある事実があることを発見したときは、直ちに、その事実を監事に報告しなければならないこと。	(新設)		・医療法第46条の6の4により読み替える一般社団法人及び一般財団法人に関する法律第84条
5. 理事は、医療法人との利益が相反する取引を行う場合には、理事会において、当該取引につき重要な事実を開示し、その承認を受けなければならないこと。また、当該取引後、遅滞なく理事会に報告しなければならないこと。			
(6) 監事		(6) 監事	・医療法第48条
1. 理事、評議員及び法人の職員を兼任していないこと。また、他の役員と親族等の特殊の関係のある者ではないこと。	・医療法第46条の5第1項	1. 理事、評議員及び法人の職員を兼任していないこと。また、他の役員と親族等の特殊の関係のある者ではないこと。	・医療法第46条の4第7項第1号及び第2号
2. 当該法人の業務及び財産の状況特に事業報告書、財産目録、貸借対照表及び損益計算書について十分な監査が行われていること。	・医療法第46条の8第1号及び第2号	2. 当該法人の業務及び財産の状況特に事業報告書、財産目録、貸借対照表及び損益計算書について十分な監査が行われていること。	

3. 監査報告書が作成され、会計年度終了後3月以内に社員総会又は評議員会に提出されていること。	・医療法第46条の4第7項第3号	3. 監査報告書が作成され、会計年度終了後3月以内に社員総会又は評議員会及び理事会に提出されていること。	・医療法第46条の8第3号
4. 法人の適正な会計管理等を行う観点からも内部監査機構の確立を図ることが重要である。また、病院又は介護老人保健施設等を開設する医療法人の監査については公認会計士又は監査法人による外部監査が行われることが望ましい。	・特に負債100億円以上の医療法人については、公認会計士又は監査法人による監査あるいは指導を受けることが望ましいこと。	4. 法人の適正な会計管理等を行う観点からも内部監査機構の確立を図ることが重要である。また、病院又は介護老人保健施設等を開設する医療法人の監査については公認会計士又は監査法人による外部監査が行われることが望ましい。	・特に負債100億円以上の医療法人については、公認会計士又は監査法人による監査あるいは指導を受けることが望ましいこと。
5. 実際に法人監査業務を実施できない者が名目的に選任されていることは適当でなく財務諸表を監査しうる者が選任されていること。	(新設)	5. 監事の職務の重要性に鑑み、実際に法人監査業務を実施できない者が名目的に選任されることなく、財務諸表を監査しうる者が選任されていること。	・医療法第46条の8の2第1項
		6. 監事は理事会に出席する義務があり、必要があると認めるときは意見を述べなければならないこと。	・医療法第46条の4の2第1項
3. 評議員（財団たる医療法人）		3. 評議員（財団たる医療法人）	
1. 自然人であること。		1. 自然人であること。	
2. 理事の定数を超える数の評議員をもって組織すること（医療法第46条の必ず選任する必要があること。	・医療法第49条第2項・必ず選任する必要があること。	2. 理事の定数を超える数の評議員をもって組織すること。	・医療法第46条の4の2第1項・必ず選任する必要がある

資料1　改正後運営管理指導要綱

の2第1項ただし書の認可を受けた場合、3人以上）。
3. 次に掲げる者から選任されていること。
　① 医師、歯科医師、薬剤師、看護師その他の医療従事者
　② 病院、診療所又は介護老人保健施設の経営に関し識見を有する者
　③ 医療を受ける者
　④ ①から③までに掲げる者のほか、寄附行為に定めるところにより選任された者
4. 当該法人の役員を兼任していないこと。
5. 評議員名簿を作成し、記載及び整理が適正に行われていることが望ましいこと。
6. 評議員としての職務を行使できない者が名目的に選任されていることは適当でないこと。
7. 社会医療法人の場合は、親族等の占める割合が評議員総数の3分の1を超えていないこと。

・任期を定めることが望ましいこと。
・医療法第49条の4第1項
・医療法第49条の4第2項
・医療法第42条の2第1項第3号

【下段】

ること（医療法第46条の5第1項ただし書の認可を受けた場合、3人以上）。
3. 次に掲げる者から選任されていること。
　① 医師、歯科医師、薬剤師、看護師その他の医療従事者
　② 病院、診療所又は介護老人保健施設の経営に関し識見を有する者
　③ 医療を受ける者
　④ ①から③までに掲げる者のほか、寄附行為に定めるところにより選任された者
4. 当該法人の役員又は職員を兼任していないこと。
5. 評議員名簿を作成し、記載及び整理が適正に行われていることが望ましいこと。
6. 評議員としての職務を行使できない者が名目的に選任されていることは適当でないこと。
7. 社会医療法人の場合は、親族等の占める割合が評議員総数の3分の1を超えていないこと。

・任期を定めることが望ましいこと。
・医療法第46条の4第1項
・医療法第46条の4第3項
・医療法第42条の2第1項第3号

4. 社員 (社団たる医療法人) (1) 現員		4. 社員 (社団たる医療法人) (1) 現員	
1. 社員名簿の記載及び整理が適正に行われていること。	・社員名簿の記載事項は次のとおり ① 氏名 ② 生年月日（年齢） ③ 性別 ④ 住所 ⑤ 職業 ⑥ 入社年月日（退社年月日） ⑦ 出資持分の定めがある医療法人の場合は出資額及び持分割合 ⑧ <u>法人社員の場合は、法人名、住所、業種、入社年月日（退社年月日）（なお、法人社員が持分を持つことは、法人運営の安定性の観点から適当でないこと）</u>	1. 社員名簿の記載及び整理が適正に行われていること。	・社員名簿の記載事項は次のとおり ① 氏名 ② 生年月日（年齢） ③ 性別 ④ 住所 ⑤ 職業 ⑥ 入社年月日（退社年月日） ⑦ 出資持分の定めがある医療法人の場合は出資額及び持分割合 （新設）
	営利法人は除く 出資持分なし社団医療法人が持分を持つことは禁止		
2. 社員は社員総会において法人運営の重要事項についての議決権及び選挙権を行使する者であり、実際に法人の意思決定に参画に法人の意思決定に参画できない者が名目的に社員に選任されていることは適当でないこと。	・未成年者でも、自分の意思で議決権が行使できる程度の弁別能力を有していれば（義務教育終了程度の者）社員となることができる。 ・出資持分の定めがある医療法人の場合、相続等により社員に選任できることは適当でないこと。	2. 社員は社員総会において法人運営の重要事項についての議決権及び選挙権を行使する者であり、実際に法人の意思決定に参画できない者が名目的に社員に選任されていることは適当でないこと。	・未成年者でも、自分の意思で議決権が行使できる程度の弁別能力を有していれば（義務教育終了程度の者）社員となることができる。 ・出資持分の定めがある医療法人の場合、相続等により社員に選任できることは適当でないこと。

		改正後		改正前
		より出資持分の払戻し請求権を得た場合であっても、社員としての資格要件を備えていない場合は社員となることはできない。 ・医療法第42条の2第1項第2号		より出資持分の払戻し請求権を得た場合であっても、社員としての資格要件を備えていない場合は社員となることはできない。 ・医療法第42条の2第1項第2号
		3. 社会医療法人の場合は、親族等の占める割合が社員総数の3分の1を超えていないこと。		3. 社会医療法人の場合は、親族等の占める割合が社員総数の3分の1を超えていないこと。
(2) 入社・退社		1. 社員の入社については社員総会で適正な手続きがなされ、承認を得ていること。 2. 社員の退社については定款上の手続きを経ていること。 3. 社員の入社及び退社に関する書類は整理保管されていること。 4. 出資持分の定めがある医療法人の場合、社員の出資持分の決定、変更及び払戻しについては適正な出資額の評価に基づいて行われていること。	(2) 入社・退社	1. 社員の入社については社員総会で適正な手続きがなされ、承認を得ていること。 2. 社員の退社については定款上の手続きを経ていること。 3. 社員の入社及び退社に関する書類は整理保管されていること。 4. 出資持分の定めがある医療法人の場合、社員の出資持分の決定、変更及び払戻しについては適正な出資額の評価に基づいて行われていること。
(3) 議決権		1. 社員の議決権は各1個であること。 ・医療法第48条の4第1項 ・出資額や持分割合による	(3) 議決権	1. 社員の議決権は各1個であること。 ・医療法第46条の3の3第1項 ・出資額や持分割合による

5. 会議		5. 会議		
(1) 開催状況	1. 開催手続きが、定款又は寄附行為の定めに従って行われていること。	(1) 開催状況	1. 開催手続きが、定款又は寄附行為の定めに従って行われていること。	
	・社員総会及び評議員会は招集権者である理事長が会議を招集していること。			・招集権者である理事長が会議を招集していること。
	・理事会は、原則、各理事が招集することができるが、招集する理事を定めるときはその理事が招集すること。			(新設)
	・社員総会の議長は、社員総会において選任されていること。			・社員総会の議長は、社員総会において選任されていること。
	・臨時社員総会及び評議員会は、会議を構成する社員又は評議員の5分の1以上から招集を請求された場合、20日以内に招集しなければならない。			・臨時社員総会は、会議を構成する社員の5分の1以上から招集を請求された場合、20日以内に招集しなければならない。
	・社員総会及び評議員会の開催通知は期日の少なくとも5日目前にその目的である事項を示し、定款又は寄附行為で定めた方法で行われていること。			・会議の開催通知は期日の少なくとも5日前に文書で定められていること。
	・理事会の開催通知は期日の1週間（これを下回る期間を定款又は寄附行為で定めた場合にあって			・（新設）
	議決数を与える旨の定款の定めは、その効力を有しない。			議決数を与える旨の定款の定めは、その効力を有しない。

改正後		改正前
2. 社員総会、理事及び評議員会(以下、「会議」という。)は定款又は寄附行為に定められた時期及び必要な時期に開催されていること。 3. 定款又は寄附行為の変更のための社員総会又は理事会、予算・決算のための社員総会及び理事会の外社員総会又は理事会の議決を要する事項がある場合、その他事業運営の実態に即し、必要に応じて社員総会又は理事会が開催されていること。 (2) 審議状況 1. 会議は定款又は寄附行為に定められた定足数を満たして有効に成立していること。 2. 定款又は寄附行為により社員総会の議決事項とされ	・社員総会 医療法第46条の3の3第2項 ・評議員会 医療法第46条の4の4第1項 ・理事会 医療法第46条の7の2第1項により読み替える一般社団法人及び一般財団法人に関する法律第95条第1項 ・社員総会の議決事項 ① 定款の変更	は、その期間)前までに行われていること。 2. 社員総会、評議員会及び理事会(以下、「会議」という。)は定款又は寄附行為に定められた時期及び必要な時期に開催されていること。 3. 定款又は寄附行為の変更のための会議、予算・決算のほか会議の決定のための会議の決議を要する事項がある場合、その他事業運営の実態に即し、必要に応じて会議が開催されていること。 (2) 審議状況 1. 会議は医療法若しくは定款又は寄附行為に定められた定足数を満たして有効に成立していること。 2. 定款又は寄附行為により会議の議決事項とされ
(新設) ・社員総会の議決事項 ① 定款の変更		

ている事項について適正に決議されていること。

② 基本財産の設定及び処分（担保提供を含む。）
③ 毎事業年度の事業計画の決定又は変更
④ 収支予算及び決算の決定
⑤ 剰余金又は損失金の処理
⑥ 借入金額の最高限度の決定
⑦ 社員の入社及び除名
⑧ 本社団の解散
⑨ 他の医療法人との合併若しくは分割に係る契約の締結又は分割計画の決定

(削除)

・財団たる医療法人の理事会の議決事項及び評議員会への諮問事項
① 寄附行為の変更
② 基本財産の設定及び処分（担保提供を含む。）
③ 毎事業年度の事業計画の決定又は変更
④ 収支予算及び決算の決定
⑤ 重要な資産の処分
⑥ 借入金額の最高限度

ている事項について適正に決議されていること。

② 基本財産の設定及び処分（担保提供を含む。）
③ 毎事業年度の事業計画の決定又は変更
④ 収支予算及び決算の決定
⑤ 剰余金又は損失金の処理
⑥ 借入金額の最高限度の決定
⑦ 社員の入社及び除名
⑧ 本社団の解散
⑨ 他の医療法人との合併契約の締結
⑩ その他の重要な事項

・財団たる医療法人の理事会の議決事項及び評議員会への諮問事項
① 寄附行為の変更
② 基本財産の設定及び処分（担保提供を含む。）
③ 毎事業年度の事業計画の決定又は変更
④ 収支予算及び決算の決定
⑤ 剰余金又は損失金の処理
⑥ 借入金額の最高限度

資料1　改正後運営管理指導要綱

改正後	改正前
の決定 ⑦ 本財団の解散 ⑧ 他の医療法人との合併契約の締結 ⑨ その他重要な事項 （社団たる医療法人の場合に準用する。） （新設） 3. 議決が定款又は寄附行為の定めに従って、有効に成立していること。 4. 議決には、議長及びその議案に対する利害関係者が加わっていないこと。 5. 議決権の委任について、書面により会議の構成員に対して適正に行われていること。 (3) 記録 1. 会議開催の都度、議事録は正確に記録され、保存されていること。 ・議事録記載事項は次のとおり ① 開催年月日及び開催時刻	の決定 ⑦ 本財団の解散 ⑧ 他の医療法人との合併若しくは分割に係る契約の締結又は分割計画の決定 （削除） （社団たる医療法人の場合に準用する。） ・社員総会 医療法第46条の3の3第6項 ・評議員会 医療法第46条の4の4第4項 ・理事会 医療法第46条の7の2第1項により読み替える一般社団法人及び一般財団法人に関する法律第95条第2項 3. 議決が定款又は寄附行為の定めに従って、有効に成立していること。 4. 議決には、その議案に対する利害関係者が加わっていないこと。 5. 社員総会における社員の議決権の委任については、書面により会議の構成員に対して適正に行われていること。 (3) 記録 1. 会議開催の都度、議事録は正確に記録され、保存されていること。 ・議事録記載事項は医療法施行規則の定めによること。社員総会 医療法施行規

- 219 -

	則第31条の3の2　評議員会　医療法施行規則 則第31条の4　理事会　医療法施行規則第31条の5の4	
② 開催場所 ③ 出席者氏名（定数） ④ 議案 ⑤ 議案に関する発言内容 ⑥ 議案に関する表決結果 ⑦ 議事録署名人の署名、署名年月日		

・業務を停止している事実があるときは、その措置について法人側の方針を確かめた上、その具体的な是正の方法について報告を求めるとともに、廃止する場合は速やかに定款変更等の手続きを行わせること。	II. 業務 1. 業務一般	1. 定款又は寄附行為に記載されている業務が行われていること。
・定款等に記載されていない業務を行っている場合は、その措置について法人側の方針を確かめた上、必要に応じてその業務の中止を指導、定款変更等の手続きを行わせること。		2. 定款等に記載されていない業務を行っていないこと。
		3. 自ら病院等を開設することなく、指定管理者として公の施設である病院等を管理することのみを行うことはできないこと。

II. 業務 1. 業務一般	1. 定款又は寄附行為に記載されている業務が行われていること。
	2. 定款等に記載されていない業務を行っていないこと。
	3. 自ら病院等を開設することなく、指定管理者として公の施設である病院等を管理することのみを行うことはできないこと。

資料1　改正後運営管理指導要綱

改正後	改正前
4. 社会医療法人の場合は、当該法人が開設する病院又は診療所のうち1以上（2以上の都道府県の区域において開設する場合は、それぞれの都道府県で1以上）のものが、その病院又は診療所の所在地の都道府県で救急医療等確保事業を行っていること。	4. 社会医療法人の場合は、当該法人が開設する病院又は診療所のうち1以上（2以上の都道府県の区域において開設する場合は、原則、それぞれの都道府県で1以上）のものが、その病院又は診療所の所在地の都道府県で救急医療等確保事業を行っていること。
・医療法第42条各号 ・その開設する病院、診療所及び介護老人保健施設の業務に支障のない限り、定款又は寄附行為の定めるところにより、平成19年3月30日医政発第0330053号医政局長通知別表に掲げる業務の全部又は一部を行うことができる。	・医療法第42条の2第4号 ・例外は、医療法第42条の2第4号ロの場合
2. 附帯業務	2. 附帯業務
1. 附帯業務の経営により、医療事業等主たる事業の経営に支障を来たしていないこと。	・医療法第42条各号 ・その開設する病院、診療所及び介護老人保健施設の業務に支障のない限り、定款又は寄附行為の定めるところにより、平成19年3月30日医政発第0330053号医政局長通知に掲げる業務（これに類するものを含む）の全部又は一部を行うことができる。
III. 管理 1. 人事管理 (1) 任免関係	1. 附帯業務の経営により、医療事業等主たる事業の経営に支障を来たしていないこと。
1. 病院、診療所等の管理者の任免に当たっては、理事会の議決を経ていること。	III. 管理 1. 人事管理 (1) 任免関係
	1. 病院、診療所等の管理者の任免に当たっては、理事会の議決等正当な手続きを経ていること。

2. また、病院、診療所等の管理者以外の職員の管理者以外の職員の任免に当たっても、理事会の審議を経ていることが望ましいこと。	
(2) 労務関係	
1. 就業規則・給与規定・退職金規定が設けられていることが望ましいこと。	
2. 職員の処遇が労働基準法等関係法令通知等に則して適正に行われていること。	
3. 職員の資質向上を図るため、職員研修について具体的計画が立てられていることが望ましいこと。	
2. 資産管理	
1. 基本財産と運用財産とは明確に区分管理されていること。	
2. 法人の所有する不動産及び運営基金等重要な資産は基本財産として定款又は寄附行為に記載することが望ましいこと。	
3. 不動産の所有権又は賃借権については登記がなされていること。	
4. 基本財産の処分又は担保の提供については定款所定の手続きを経ずに、処分又は担保に供していないこと。	・平成19年3月30日医政発第0330049号医政局長通知

2. また、病院、診療所等の管理者以外の幹部職員の任免に当たっても、理事会の審議を経ていることが望ましいこと。	
(2) 労務関係	
1. 就業規則・給与規定・退職金規定が原則として設けられていること。	
2. 職員の処遇が労働基準法等関係法令通知等に則して適正に行われていること。	
3. 職員の資質向上を図るため、職員研修について具体的計画が立てられていることが望ましいこと。	
2. 資産管理	
1. 基本財産と運用財産とは明確に区分管理されていること。	
2. 法人の所有する不動産及び運営基金等重要な資産は基本財産として定款又は寄附行為に記載することが望ましいこと。	
3. 不動産の所有権又は賃借権については登記がなされていること。	
4. 基本財産の処分又は担保の提供については定款所定の手続きを経ずに、処分又は担保に供していないこと。	・平成19年3月30日医政発第0330049号医政局長通知

資料1　改正後運営管理指導要綱

又は寄附行為に定められた手続きを経て、適正になされていること。 5. 医療事業の経営上必要な運用財産は、適正に管理され、処分がみだりに行われていないこと。 6. 現金は、銀行、信託会社に預け入れ若しくは信託し、又は国公債若しくは確実な有価証券に換え保管するものとすること。 7. 土地、建物等を賃貸借している場合は適正な契約がなされていること。 8. 現在、使用していない土地・建物等については、	㋺基本財産がないことが登記簿謄本により確認されること。 ・モデル定款・寄附行為 ・平成19年3月30日医政発第0330049号医政局長通知 ・賃貸借契約期間は医業経営の継続性の観点から、長期間であることが望ましいこと。 また、契約期間の更新が円滑にできるよう契約又は確認されていることが望ましいこと。 ・賃借料は近隣の賃借料と比較して著しく高額でないこと。
又は寄附行為に定められた手続きを経て、適正になされていること。 5. 医療事業の経営上必要な運用財産は、適正に管理され、処分がみだりに行われていないこと。 6. そのため、現金は、銀行、信託会社に預け入れ若しくは信託し、又は国公債若しくは確実な保管するものとすること（売買利益の獲得を目的とした株式保有は適当でないこと。） 7. 土地、建物等を賃貸借している場合は適正な契約がなされていること。 8. 現在、使用していない土地・建物等については、	㋺基本財産がないことが登記簿謄本により確認されること。 ・モデル定款・寄附行為 【新設】よって損益計算書に有価証券売却損益の記載がある医療法人は指導の対象か。 ・平成19年3月30日医政発第0330049号医政局長通知 ・賃貸借契約期間は医業経営の継続性の観点から、長期間であることが望ましいこと。 また、契約期間の更新が円滑にできるよう契約又は確認されていることが望ましいこと。 ・賃借料は近隣の賃借料と比較して著しく高額でないこと。

― 223 ―

- 長期的な観点から医療法人の業務の用に使用する可能性のない資産は、例えば売却するなど、適正に管理又は整理することを原則とする。

  その上で、長期的な観点から医療法人の業務の用に使用する可能性のある資産、又は土地の区画若しくは建物の構造等上処分することが困難な資産については、その限りにおいて、遊休資産の管理手段として事業として行われていないと判断される程度において賃貸しても差し支えないこと。

  ただし、当該賃貸が医療法人の社会的信用を傷つけるおそれがないこと、また、当該医療法人が開設する病院等の業務の円滑な遂行を妨げるおそれがないこと。

- 長期的な観点から医療法人の業務の用に使用する可能性のある資産とは、例えば、病院等の建て替え用地であることなどが考えられること。

- 土地を賃貸する場合に、賃貸契約が終了した際は、原則、更地で返却されることを前提とすること。

- 新たな資産の取得は医療法人の業務の用に使用したものであることを目的としたものであり、遊休資産としてこれを賃貸することは認められないこと。

- 事業として行われていないと判断される程度とは、賃貸による収入の状況や貸付資産の管理の状況などを勘案して判断するものであること。

- 遊休資産の賃貸による収入は損益計算書において、事業外収益として計上するものであること。

改正前	改正後
上とするものであること。	上とするものであること。 ・土地、建物の賃貸借、売買の場合 ・個人立病院等から医療法人になる時の負債承継の場合
9. （削除） 【I.5により医療法人とその理事長との間で取引をする場合で利益相反取引となる場合には理事会において承認を受け、当該取引後、理事会に報告しなければならない。よってそれぞれ議事録にI.5(3)により記録されることから削除された。】	9. 医療法人とその理事長との間で取引をする場合、立場を異にする場合同一人が利益相反取引を行うので、特別代理人を選任すること。
3. 会計管理 (1) 予算 1. 予算は定款又は寄附行為の定めに従い適正に編成されていること。 2. 予算が適正に執行されていること。 なお、予算の執行に当たって、予算に変更を加えるときは、あらかじめ評議員会若しくは社員総会又は理事会の同意を得ていること。	3. 会計管理 (1) 予算 1. 予算は定款又は寄附行為の定めに従い適正に編成されていること。 2. 予算が適正に執行されていること。 なお、予算の執行に当たって、予算に変更を加えるときは、あらかじめ社員総会又は理事会の同意を得ていること。
(2) 会計処理 1. 会計責任者が置かれていることが望ましいこと。 2. 現金保管については、保管責任が明確にされていること。 3. 剰余金を配当してはならないこと。剰余金に類するものも同様であること。 ・医療法第54条 （注）剰余金の配当をした場合は、20万円以下の過料に処せられる	(2) 会計処理 1. 会計責任者が置かれていることが望ましいこと。 2. 現金保管については、保管責任が明確にされていること。 3. 剰余金を配当してはならないこと。 ・医療法第54条 （注）剰余金の配当をした場合は、20万円以下の過料に処せられる

(3) 債権債務の状況	1. 借入金は、事業運営上の必要によりなされたものであること。 2. 借入金は社員総会、理事会の議決を経て行われていること。 3. 借入金は全て証書で行われていること。 4. 債権又は債務が財政規模に比し過大になっていないこと。	・モデル定款・寄附行為 ・法人がその債務について完済をもって完済することができなくなった場合には、理事又は清算人は、直ちに破産手続の申立てをしなければならないこと。 (注) 破産手続開始の申立てを怠った場合は、20万円以下の過料に処せられること。(医療法第76条第6号)	こと。(医療法第76条第5号)
(4) 会計帳簿等の整備状況	1. 会計帳簿が整備され、証ひょう書類が保存されていること。 2. 預金口座、通帳は法人名義になっていること。		
(3) 債権債務の状況	1. 借入金は、事業運営上の必要によりなされたものであること。 2. 借入金は社員総会、理事会の議決を経て行われていること。 3. 借入金は全て証書で行われていること。 4. 債権又は債務が財政規模に比し過大になっていないこと。	・モデル定款・寄附行為 ・法人がその債務について完済をもって完済することができなくなった場合には、理事又は清算人は、直ちに破産手続の申立てをしなければならないこと。 (注) 破産手続開始の申立てを怠った場合は、20万円以下の過料に処せられること。(医療法第76条第7号)	こと。(医療法第76条第6号)
(4) 会計帳簿等の整備状況	1. 会計帳簿が整備され、証ひょう書類が保存されていること。 2. 預金口座、通帳は法人名義になっていること。		

資料1　改正後運営管理指導要綱

(5) 決算及び財務諸表	1. 決算手続きは、定款又は寄附行為の定めに従い、適正に行われていること。 2. 決算と予算との間で、大幅に違う科目があった場合は、その原因が究明され、必要な改善措置がなされていること。 3. 事業報告書、財産目録、貸借対照表及び損益計算書が整備され、保存されていること。 4. 決算書(案)は社員総会又は理事会に諮る前に、監事の監査を経ていること。 5. 監査報告書は社員総会若しくは評議員会後、法人若しくは理事会に報告後、法人において保存されていること。 6. 事業報告書等決算に関する書類を各事務所に備えておき、社員若しくは評議員又は債権者から閲覧の請求があった場合は、正当な理由がある場合を除き、閲覧に供しなければならないこと。	(5) 決算及び財務諸表	1. 決算手続きは、定款又は寄附行為の定めに従い、適正に行われていること。 2. 決算と予算との間で、大幅に違う科目があった場合は、その原因が究明され、必要な改善措置がなされていること。 3. 事業報告書、財産目録、貸借対照表及び損益計算書が整備され、保存されていること。 4. 決算書(案)は社員総会又は理事会に諮る前に、監事の監査を経ていること。 5. 監査報告書は社員総会又は理事会に報告後、法人において保存されていること。 6. 事業報告書等決算に関する書類を各事務所に備えておき、評議員又は債権者から閲覧の請求があった場合は、正当な理由がある場合を除き、閲覧に供しなければならないこと。
	・医療法第51条第1項 ・医療法第51条第2項 ・医療法第51条の2 (注) 備え付けを怠った場合、記載すべき事項を記載していない場合若しくは虚偽の記載をした場合又は閲覧を拒否した場合は、20万円以下の過料に処せられること。(医療法第76条第4号)		・医療法第51条第1項 ・医療法第51条第2項 ・医療法第51条の2 (注) 備え付けを怠った場合、記載すべき事項を記載していない場合若しくは虚偽の記載をした場合又は閲覧を拒否した場合は、20万円以下の過料に処せられること。(医療法第76条第4号)

7. 決算の届出が毎会計年度終了後3月以内になされていること。	7. 決算の都道府県知事への届出が毎会計年度終了後3月以内になされていること。
・医療法第52条第1項 （注）届出をしない場合又は虚偽の届出をした場合は、20万円以下の過料に処せられること。（医療法第76条第3号）	・医療法第52条第1項 （注）届出をしない場合又は虚偽の届出をした場合は、20万円以下の過料に処せられること。（医療法第76条第5号）
(6) その他	(6) その他
1．病院、介護老人保健施設等の患者又は入所者から預かっている金銭は別会計で経理されているとともに、適正に管理がなされていることが望ましいこと。 2．法人印及び代表者印については、管理者が定められているとともにその管理が適正になされていること。	1．病院、介護老人保健施設等の患者又は入所者から預かっている金銭は別会計で経理されているとともに、適正に管理がなされていることが望ましいこと。 2．法人印及び代表者印については、管理者が定められているとともにその管理が適正になされていること。
4．登記	4．登記
1．当該法人が登記しなければならない事項について登記がなされていること。	1．当該法人が登記しなければならない事項について登記がなされていること。
・医療法第43条 ・組合等登記令 登記事項 ① 目的及び業務 ② 名称 ③ 事務所	・医療法第43条 ・組合等登記令 登記事項 ① 目的及び業務 ② 名称 ③ 事務所

資料1　改正後運営管理指導要綱

④ 代表権を有する者の氏名、住所及び資格
⑤ 存立時期又は解散の事由を定めたときは、その時期又は事由
⑥ 資産の総額
(注) 登記を怠った場合又は不実の登記をした場合は、20万円以下の過料に処せられること。(医療法第76条第1号)

・理事長の任期満了に伴い再任された場合にあっては、変更の登記が必要であること。
・登記期間
　① 主たる事務所（2週間以内）
　② 従たる事務所（3週間以内）
　③ 資産の総額は毎会計年度終了後2月以内
・資産の総額（貸借対照表の純資産額）は毎会計年度終了後、変更の登記が必要であること。
・医療法施行令第5条の12

2. 理事長のみの登記がなされていること。
3. 登記事項の変更登記は法定期間内に行われていること。
4. 変更登記後の登記済報告書はその都度、都道府県知事に提出されていること。

- 229 -

5. 公告	・モデル定款・寄附行為 (注) 公告を怠った場合又は不実の公告をした場合は、20万円以下の過料に処せられること。(医療法第76条第7号)	1. 清算人が、債権者に対し債権の申出の催告を行う場合又は破産手続開始の申立てを行う場合の公告又は寄附行為に定められた方法で適正に行われていること。
IV. その他 1. 必要な手続の特則	・督促又は勧告等によっても指導目的が達されない場合は、行政処分が行われることになる。 ① 法令等の違反に対する措置（医療法第64条第1項及び第2項） ② 聴聞手続（行政手続法第13条、第15条、第24条） ③ 設立認可の取消（医療法第65条）	1. 認可申請又は届出にかかる書類が提出されない場合、都道府県は当該医療法人に対し必要な手続の督促を行うこと。
5. 公告	・モデル定款・寄附行為 (注) 公告を怠った場合又は不実の公告をした場合は、20万円以下の過料に処せられること。(医療法第76条第8号)	1. 清算人が、債権者に対し債権の申出の催告を行う場合又は破産手続開始の申立てを行う場合の公告又は寄附行為に定められた方法で適正に行われていること。
IV. その他 1. 必要な手続の特則	・督促又は勧告等によっても指導目的が達されない場合は、行政処分が行われることになる。 ① 法令等の違反に対する措置（医療法第64条第1項及び第2項） ② 聴聞手続（行政手続法第13条、第15条、第24条） ③ 設立認可の取消（医療法第65条）	1. 認可申請又は届出にかかる書類が提出されない場合、都道府県は当該医療法人に対し必要な手続の督促を行うこと。

資料２　社団医療法人の定款例

○ 社団医療法人の定款例（「医療法人制度について」（平成19年医政発第0330049号）別添１）の一部改正

(別紙１)

(下線の部分は改正部分)

改　正　後		改　正　前	
社団医療法人の定款例	備　考	社団医療法人の定款例	備　考
医療法人○○会定款 　　第１章　名称及び事務所 第１条　本社団は、医療法人○○会と称する。 第２条　本社団は、事務所を○○県○○郡（市）○○町（村）○○番地に置く。 　　第２章　目的及び事業 第３条　本社団は、病院（診療所、介護老人保健施設）を経営し、科学的でかつ適正な医療（及び要介護者に対する看護、医学的管理下の介護及び必要な医療等）を普及することを目的とする。	・事務所については、複数の事務所を有する場合は、すべてこれを記載し、かつ、主たる事務所を定めること。 ・病院、診療所又は介護老人保健施設のうち、開設する施設を掲げる。（以下、第４条、第５条、第27条第3項及び第28条第5項において同じ。） ・介護老人保健施設のみを開設する医療法人については、「本社団は、介護老人保健施設等を経営し、要介護者に対する看護、医学的管理下の介護及び必要な医療等を普及することを目的とする。」とする。	医療法人○○会定款 　　第１章　名称及び事務所 第１条　本社団は、医療法人○○会と称する。 第２条　本社団は、事務所を○○県○○郡（市）○○町（村）○○番地に置く。 　　第２章　目的及び事業 第３条　本社団は、病院（診療所、介護老人保健施設）を経営し、科学的でかつ適正な医療（及び疾病・負傷等により寝たきりの状態等にある老人に対し、看護、医学的管理下の介護等）を普及することを目的とする。	・事務所については、複数の事務所を有する場合は、すべてこれを記載し、かつ、主たる事務所を定めること。 ・病院、診療所又は介護老人保健施設のうち、開設する施設を掲げる。（以下、第４条、第５条及び第18条において同じ。） ・介護老人保健施設のみを開設する医療法人については、「本社団は、介護老人保健施設を経営し、疾病・負傷等により寝たきりの状態等にある老人に対し、看護、医学的管理下の介護等に必要な医療等

― 231 ―

第4条　本社団の開設する病院（診療所、介護老人保健施設）の名称及び開設場所は、次のとおりとする。 (1) ○○病院○○県○○郡（市）○○町（村） (2) ○○診療所○○県○○郡（市）○○町（村） (3) ○○園○○県○○郡（市）○○町（村） 2　本社団が○○市（町、村）から指定管理者として指定を受けて管理する病院（診療所、介護老人保健施設）の名称及び開設場所は、次のとおりとする。 (1) ○○病院○○県○○郡（市）○○町（村） (2) ○○診療所○○県○○郡（市）○○町（村） (3) ○○園○○県○○郡（市）○○町（村） 第5条　本社団は、前条に掲げる病院（診療所、介護老人保健施設）を経営するほか、次の業務を行う。 ○○看護師養成所の経営 第3章　資産及び会計	・本項には、地方自治法（昭和22年法律第67号）に基づいて行う指定管理者として管理する病院（診療所、介護老人保健施設）の名称及び開設場所を掲げる場合には、掲げる必要はない。（以下、第27条第3項及び第28条第5項において同じ。） ・本条には、医療法（昭和23年法律第205号。以下「法」という。）第42条各号の規定に基づいて行う附帯業務を掲げる場合には、掲げる必要はない。	第4条　本社団の開設する病院（診療所、介護老人保健施設）の名称及び開設場所は、次のとおりとする。 (1) ○○病院○○県○○郡（市）○○町（村） (2) ○○診療所○○県○○郡（市）○○町（村） (3) ○○園○○県○○郡（市）○○町（村） 2　本社団が○○市（町、村）から指定管理者として指定を受けて管理する病院（診療所、介護老人保健施設）の名称及び開設場所は、次のとおりとする。 (1) ○○病院○○県○○郡（市）○○町（村） (2) ○○診療所○○県○○郡（市）○○町（村） (3) ○○園○○県○○郡（市）○○町（村） 第5条　本社団は、前条に掲げる病院（診療所、介護老人保健施設）を経営するほか、次の業務を行う。 ○○看護師養成所の経営 （新設）	を普及することを目的とする。」とする。 ・本項には、地方自治法（昭和22年法律第67号）に基づいて行う指定管理者として管理する病院（診療所、介護老人保健施設）の名称及び開設場所を掲げる場合には、掲げる必要はない。（以下、第18条第3項及び第19条第5項において同じ。） ・本条には、医療法（昭和23年法律第205号。以下「法」という。）第42条各号の規定に基づいて行う附帯業務を掲げる場合には、掲げる必要はない。

資料2　社団医療法人の定款例

	(新設)
(新設)	・不動産、運営基金等重要な資産は、基本財産とすることが望ましい。
第6条　本社団の資産は次のとおりとする。 (1) 設立当時の財産 (2) 設立後寄附された金品 (3) 事業に伴う収入　(4) その他の収入 2　本社団の設立当時の財産目録は、主たる事務所において備え置くものとする。	
(新設)	
第7条　本社団の資産のうち、次に掲げる財産を基本財産とする。 (1)・・・ (2)・・・ (3)・・・ 2　基本財産は処分し、又は担保に供してはならない。ただし、特別の理由のある場合には、理事会及び社員総会の議決を経て、処分し、又は担保に供することができる。	
(新設)	
第8条　本社団の資産は、社員総会又は理事会で定めた方法によって、理事長が管理する。	
(新設)	
第9条　資産のうち現金は、医業経営の実施のため確実な銀行若しくは信託会社に預け入れ若しくは信託し、又は国公債若しくは確実な有価証券に換え保管する。	

第10条　本社団の収支予算は、毎年度開始前に理事会及び社員総会の議決を経て定める。

第11条　本社団の会計年度は、毎年4月1日に始まり翌年3月31日に終る。

第12条　本社団の決算については、事業報告書、財産目録、貸借対照表及び損益計算書(以下「事業報告書等」という。)を作成し、監事の監査、理事会の承認及び社員総会の承認を受けなければならない。

2　本社団は、事業報告書等、監事の監査報告書及び本社団の定款を事務所に備えて置き、社員又は債権者から請求があった場合には、正当な理由がある場合を除いて、これを閲覧に供しなければならない。

3　本社団は、毎会計年度終了後3月以内に、事業報告書及び監事の監査報告書を〇〇県知事に届け出なければならない。

第13条　決算の結果、剰余金を生じたとしても、配当してはならない。

・任意に1年間を定めても差し支えない。(法第53条参照)

(新設)

(新設)

(新設)

・2以上の都道府県の区域において病院、診療所又は介護老人保健施設を開設する医療法人については、主たる事務所の所在地の都道府県知事に届け出るものとする。

(新設)

(新設)

(新設)

第3章　社員

第4章　社員

- 234 -

資料２　社団医療法人の定款例

第14条　本社団の社員になろうとする者は、社員総会の承認を得なければならない。 ２　本社団は、社員名簿を備え置き、社員の変更があるごとに必要な変更を加えなければならない。 第15条　社員は、次に掲げる理由によりその資格を失う。 (1) 除名 (2) 死亡 (3) 退社 ２　社員であって、社員たる義務を履行せず本社団の定款に違反し又は品位を傷つける行為のあった者は、社員総会の議決を経て除名することができる。 第16条　やむを得ない理由のあるときは、社員はその旨を理事長に届け出て、退社することができる。 第５章　社員総会 第17条　理事長は、定時社員総会を、毎年○回、○月に開催する。 ２　理事長は、必要があると認めるときは、いつでも臨時社員総会を招集することができる。	第６条　本社団の社員になろうとする者は、社員総会の承認を得なければならない。 ２　本社団は、社員名簿を備え置き、社員の変更があるごとに必要な変更を加えなければならない。 第７条　社員は、次に掲げる理由によりその資格を失う。 (1) 除名 (2) 死亡 (3) 退社 ２　社員であって、社員たる義務を履行せず本社団の定款に違反し又は品位を傷つける行為のあった者は、社員総会の議決を経て除名することができる。 第８条　やむを得ない理由のあるときは、社員はその旨を理事長に届け出て、その同意を得て退社することができる。 （新設） （新設）	・退社について社員総会の承認の議決を要することとしても差し支えない。 ・定時社員総会は、収支予算の決定と決算の決定のため年２回以上開催することが望ましい。 ・退社について社員総会の承認の議決を要することとしても差し支えない。 （新設）

3 理事長は、総社員の5分の1以上の社員から、社員総会の目的である事項を示して臨時社員総会の招集を請求された場合には、その請求があった日から20日以内に、これを招集しなければならない。	・5分の1を下回る割合を定めることもできる。 (新設)
4 社員総会の招集は、期日の少なくとも5日前までに、その社員総会の目的である事項、日時及び場所を記載し、理事長がこれに記名した書面で社員に通知しなければならない。	・招集の通知は、定款で定めた方法により行う。書面のほか電子的方法によることも可。 (新設)
第18条 社員総会の議長は、社員の中から社員総会において選任する。	(新設)
第19条 次の事項は、社員総会の議決を経なければならない。 (1) 定款の変更 (2) 基本財産の設定及び処分（担保提供を含む。） (3) 毎事業年度の事業計画の決定又は変更 (4) 収支予算及び決算の決定又は変更 (5) 重要な資産の処分 (6) 借入金額の最高限度の決定 (7) 社員の入社及び除名 (8) 本社団の解散 (9) 他の医療法人との合併若しくは分割に係る契約の締結又は分割計画の決定	(新設)

資料2　社団医療法人の定款例

2　その他の重要な事項についても、社員総会の議決を経ることができる。
第20条　社員総会は、総社員の過半数の出席がなければ、その議事を開き、議決をすることができない。
2　社員総会の議事は、法令又はこの定款に別段の定めがある場合を除き、出席した社員の議決権の過半数で決し、可否同数のときは、議長の決するところによる。
3　前項の場合において、議長は、社員として議決に加わることができない。
第21条　社員は、社員総会において各1個の議決権及び選挙権を有する。
第22条　社員総会において、あらかじめ通知のあった事項のほかは議決することができない。ただし、急を要する場合はこの限りでない。
2　社員総会に出席することのできない社員は、あらかじめ通知のあった事項について議決権又は選挙権を行使することができる。ただし、代理人は社員でなければならない。
3　代理人は、代理権を証する書面を議長に提出しなければならない。

(新設)

(新設)

(新設)

- 237 -

第23条 社員総会の議決事項について特別の利害関係を有する社員は、当該事項についてその議決権を行使できない。	(新設)	
第24条 社員総会の議事については、法令で定めるところにより、議事録を作成する。	(新設)	
第25条 社員総会の議事についての細則は、社員総会で定める。	(新設)	
(削除)		
(削除)		
第4章 資産及び会計 第9条 本社団の資産は次のとおりとする。 (1) 設立当時の財産 (2) 設立後寄附された金品 (3) 諸種の資産から生ずる果実 (4) 事業に伴う収入 (5) その他の収入 2 本社団の設立当時の財産目録は、主たる事務所において備え置くものとする。	(削除)	・不動産、運営基金等重要な資産は、基本財産とすることが望ましい。
第10条 本社団の資産のうち、次に掲げる財産を基本財産とする。 (1) ・・・ (2) ・・・ (3) ・・・ 2 基本財産は処分し、又は担保に供	(削除)	・社員総会のみの議決でいこ

資料2　社団医療法人の定款例

してはならない。ただし、特別の理由のある場合には、理事会及び社員総会の議決を経て、処分し、又は担保に供することができる。

第11条　本社団の資産は、社員総会で定めた方法によって、理事長が管理する。

第12条　資産のうち現金は、確実な銀行又は信託会社に預け入れ若しくは信託し、又は国公債若しくは確実な有価証券に換え保管するものとする。

第13条　本社団の収支予算は、毎会計年度開始前に理事会及び社員総会の議決を経て定める。

第14条　本社団の会計年度は、毎年4月1日に始まり翌年3月31日に終る。

第15条　本社団の決算については、毎会計年度終了後2月以内に、事業報告書、財産目録、貸借対照表及び損益計算書（以下「事業報告書等」という。）を作成しなければならない。

2　本社団は、事業報告書等、監事の監査報告書及び本社団の定款を事務

としても差し支えないが、理事会の議決を経ることとしす（以下、ることが望ましい。第13条及び第16条において同じ。）。

・任意に1年間を定めても差し支えない。（法第53条参照）

(削除)

(削除)
(削除)
(削除)
(削除)
(削除)

- 239 -

(削除)	所に備えて置き、社員又は債権者から請求があった場合には、正当な理由がある場合を除いて、これを閲覧に供しなければならない。 3 本社団は、毎会計年度終了後3月以内に、事業報告書等及び監事の監査報告書を○○県知事に届け出なければならない。 第16条 決算の結果、剰余金を生じたときは、理事会及び社員総会の議決を経てその全部又は一部を基本財産に繰り入れ、又は積立金として積み立てるものとし、配当してはならない。 第5章 役員 第17条 本社団に、次の役員を置く。 (1) 理事 ○名以上○名以内 (2) 監事 ○名 第18条 理事及び監事は、社員総会において選任する。 2 理事長は、理事の互選によって定	・2以上の都道府県の区域において病院、診療所又は介護老人保健施設を開設する医療法人については、主たる事務所の所在地の都道府県知事に届け出るものとする。 ・原則として、理事は3名以上置かなければならない。都道府県知事の認可を受けた場合には、1名又は2名でも差し支えない。(法第46条の2参照) なお、理事を1名又は2名置くこととした場合でも、社員は3名以上置くことが望ましい。
第6章 役員 第26条 本社団に、次の役員を置く。 (1) 理事 ○名以上○名以内 (2) 監事 ○名 第27条 理事及び監事は、社員総会の決議によって選任する。 2 理事長は、理事会において、理事	(削除)	・原則として、理事は3名以上置かなければならない。都道府県知事の認可を受けた場合には、1名又は2名でも差し支えない。(法第46条の5第1項参照) なお、理事を1名又は2名置くこととした場合でも、社員は3名以上置くことが望ましい。

資料2　社団医療法人の定款例

（左欄）	（中欄）	（右欄）
の中から選出する。 3　本社団が開設（指定管理者を含む。）する病院（診療所、介護老人保健施設）の管理者は、必ず理事に加えなければならない。 ・病院、診療所又は介護老人保健施設を2以上開設する場合において、都道府県の区域において2以上の都道府県知事、診療所又は医療法人を開設する事務所の所在地の都道府県知事の認可を受けた場合、管理者（指定管理者等の管理者〈　〉）の一部を理事に加えないことができる。（法第46条の5第6項参照） 4　前項の理事は、管理者の職を退いたときは、理事の職を失うものとする。 5　理事又は監事のうち、5分の1を超える者が欠けたときは、1月以内に補充しなければならない。 第28条　理事長は本社団を代表し、本社団の業務に関する一切の裁判上又は裁判外の行為をする権限を有する。 2　理事長は、本社団の業務を執行し、（例1）3箇月に1回以上、自己の職務の執行の状況を理事会に報告しなければならない。	3　本社団が開設（指定管理者を含む。）する病院（診療所、介護老人保健施設）の管理者は、必ず理事に加えなければならない。 4　前項の理事は、管理者の職を退いたときは、理事の職を失うものとする。 5　理事又は監事のうち、5分の1を超える者が欠けたときは、1月以内に補充しなければならない。 第19条　理事長のみが本社団を代表する。 2　理事長は本社団の業務を総理する。	・病院、診療所又は介護老人保健施設を2以上開設する場合において、都道府県の区域において2以上の都道府県知事（2以上の都道府県の区域において病院、診療所又は医療法人を開設する事務所の所在地の都道府県知事）の認可（以下、第31条において同じ。）を受けた場合は、管理者（指定管理者を除く。）の一部を理事に加えないことができる。（法第47条参照） ・理事の職への再任を妨げるものではない。 （新設）
・この報告は、現実に開催された理事会においてなされなければならず、報告を省略することはできない。		

(例2) 毎事業年度に4箇月を超える間隔で2回以上、自己の職務の執行の状況を理事会に報告しなければならない。
3 理事長に事故があるときは、理事長があらかじめ定めた順位に従い、理事がその職務を行う。
4 監事は、次の職務を行う。
(1) 本社団の業務を監査すること。
(2) 本社団の財産の状況を監査すること。
(3) 本社団の業務又は財産の状況について、毎会計年度、監査報告書を作成し、当該会計年度終了後3月以内に社員総会又は理事会に提出すること。
(4) 第1号又は第2号による監査の結果、本社団の業務又は財産に関し不正の行為又は法令若しくはこの定款に違反する重大な事実があることを発見したときは、これを○○県知事、社員総会又は理事会に報告すること。
(5) 第4号の報告をするために必要があるときは、社員総会を招集すること。
(6) 理事が社員総会に提出しようとする議案、書類、その他の資料を調査し、法令若しくはこの定款に違反し、又は著しく不当な事項が

3 理事長に事故があるときは、理事長があらかじめ定めた順位に従い、理事がその職務を行う。
4 監事は、次の職務を行う。
(1) 本社団の業務を監査すること。
(2) 本社団の財産の状況を監査すること。
(3) 本社団の業務又は財産の状況について、毎会計年度、監査報告書を作成し、当該会計年度終了後3月以内に社員総会又は理事に提出すること。
(4) 第1号又は第2号による監査の結果、本社団の業務又は財産に関し不正の行為又は法令若しくはこの定款に違反する重大な事実があることを発見したときは、これを○○県知事、社員総会又は理事に報告すること。
(5) 第4号の報告をするために必要があるときは、社員総会を招集すること。
(6) 本社団の業務又は財産の状況について、理事に対して意見を述べること。

資料2　社団医療法人の定款例

あると認めるときは、その調査の結果を社員総会に報告すること。 5　監事は、本社団の開設する病院（指定管理者を含む。）又は職員（本社団の開設する病院（指定管理者を含む。）は介護老人保健施設（指定管理者として管理する病院等を含む。）の管理者その他の職員を兼ねてはならない。 第29条　役員の任期は2年とする。ただし、再任を妨げない。 2　補欠により就任した役員の任期は、前任者の残任期間とする。 3　役員は、第26条に定める員数が欠けた場合には、任期の満了又は辞任により退任した後も、新たに選任された者が就任するまで、なお役員としての権利義務を有する。 第30条　役員は、社員総会の決議によって解任することができる。ただし、監事の解任の決議は、出席した社員の議決権の3分の2以上の賛成がなければ、決議することができない。 第31条　役員の報酬等。 （例1）役員は、社員総会の決議によって別に定めるところにより支給する。 （例2）理事及び監事に対しては、それぞれの総額が、○○円以下及び	・3分の2を上回る割合を定めることもできる。 ・役員の報酬等について、定款にその額を定めていないときは、社員総会の決議によって定める必要がある。 ・定款又は社員総会の決議において	5　監事は、本社団の開設する病院（指定管理者を含む。）又は職員（本社団の開設する病院（指定管理者を含む。）は介護老人保健施設（指定管理者として管理する病院等を含む。）の管理者その他の職員を兼ねてはならない。 第20条　役員の任期は2年とする。ただし、再任を妨げない。 2　補欠により就任した役員の任期は、前任者の残任期間とする。 3　役員は、任期満了後といえども、後任者が就任するまでは、その職務を行うものとする。 （新設） （新設）

（新設）　（新設）　（新設）

て理事の報酬等の「総額」を定める場合、各理事の報酬等の額はその額の範囲内で理事会の決議によって定めることも差し支えない。ただし、監事が2人以上あるときに監事の報酬等の「総額」を定める場合は、各監事の報酬等は、その額の範囲内で監事の協議によって定める。また、「総額」を上回らなければ、再度、社員総会で決議することは必ずしも必要ではない。

(新設)

○○円以下で支給する。
(例3) 理事長○円、理事○円、監事○円とする。

第32条 理事は、次に掲げる取引をしようとする場合には、理事会において、その取引について重要な事実を開示し、その承認を受けなければならない。
(1) 自己又は第三者のためにする本社団の事業の部類に属する取引
(2) 自己又は第三者のためにする本社団との取引
(3) 本社団がその理事の債務を保証することその他その理事以外の者との間における本社団とその理事との利益が相反する取引
2 前項の取引をした理事は、その取引後、遅滞なく、その取引についての重要な事実を理事会に報告しなければならない。

資料2　社団医療法人の定款例

第33条　本社団は、役員が任務を怠ったことによる損害賠償責任を、法令に規定する額を限度として、理事会の決議により免除することができる。
2　本社団は、役員との間で、任務を怠ったことによる損害賠償責任について、当該役員が職務を行うにつき善意でかつ重大な過失がないときに、損害賠償責任の限定契約を締結することができる。ただし、その責任の限度額は、○円以上で本社団があらかじめ定めた額と法令で定める最低責任限度額とのいずれか高い額とする。

第7章　理事会

第34条　理事会は、すべての理事をもって構成する。

第35条　理事会は、この定款に別に定めるもののほか、次の職務を行う。
(1) 本社団の業務執行の決定
(2) 理事の職務の執行の監督
(3) 理事長の選出及び解職
(4) 重要な資産の処分及び譲受けの決定
(5) 多額の借財の決定
(6) 重要な役割を担う職員の選任及び解任の決定

・本条を規定するか否かは任意。

（新設）

（新設）

（新設）

（新設）

― 245 ―

(7) 従たる事務所その他の重要な組織の設置、変更及び廃止の決定

第36条　理事会は、
(例1)　各理事が招集する。
(例2)　理事長（又は理事会で定める理事）が招集する。この場合、理事長（又は理事会で定める理事長（理事）が欠けたとき又は理事長（理事会で定める理事）に事故があるときは、各理事が理事会を招集する。

2　理事長（又は理事会で定める理事、又は各理事）は、必要があると認めるときは、いつでも理事会を招集することができる。

3　理事会の招集は、期日の1週間前までに、各理事及び各監事に対して理事会を招集する旨の通知を発しなければならない。

4　前項にかかわらず、理事会は、理事及び監事の全員の同意があるときは、招集の手続を経ることなく開催できる。

第37条　理事会の議長は、理事長とする。

第38条　理事会の決議は、法令又はこの定款に別段の定めがある場合を除き、議決事項について特別の利害

・原則、各理事が理事会を招集するが、理事会を招集する理事を定款又は理事会で定めることができる。

・1週間を下回る期間を定めることもできる。

(新設)

(新設)

(新設)

(新設)

(新設)

― 246 ―

資料2　社団医療法人の定款例

	・過半数を上回る割合を定めることもできる。 ・本項を規定するか否かは任意。	(新設) (新設)
		(新設)
	・署名し、又は記名押印する者を、理事会に出席した理事長及び監事とすることも可。	
	(新設)（・第30条第2項参照） 第6章　会議 第21条　会議は、社員総会及び理事会の2つとし、社員総会はこれを定時総会と臨時総会に分ける。 第22条　定時総会は、毎年○回、○月	・定時総会は、場合によっては年1回の開催としても差し支えないが、収支予算の決定と決算の決定のため年2回開催することが望ましい。
関係を有する理事を除く理事の過半数が出席し、その過半数をもって行う。 2　前項の規定にかかわらず、理事が理事会の目的である事項について提案した場合において、その提案について特別の利害関係を有する理事を除く理事の全員が書面又は電磁的記録により同意の意思表示をしたときは、当該提案を可決する旨の理事会の決議があったものとみなす。ただし、監事がその提案について異議を述べたときはこの限りでない。 第39条　理事会の議事については、法令で定めるところにより、議事録を作成する。 2　理事会に出席した理事及び監事は、前項の議事録に署名し、又は記名押印する。 第40条　理事会の議事についての細則は、理事会で定める。 (削除) (削除) (削除)	(削除)	

(削除)	第23条　理事長は、必要があると認めるときは、いつでも臨時総会及び理事会を招集することができる。 2　社員総会の議長は、社員総会において選任し、理事会の議長は、理事長をもってあてる。 3　理事長は、総社員の5分の1以上の社員から会議に付議すべき事項を示して臨時総会の招集を請求された場合には、その請求のあった日から20日以内に、これを招集しなければならない。 4　理事会を構成する理事の3分の1以上から連名をもって請求の目的たる事項を示して請求があったときは、理事長は理事会を招集しなければならない。	・総社員の5分の1の割合については、これを下回る割合を定めることができる。
(削除)	第24条　次の事項は、社員総会の議決を経なければならない。 (1) 定款の変更 (2) 基本財産の設定及び処分（担保提供を含む。） (3) 毎事業年度の事業計画の決定及び変更 (4) 収支予算及び決算の決定 (5) 剰余金又は損失金の処理 (6) 借入金額の最高限度の決定 (7) 社員の入社及び除名	

に開催する。

資料2　社団医療法人の定款例

(8) 本社団の解散
(9) 他の医療法人との合併契約の締結
(10) その他重要な事項

第25条　社員総会は、総社員の過半数の出席がなければ、その議事を開き、議決することができない。
2　社員総会の議事は、出席した社員の議決権の過半数で決し、可否同数のときは、議長の決するところによる。
3　前項の場合において、議長は、社員として議決に加わることができない。

第26条　社員総会の招集は、期日の少なくとも5日前までに会議の目的である事項、日時及び場所を記載し、理事長がこれに記名した書面で社員に通知しなければならない。
2　社員総会にあらかじめ通知の規定によってあらかじめ通知した事項のほか議決することができない。ただし、急を要する場合はこの限りでない。

第27条　社員は、社員総会において1個の議決権及び選挙権を有する。

第28条　社員は、あらかじめ通知の

(削除)　(削除)　(削除)　(削除)

あった事項についてのみ書面又は代理人をもって議決権及び選挙権を行使することができる。ただし、代理人は社員でなければならない。

2 代理人は、代理権を証する書面を議長に提出しなければならない。

第29条 会議の議決事項につき特別の利害関係を有する者は、当該事項につきその議決権を行使できない。

第30条 社員総会の議事についての細則は、社員総会で定める。

2 理事会の議事についての細則は、理事会で定める。

第7章 定款の変更

第31条 この定款は、社員総会の議決を経、かつ、○○県知事の認可を得なければ変更することができない。

第8章 解散及び合併

第32条 本社団は、次の事由によって解散する。
(1) 目的たる業務の成功の不能
(2) 社員総会の決議
(3) 社員の欠亡
(4) 他の医療法人との合併
(5) 破産手続開始の決定

(削除)

(削除)

第8章 定款の変更

第41条 この定款は、社員総会の議決を経、かつ、○○県知事の認可を得なければ変更することができない。

第9章 解散、合併及び分割

第42条 本社団は、次の事由によって解散する。
(1) 目的たる業務の成功の不能
(2) 社員総会の決議
(3) 社員の欠亡
(4) 他の医療法人との合併
(5) 破産手続開始の決定

資料2　社団医療法人の定款例

　(6) 設立認可の取消し
2　本社団は、総社員の4分の3以上の賛成がなければ、前項第2号の社員総会の決議をすることができない。
3　第1項第1号又は第2号の事由により解散する場合は、○○県知事の認可を受けなければならない。

第33条　本社団が解散したときは、合併及び破産手続開始の決定による解散の場合を除き、理事がその清算人となる。ただし、社員総会の議決によって理事以外の者を選任することができる。
2　清算人は、社員の欠亡による事由によって本社団が解散した場合には、○○県知事にその旨を届け出なければならない。
3　清算人は、次の各号に掲げる職務を行うため、又、当該職務をするために必要な一切の行為をすることができる。
　(1) 現務の結了
　(2) 債権の取立て及び債務の弁済
　(3) 残余財産の引渡し

第34条　本社団が解散した場合の残余財産は、合併及び解散の場合を除き、次の者から選定して帰属させるものとする。

　(6) 設立認可の取消し
2　本社団は、総社員の4分の3以上の賛成がなければ、前項第2号の社員総会の決議をすることができない。
3　第1項第1号又は第2号の事由により解散する場合は、○○県知事の認可を受けなければならない。

第43条　本社団が解散したときは、合併及び破産手続開始の決定による解散の場合を除き、理事がその清算人となる。ただし、社員総会の議決によって理事以外の者を選任することができる。
2　清算人は、社員の欠亡による事由によって本社団が解散した場合には、○○県知事にその旨を届け出なければならない。
3　清算人は、次の各号に掲げる職務を行うため、又、当該職務をするために必要な一切の行為をすることができる。
　(1) 現務の結了
　(2) 債権の取立て及び債務の弁済
　(3) 残余財産の引渡し

第44条　本社団が解散した場合の残余財産は、合併及び破産手続開始の決定による解散の場合を除き、次の者から選定して帰属させるものとする。

(1) 国
(2) 地方公共団体
(3) 医療法第31条に定める公的医療機関の開設者
(4) 都道府県医師会又は郡市区医師会（一般社団法人又は一般財団法人に限る。）
(5) 財団たる医療法人又は社団医療法人であって持分の定めのないもの

第35条 本社団は、総社員の同意があるときは、○○県知事の認可を得て、他の社団たる医療法人又は財団医療法人と合併することができる。

(新設)

第9章 雑則

第36条 本社団の公告は、官報（及び○○新聞）によって行う。

---

(1) 国
(2) 地方公共団体
(3) 医療法第31条に定める公的医療機関の開設者
(4) 都道府県医師会又は郡市区医師会（一般社団法人又は一般財団法人に限る。）
(5) 財団たる医療法人又は社団医療法人であって持分の定めのないもの

第45条 本社団は、総社員の同意があるときは、○○県知事の認可を得て、他の社団たる財団たる医療法人と合併することができる。

第46条 本社団は、総社員の同意があるときは、○○県知事の認可を得て、分割することができる。

第10章 雑則

第47条 本社団の公告は、
(例1) 官報に掲載する方法
(例2) ○○新聞に掲載する方法
(例3) 電子公告（ホームページ）
によって行う。
(例3の場合)
2 事故その他のやむを得ない事由に

資料2　社団医療法人の定款例

第37条　この定款の施行細則は、理事会及び社員総会の議決を経て定める。

附　則

本社団設立当初の役員は、次のとおりとする。

理事長○○○○
理事○○○○
同○○○○
同○○○○
同○○○○
同○○○○
監事○○○○
同○○○○

・法第44条第4項参照。

よって前項の電子公告をすることができない場合は、官報（又は○○新聞）に掲載する方法によって行う。

第48条　この定款の施行細則は、理事会及び社員総会の議決を経て定める。

附　則

本社団設立当初の役員は、次のとおりとする。

理事長○○○○
理事○○○○
同○○○○
同○○○○
同○○○○
同○○○○
監事○○○○
同○○○○

・法第44条第4項参照。

○ 医療法（総和23年法律第205号）（抄）（第1条関係）
【公布の日から起算して1年を超えない範囲内において政令で定める日施行】
平成29年9月28日

（下線の部分は改正部分）

改　正	現　行
目次 第1章～第5章（略） 第6章　医療法人 　第1節・第2節（略） 　第3節　機関 　　第1款　機関の設置（第46条の2） 　　第2款　社員総会（第46条の3－第46条の3の6） 　　第3款　評議員及び評議員会（第46条の4－第46条の4の7） 　　第4款　役員の選任及び解任（第46条の5－第46条の5の4） 　　第5款　理事（第46条の6－第46条の6の4） 　　第6款　理事会（第46条の7・第46条の7の2） 　　第7款　監事（第46条の8－第46条の8の3） 　　第8款　役員等の損害賠償責任（第47条－第49条の3） 　第4節　計算（第50条－第54条） 　第5節　社会医療法人債（第54条の2－第54条の8） 　第6節　定款及び寄附行為の変更（第54条の9） 　第7節　解散及び清算（第55条－第56条の16） 　第8節　合併及び分割 　　第1目　通則（第57条） 　　第2目　吸収合併（第58条－第58条の6） 　　第3目　新設合併（第59条－第59条の5） 　　第2款　分割 　　第1目　吸収分割（第60条－第60条の7） 　　第2目　新設分割（第61条－第61条の6） 　　第3目　雑則（第62条・第62条の2）	目次 第1章～第5章（略） 第6章　医療法人 　第1節・第2節（略） 　第3節　管理（第46条の2－第54条） 　第4節　社会医療法人債（第54条の2－第54条の8） 　第5節　解散及び合併（第55条－第62条）

- 254 -

資料3　医療法（昭和23年法律第205号）（抄）（第１条関係）

第３款　雑則（第62条の３）
第９章　監督（第63条―第71条）
第７章・第８章（略）
附則

第６章　医療法人

（略）

第42条の２　医療法人のうち、次に掲げる要件に該当するものとして、政令で定めるところにより都道府県知事の認定を受けたもの（以下「社会医療法人」という。）は、その開設する病院、診療所又は介護老人保健施設（指定管理者として管理する病院等を含む。）の業務に支障のない限り、定款又は寄附行為の定めるところにより、その収益を当該社会医療法人が開設する病院、診療所又は介護老人保健施設の経営に充てることを目的として、厚生労働大臣が定める業務（以下「収益業務」という。）を行うことができる。

（略）

四　救急医療等確保事業（当該医療法人の開設する病院又は診療所の所在地の都道府県が作成する医療計画に記載されたものに限る。次条において同じ。）に係る業務を当該病院又は診療所の所在地の都道府県（次のイ又はロに掲げる病院又は診療所にあっては、それぞれイ又はロに定める都道府県）において行っていること。

イ　二以上の都道府県において病院又は診療所を開設する医療法人（ロに掲げる者を除く。）　当該病院又は診療所の所在地の全ての都道府県

ロ　一の都道府県において病院を開設し、かつ、当該病院の所在地の都道府県の医療計画に定める第30条の４第２項第12号に規定する区域に隣接した当該都道府県以外の都道府県の医療計画において定める同号に規定する区域及び当該病院において診療所を開設する医療法人であって、当該病院及び当該診療所における医療の提供が一体的に行われているものとして厚生労働省令で定める基準に適合するもの　当該病院の所在地の都道府県

第３節　監督（第63条―第71条）
第７章・第８章（略）
附則

第６章　医療法人

（略）

第42条の２　医療法人のうち、次に掲げる要件に該当するものとして、政令で定めるところにより都道府県知事の認定を受けたもの（以下「社会医療法人」という。）は、その開設する病院、診療所又は介護老人保健施設（指定管理者として管理する病院等を含む。）の業務に支障のない限り、定款又は寄附行為の定めるところにより、その収益を当該社会医療法人が開設する病院、診療所又は介護老人保健施設の経営に充てることを目的として、厚生労働大臣が定める業務（以下「収益業務」という。）を行うことができる。

（略）

四　救急医療等確保事業（当該医療法人が作成する医療計画に記載する病院又は診療所の所在地の都道府県に記載されたものに限る。）に係る業務を当該病院又は診療所の所在地の都道府県（二以上の都道府県に当該病院又は診療所を開設する医療法人にあっては、当該病院又は診療所の所在地の全ての都道府県）において行っていること。

（略）

第42条の3　前条第1項の認定（以下この項及び第64条の2第1項において「社会医療法人の認定」という。）を受けた医療法人のうち、前条第1項第5号ハに掲げる要件を欠くに至つたこと（当該要件を欠くに至つたことが当該医療法人の責めに帰することができない事由として厚生労働省令で定める事由による場合に限る。）により第64条の2第1項第1号に該当し、同項の規定により社会医療法人の認定を取り消されたもの（前条第1項各号（第5号ハを除く。）に掲げる業務の継続に該当するものに限る。）は、救急医療等確保事業に係る業務の継続的な実施に関する実施計画（以下この条において「実施計画」という。）を作成し、これを都道府県知事に提出して、その実施計画が適当である旨の認定を受けることができる。

2　前項の認定を受けた医療法人は、前条第1項及び第3項の規定の例により収益業務を行うことができる。

3　前条第2項の規定は、第1項の認定をする場合について準用する。

4　前3項に規定するもののほか、実施計画の認定及びその取消しに関し必要な事項は、政令で定める。

第43条　医療法人は、政令で定めるところにより、その設立、従たる事務所の新設、事務所の移転、事務所その他の登記事項の変更、解散、合併、分割、清算人の就任又はその変更及び清算の結了の各場合に、登記をしなければならない。

2　前項の規定により登記しなければならない事項は、登記の後でなければ、これをもつて第三者に対抗することはできない。

第2節　設立

第44条　医療法人は、その主たる事務所の所在地の都道府県知事（以下この章及び第66条の3を除く。）において単に「都道府県知事」という。）の認可を受けなければ、これを設立することができない。

2　医療法人を設立しようとする者は、定款又は寄附行為をもつて、少

（略）

（新設）

第43条　医療法人は、政令の定めるところにより、その設立、従たる事務所の新設、事務所の移転、その他の登記事項の各事項の変更、合併、清算人の就任又はその変更及び清算の結了の結了の結了の各場合に、登記をしなければならない。

2　前項の規定により登記しなければならない事項は、登記の後でなければ、これをもつて第三者に対抗することはできない。

第2節　設立

第44条　医療法人は、都道府県知事の認可を受けなければ、これを設立することができない。

2　医療法人を設立しようとする者は、定款又は寄附行為をもつて、少

資料３　医療法（昭和23年法律第205号）（抄）（第１条関係）

なくとも次に掲げる事項を定めなければならない。
一　目的
二　名称
三　その開設しようとする病院、診療所又は介護老人保健施設（地方自治法第244条の2第3項に規定する公の施設である病院、診療所又は指定管理者として管理しようとする公の施設である病院、診療所又は介護老人保健施設を含む。）の名称及び開設場所
四　事務所の所在地
五　資産及び会計に関する規定
六　役員に関する規定
（新設）
七　社団たる医療法人にあっては、社員総会及び社員たる資格の得喪に関する規定
八　財団たる医療法人にあっては、評議員会及び評議員に関する規定
九　解散に関する規定
十　定款又は寄附行為の変更に関する規定
十一　公告の方法
（略）

第3節　管理
（新設）

必ず監事を置く【理事会設置法人】【監事設置法人】

（新設）

社団医療法人の最高意思決定機関

決議対象となる事項によって、社員総会の権限としたい事項について、「定款で定める」ることにより、この法律に規定する制限を緩和する

なくとも次に掲げる事項を定めなければならない。
一　目的
二　名称
三　その開設しようとする病院、診療所又は介護老人保健施設（地方自治法第244条の2第3項に規定する公の施設である病院、診療所又は指定管理者として管理しようとする公の施設である病院、診療所又は介護老人保健施設を含む。）の名称及び開設場所
四　事務所の所在地
五　資産及び会計に関する規定
六　役員に関する規定
七　理事会に関する規定
八　社団たる医療法人にあっては、社員総会及び社員たる資格の得喪に関する規定
九　財団たる医療法人にあっては、評議員会及び評議員に関する規定
十　解散に関する規定
十一　定款又は寄附行為の変更に関する規定
十二　公告の方法
（略）

第3節　機関
第1款　機関の設置
第46条の2　社団たる医療法人は、社員総会、理事、理事会及び監事を置かなければならない。
2　財団たる医療法人は、評議員、評議員会、理事、理事会及び監事を置かなければならない。

第2款　社員総会
第46条の3　社員総会は、この法律に規定する事項及び定款で定めた事項に

項について決議をすることができる。

2 この法律の規定により社員総会の決議を必要とする事項について、理事、理事会その他の社員総会以外の機関が決定することができることを内容とする定款の定めは、その効力を有しない。

第46条の3の2 社団たる医療法人は、社員名簿を備え置き、社員の変更があるごとに必要な変更を加えなければならない。

社団たる医療法人の理事長は、少なくとも毎年1回、定時社員総会を開かなければならない。

3 理事長は、必要があると認めるときは、いつでも臨時社員総会を招集することができる。

4 議長は、社員総会において選任する。

5 理事長は、総社員の5分の1以上の社員から会議の目的である事項を示して臨時社員総会の招集を請求された場合には、その請求のあった日から20日以内に、これを招集しなければならない。ただし、総社員の5分の1の割合については、定款でこれを下回る割合を定めることができる。

5 社員総会の招集の通知は、その社員総会の日より少なくとも5日前に、その会議の目的である事項を示し、定款で定めた方法に従ってしなければならない。ただし、あらかじめ定款の定めがあるときは、前項の規定によりこれをすることができる。 法51の2②

6 社員総会においては、決議をするときは、この限りでない。

業務執行の事業運営に係る意思決定に機動性を欠くため削除か？

法46の3

ことを認めていると考えられる。

第48条の3 社団たる医療法人は、社員名簿を備え置き、社員の変更があるごとに必要な変更を加えなければならない。

2 社団たる医療法人の理事長は、少なくとも毎年1回、定時社員総会を開かなければならない。

3 理事長は、必要があると認めるときは、いつでも臨時社員総会を招集することができる。

4 議長は、社員総会において選任する。

5 理事長は、総社員の5分の1以上の社員から会議の目的である事項を示して臨時社員総会の招集を請求された場合には、その請求のあった日から20日以内に、これを招集しなければならない。ただし、総社員の5分の1の割合については、定款でこれを下回る割合を定めることができる。

6 社員総会の招集の通知は、その社員総会の日よりなくとも5日前に、その会議の目的である事項を示し、定款で定めた方法に従ってしなければならない。

7 社団たる医療法人の業務は、定款で理事その他の役員に委任した事項のほか、すべて社員総会の決議によって行う。

8 社員総会の招集については、第6項の規定によりあらかじめ通知をした事項についてのみ、決議をすることができる。ただし、定款に別段の定めがあるときは、この限りでない。

9 社員総会は、定款に別段の定めがある場合を除き、その議事を、議決に加わることができる社員の議決権の過半数で決する。

10 社員総会の議事は、定款に別段の定めがある場合を除き、出席者の議決権の過半数で決し、可否同数のときは、議長の決するところによる。

11 前項の場合において、議長は、社員として議決に加わることができない。

資料3　医療法（昭和23年法律第205号）（抄）（第1条関係）

第46条の3　社員は、各1個の議決権を有する。 2　社員総会は、定款に別段の定めがある場合を除き、総社員の過半数の出席がなければ、その議事を開き、決議をすることができない。 3　社員総会の議事は、この法律又は定款に別段の定めがある場合を除き、出席者の議決権の過半数で決し、可否同数のときは、議長の決するところによる。 4　前項の場合において、議長は、社員として議決に加わることができない。 5　社員総会に出席しない社員は、書面で、又は代理人によって議決をすることができる。ただし、定款に別段の定めがある場合は、この限りでない。 6　社員総会の決議について特別の利害関係を有する社員は、議決に加わることができない。	第48条の4　社員は、各1個の議決権を有する。 2　社員総会に出席しない社員は、書面で、又は代理人によって議決をすることができる。ただし、定款に別段の定めがある場合は、この限りでない。 3　社団たる医療法人と特定の社員との関係について議決をする場合には、その社員は、議決権を有しない。
第46条の3の4　理事及び監事は、社員総会において、社員から特定の事項について説明を求められた場合には、当該事項について必要な説明をしなければならない。ただし、当該事項が社員総会の目的である事項に関しないものである場合その他正当な理由がある場合として厚生労働省令で定める場合は、この限りでない。	（新設）
第46条の3の5　社員総会の議長は、社員総会において選任する。 2　社員総会の議長は、社員総会の秩序を維持し、議事を整理する。 3　社員総会の議長は、当該社員総会の秩序を乱す者その他その命令に従わない者を退場させることができる。	（新設）
第46条の3の6　一般社団法人及び一般財団法人に関する法律（平成18年法律第48号）第57条の規定は、医療法人の社員総会について準用する。この場合において、同条第1項、第3項及び第4項第2号中「法務省令」とあるのは、「厚生労働省令」と読み替えるものとする。 （略）	（新設）

第4款　役員の選任及び解任

第46条の5　医療法人には、役員として、理事三人以上及び監事一人以上を置かなければならない。ただし、理事について、都道府県知事の認可を受けた場合は、一人又は二人の理事を置けば足りる。
2　社団たる医療法人の役員は、社員総会の決議によって選任する。
3　財団たる医療法人の役員は、評議員会の決議によって選任する。
4　医療法人と役員との関係は、委任に関する規定に従う。
5　第46条の4第2項の規定は、医療法人の役員について準用する。

6　医療法人は、その開設する全ての病院、診療所又は介護老人保健施設（指定管理者として管理する病院等を含む。）の管理者を理事に加えなければならない。ただし、医療法人が病院、診療所又は介護老人保健施設を二以上開設する場合において、都道府県知事の認可を受けたときは、管理者（指定管理者として管理する病院等の管理者を含む。）の一部を理事に加えないことができる。
7　前項本文の理事は、管理者の職を退いたときは、理事の職を失うものとする。
8　監事は、当該医療法人の理事又は職員を兼ねてはならない。
9　役員の任期は、2年を超えることはできない。ただし、再任を妨げない。

法46の8の2により原則として監事が理事会に出席するので理事1名、監事1名で理事会を開催することになる
（新設）

第46条の2　医療法人には、役員として、理事三人以上及び監事一人以上を置かなければならない。ただし、理事について、都道府県知事の認可を受けた場合は、一人又は二人の理事を置くことをもって足りる。
2　次の各号のいずれかに該当する者は、医療法人の役員となることができない。
　一　成年被後見人又は被保佐人
　二　この法律、医師法、歯科医師法その他医事に関する法令の規定により罰金以上の刑に処せられ、その執行を終わり、又は執行を受けることがなくなった日から起算して2年を経過しない者
　三　前号に該当する者を除くほか、禁錮以上の刑に処せられ、その執行を終わり、又は執行を受けることがなくなるまでの者
3　役員の任期は、2年を超えることはできない。ただし、再任を妨げない。

第47条　医療法人は、その開設するすべての病院、診療所又は介護老人保健施設（指定管理者を管理する病院等を含む。）の管理者を理事に加えなければならない。ただし、医療法人が病院、診療所又は介護老人保健施設を二以上開設する場合において、都道府県知事の認可を受けたときは、管理者（指定管理者として管理する病院等の管理者を含む。）の一部を理事に加えないことができる。
2　前項の理事は、管理者の職を退いたときは、理事の職を失うものとする。

第48条　監事は、理事又は医療法人保健施設（指定管理施設（指定管理者として管理する病院、診療所又は介護老人保健施設（指定管理者を含む。）の管理者その他の職員を含む。）を兼ねてはならない。
2年後の定時社員総会終結時に職務執行期間が終了し、理事及び理事

資料3　医療法（昭和23年法律第205号）（抄）（第1条関係）

第46条の5の2　社団たる医療法人の役員は、いつでも、社員総会の決議によって解任することができる。

2　前項の規定により解任された者は、その解任について正当な理由がある場合を除き、社団たる医療法人に対し、解任によって生じた損害の賠償を請求することができる。

3　社団たる医療法人は、出席者の3分の2（これを上回る割合を定款で定めた場合にあっては、その割合）以上の賛成がなければ、第1項の社員総会（監事を解任する場合に限る。）の決議をすることができない。　　　　　　　　　　　　　　　　　　　　　　特別決議

4　財団たる医療法人の役員が次のいずれかに該当するときは、評議員会の決議によって、その役員を解任することができる。
　一　職務上の義務に違反し、又は職務を怠ったとき。
　二　心身の故障のため、職務の執行に支障があり、又はこれに堪えないとき。

5　財団たる医療法人は、出席者の3分の2（これを上回る割合を定款で定めた場合にあっては、その割合）以上の賛成がなければ、前項の評議員会（監事を解任する場合に限る。）の決議をすることができない。

第46条の5の3　この法律又は定款若しくは寄附行為で定めた役員の員数が欠けた場合には、任期の満了又は辞任により退任した役員は、新たに選任された役員（次項の一時役員の職務を行うべき者を含む。）が就任するまで、なお役員としての権利義務を有する。

2　前項に規定する場合において、医療法人の業務が遅滞することにより損害を生ずるおそれがあるときは、都道府県知事は、利害関係人の請求により又は職権で、一時役員の職務を行うべき者を選任しなければならない。

3　理事又は監事のうち、その定数の五分の一を超える者が欠けたとき

長任期満了＝定時社員総会終了後直ちに理事会を開催し、理事長を選任する必要がある。

（新設）

1号・2号に限定。財団の理事の忠実義務に評議員会の決議の遵守義務は含まれていない。評議員は理事と同じく法人との関係では委任事務の受任者であるため「評議員の権限が強大とならないようにしているものと考えられる。

（新設）

は、1月以内に補充しなければならない。

第46条の5の4　一般社団法人及び一般財団法人に関する法律第72条及び第74条（第4項を除く。）の規定は、社団たる医療法人及び財団たる医療法人の役員の選任及び解任について準用する。この場合において、社団たる医療法人の役員の選任及び解任について準用する同条第3項中「及び第38条第1項及び第1号に掲げる事項」とあるのは「並びに当該社員総会の日時及び場所」と読み替えるものとし、財団たる医療法人の役員の選任及び解任について準用する同法第72条及び第74条第1項から第3項までの規定中「社員総会」とあるのは「評議員会」と、同項中「及び第38条第1項及び第1号に掲げる場所」とあるのは「並びに当該評議員会の日時及び場所」と読み替えるものとする。

（監事の選任に関する議案等）
第72条　理事は、監事の選任に関する議案を社員総会に提出するには、監事（監事が二人以上ある場合にあっては、その過半数）の同意を得なければならない。
2　監事は、理事に対し、監事の選任を社員総会の目的とすること又は監事の選任に関する議案を社員総会に提出することを請求することができる。

（監事等の選任等についての意見の陳述）
第74条　監事は、社員総会において、監事の選任若しくは解任又は辞任について意見を述べることができる。
2　監事を辞任した者は、辞任後最初に招集される社員総会に出席して、辞任した旨及びその理由を述べることができる。
3　理事は、前項の者に対し、同項の社員総会を招集する旨及び第38条第1項第1号に掲げる事項を通知しなければならない。

（新設）

法人法

法46条に8の2①

資料3　医療法（昭和23年法律第205号）（抄）（第1条関係）

第5款　理事

第46条の6　医療法人（次項に規定する医療法人を除く。）の理事のうち一人は、理事長とし、定款又は寄附行為の定めるところにより、医師又は歯科医師である理事のうちから選出する。ただし、理事長が欠けたときは、定款又は寄附行為の定めるところにより、医師又は歯科医師の認可を受けて理事のうちから選出することができる。

2　前条第1項ただし書の規定に基づく都道府県知事の認可を受けて一人の理事を置く医療法人にあっては、この章（次条第二項を除く。）の規定の適用については、当該理事を理事長とみなす。

第46条の6の5　第1項ただし書の認可を受けて一人の理事を置く医療法人にあっては、この章（次条第3項を除く。）の規定の適用については、当該理事を理事長とみなす。

第46条の6の2　理事長は、医療法人を代表し、医療法人の業務に関する一切の裁判上又は裁判外の行為をする権限を有する。

2　前項の権限に加えた制限は、善意の第三者に対抗することができない。

3　第46条の5の3第1項及び第2項の規定は、理事長が欠けた場合について準用する。

（新設）

第46条の3　医療法人（次項に規定する医療法人を除く。）の理事のうち一人は、理事長とし、定款又は寄附行為の定めるところにより、医師又は歯科医師である理事のうちから選出する。ただし、理事長が欠けたときは、定款又は寄附行為の定めるところにより、医師又は歯科医師の認可を受けて理事のうちから選出することができる。

2　前条第1項ただし書の規定に基づく都道府県知事の認可を受けて一人の理事を置く医療法人にあっては、この章（次条第二項を除く。）の規定の適用については、当該理事を理事長とみなす。

第46条の4　理事長は、医療法人を代表し、その業務を総理する。

2　理事長に事故があるとき、又は理事長が欠けたときは、定款又は寄附行為の定めるところにより、他の理事が、その職務を代理し、又はその職務を行う。

3　医療法人の業務は、定款又は寄附行為に別段の定めがないときは、理事の過半数で決する。

4　理事は、定款、寄附行為又は社員総会の決議によって禁止されていないときに限り、特定の行為の代理を他人に委任することができる。

5　理事長が欠けた場合において、医療法人の業務が遅滞することにより損害を生ずるおそれがあるときは、都道府県知事は、利害関係人の請求により又は職権で、仮理事を選任しなければならない。

6　医療法人と理事との利益が相反する事項については、理事は、代理権を有しない。この場合においては、都道府県知事は、利害関係人の請求により又は職権で、特別代理人を選任しなければならない。

代表権（代表理事固有権限）と業務執行権の双方

定款で代表理事の権限を仮に制限した場合であっても

特に対外的な業務執行（例：登記）について

死亡又は所在不明

第46条の6の3　理事は、医療法人に著しい損害を及ぼすおそれのある事実があることを発見したときは、直ちに、当該事実を監事に報告しなければならない。	（新設）
第46条の6の4　一般社団法人及び一般財団法人に関する法律第78条、第80条から第84条まで、第88条（第2項を除く。）及び第89条の規定は、社団たる医療法人及び財団たる医療法人の理事について準用する。この場合において、当該理事に準用する同法第84条第1項中「社員総会」とあるのは「理事会」と、同法第88条第1項中「著しい」とあるのは「回復することができない」と読み替えるものとし、財団たる医療法人の理事について準用する同法第83条中「定款」とあるのは「寄附行為」と、「社員総会」とあるのは「評議員会」と、同法第88条の見出し及び同条第1項中「社員」とあるのは「寄附行為」と、同項及び同法第89条中「社員総会」とあるのは「評議員会」と、同条中「定款」とあるのは「評議員会」と読み替えるものとするほか、必要な技術的読替えは、政令で定める。	（新設）
（表見代表理事）	
第82条　一般社団法人は、代表理事以外の理事に理事長その他一般社団法人を代表する権限を有するものと認められる名称を付した場合には、当該理事がした行為について、善意の第三者に対してその責任を負う。	←法人法
（忠実義務）	
第83条　理事は、法令及び定款並びに社員総会の決議を遵守し、一般社団法人のためその職務を行わなければならない。	理事の制限
（競業及び利益相反取引の制限）	① 善管注意義務
第84条　理事は、次に掲げる場合には、社員総会において、当該取引につき重要な事実を開示し、その承認を受けなければならない。	② 忠実義務
	③ 競業及び利益相反取引の制限　→　医療法人に不利益（損害）を及ぼす可能性のある取引
	④ 重要事実の監事への報告義務
	⑤ 特例事項（議題に関するもの）についての社員総会への説明

- 264 -

資料3　医療法（昭和23年法律第205号）（抄）（第1条関係）

一　理事が自己又は第三者のために一般社団法人の事業の部類に属する取引をしようとするとき。　　　**競業**
二　理事が自己又は第三者のために一般社団法人と取引をしようとするとき。
三　一般社団法人が理事の債務を保証することその他理事以外の者との間において一般社団法人と当該理事との利益が相反する取引をしようとするとき。

2　民法（明治29年法律第89号）第108条の規定は、前項の承認を受けた同項第2号の取引については、適用しない。

→　理事がその地位を私的に利用して医療法人の事業と競争的な性質の取引をしてはならない業務。
　例：勤務医の理事が退職して近隣でクリニックを開業しようとするときは、社員総会の承認をうけなければならない。

→　医療法人に不利益（損失）を及ぼす可能性のある取引
　例1：医療法人から理事への低金利貸付
　例2：医療法人が理事貸付金を長期間回収していない
　例3：理事所有の土地を時価より著しく高値買取り
　例4：医療法人が理事の借入金の債務保証をする

（社員による理事の行為の差止め）
第88条　社員は、理事が一般社団法人の目的の範囲外の行為をし、又はこれらの行為をするおそれがある場合において、当該行為によって当該一般社団法人に著しい損害が生ずるおそれがあるときは、当該理事に対し、当該行為をやめることを請求することができる。

（理事の報酬等）
第89条　理事の報酬等（報酬、賞与その他の職務執行の対価として一般社団法人等から受ける財産上の利益をいう。以下同じ。）は、定款にその額を定めていないときは、社員総会の決議によって定める。

第6款　理事会

第46条の7　理事会は、**理事会**、次に掲げる職務を行う。──業務執行権限は理事会にある。
2　理事会は、次に掲げる職務を行う。
　一　医療法人の業務執行の決定　　⇒旧法48条の3⑦削除
　二　理事の職務の執行の監督
　三　理事長の選任及び解職
3　理事会は、次に掲げる事項その他の重要な業務執行の決定を理事に委任することができない。

（新設）
理事会の構成 { ① 理事長　② 業務執行理事　③ 職員兼務理事　④ 院外理事 } ⇒お目付役
事業運営に係る意思決定に機動性を求めている。
（新設）

一　重要な財産の処分及び譲受け 二　多額の借財 三　重要な役割を担う職員の選任及び解任 四　従たる事務所その他の重要な組織の設置、変更及び廃止 五　一般社団法人にあっては、第47条の二第一項において準用する第47条第一項の規定による定款の定めに基づく第47条第一項の責任の免除 六　財団たる医療法人にあっては、第47条の二第一項において準用する第47条第一項の規定による定款の定めに基づく第47条第一項の規定により準用する同条第一項の責任の免除 七　一般社団法人及び一般財団法人に関する法律第114条第一項の規定による等附行為の定めに基づく第47条第四項において準用する同条第一項の責任の免除 第46条の7の2　一般社団法人及び一般財団法人に関する法律第91条から第98条まで（第91条第1項各号及び第92条第1項を除く。）の規定は、社団たる医療法人及び財団たる医療法人の理事会について準用する。この場合において、当該理事会について準用する同法第91条第1項中「次に掲げる理事」とあり、及び同法第95条第3項及び第4項並びに第97条第2項第2号中「法務省令」とあるのは「厚生労働省令」と読み替えるものとし、財団たる医療法人の理事会について準用する同法第91条第2項、第93条第1項、第94条第1項、第95条第1項及び第96条中「社員」とあるのは「評議員」と、同法第97条第3項及び第96条第2項中「定款」とあるのは「寄附行為」と、同法第97条第2項中「その他その権利を行使するため必要があるときは、裁判所の許可を得て」とあるのは「いつでも」と読み替えるものとするほか、必要な技術的読替えは、政令で定める。 （理事会設置一般社団法人の理事の権限） 第91条　 2　前項各号に掲げる理事は、3箇月に1回以上、自己の職務の執行の状況を理事会に報告しなければならない。ただし、定款で毎事業年度	（新設）

法人法
法第46条の7②　二の職務の遂行を確実にするために自己の権限で処理した事項
例1：自己の業務分担において自己の権限で処理した事項
例2：理事会の決議事項について結果報告
例3：自己の分担業務の概況報告

現実に開催すること（毎年）
自己の職務の執行

資料3　医療法（昭和23年法律第205号）（抄）（第1条関係）

取引の判断は理事会の決議
① 自己又は第三者のためにする医療法人の事業の部類に属する取引（利益相反）（競業）
② 自己又は第三者のためにする医療法人の債務を保証すること
③ 医療法人かつ理事が理事以外の者との間において医療法人と当該理事との
④ 医療法人が理事以外の者との間において医療法人と当該理事との
利益が相反する取引（利益相反）

（新設）

第46条の4
7　監事の職務は、次のとおりとする。
一　医療法人の業務を監査すること。
二　医療法人の財産の状況を監査すること。
三　医療法人の業務又は財産の状況について、毎会計年度、監査報告書を作成し、当該会計年度終了後3月以内に社員総会又は理事に提出すること。
四　第1号又は第2号の規定による監査の結果、医療法人の業務又は

に四箇月を超える間隔で2回以上その報告をしなければならない旨を定めた場合は、この限りでない。
（競業及び理事会設置一般社団法人との取引等の制限）
第92条　　　　　　　　　　　　　　　現実に開催すること（毎年）
2　理事会設置一般社団法人においては、第84条第1項各号の取引をした理事は、当該取引後、遅滞なく、当該取引についての重要な事実を理事会に報告しなければならない。

（招集権者）
第93条　理事会は、各理事が招集する。ただし、理事会を招集する理事を定款又は理事会で定めたときは、その理事が招集する。
2　前項ただし書の規定する場合には、同項ただし書の規定により定められた理事（以下この項及び第101条第2項において「招集権者」という。）以外の理事は、招集権者に対し、理事会の目的である事項を示して、理事会の招集を請求することができる。
3　前項の規定による請求があった日から5日以内に、その請求があった日から2週間以内の日を理事会の日とする理事会の招集の通知が発せられない場合は、その請求をした理事は、理事会を招集することができる。

第7款　監事
第46条の8　　監事の職務は、次のとおりとする。
　　　　　法第46条の2により監事は必ず置く
一　医療法人の業務を監査すること。　　　業務監査
二　医療法人の財産の状況を監査すること。　会計監査
三　医療法人の業務又は財産の状況について、毎会計年度、監査報告書を作成し、当該会計年度終了後3月以内に社員総会又は評議員会及び理事会に提出すること。
四　第1号又は第2号の規定による監査の結果、医療法人の業務又は財産に関し不正の行為又は法令若しくは定款に違反する

― 267 ―

財産に関し不正の行為又は法令若しくは定款若しくは寄附行為に違反する重大な事実があることを発見したときは、これを都道府県知事、社員総会若しくは評議員会又は理事会に報告すること。
五　社団たる医療法人の監事にあっては、前号の規定による報告をするために必要があるときは、社員総会の招集をすること。
六　財団たる医療法人の監事にあっては、第四号の報告をするために必要があるときは、理事長に対して評議員会の招集を請求すること。
七　社団たる医療法人の監事又は財団たる医療法人の監事は医療法人の業務又は財産の状況について、理事会に対して意見を述べること。

社員総会への出席義務はない
（新設）

監事全員に対し、理事会の招集通知が発せられなかったときは、当該理事会の決議は無効となる。監事の任意の欠席は無効とはなりません（法人法95①及び法74③）。

反する重大な事実があることを発見したときは、これを都道府県知事、社員総会若しくは評議員会又は理事会に報告すること。
五　社団たる医療法人の監事にあっては、前号の規定による報告をするために必要があるときは、社員総会の招集をすること。
六　財団たる医療法人の監事にあっては、第四号の報告をするために必要があるときは、理事長に対して評議員会の招集を請求すること。
七　社団たる医療法人の監事にあっては、理事が社員総会に提出しようとする議案、書類その他厚生労働省令で定めるもの（次号において「議案等」という。）を調査すること。この場合において、法令若しくは定款に違反し、又は著しく不当な事項があると認めるときは、その調査の結果を社員総会に報告すること。
八　財団たる医療法人の監事にあっては、理事が評議員会に提出しようとする議案、書類その他厚生労働省令で定めるもの（寄附行為という。）を調査すること。この場合において、法令若しくは定款に違反し、又は著しく不当な事項があると認めるときは、その調査の結果を評議員会に報告すること。

第46条の8の2　監事は理事会に出席し、必要があると認めるときは、意見を述べなければならない。
2　監事は、理事（第46条の7の2第1項において準用する一般社団法人及び一般財団法人に関する法律第93条第1項ただし書に規定する招集権者）に対し、同条第2項に規定する招集の請求をすることができる。
3　前項の規定による請求があった日から5日以内に、その請求があった日から2週間以内の日を理事会の日とする理事会の招集の通知が発せられない場合は、その請求をした監事は、理事会を招集することができる。

第46条の8の3　一般社団法人及び一般財団法人に関する法律第103条から第106条までの規定は、社団たる医療法人及び財団たる医療法人

（新設）

資料3　医療法（昭和23年法律第205号）（抄）（第1条関係）

の監事について準用する。この場合において、財団たる医療法人の監事について準用する同法第103条第1項中「定款」とあるのは「寄附行為」と、同法第105条第1項及び第2項中「定款」とあるのは「寄附行為」と、社員総会」とあるのは「評議員会」と、同条第3項中「社員総会」とあるのは「評議員会」と読み替えるものとする。

（監事による理事の行為の差止め）
第103条　監事は、理事が一般社団法人一般財団法人の目的の範囲外の行為をし、その他法令若しくは定款に違反する行為をし、又はこれらの行為をするおそれがある場合において、当該行為によって当該監事設置一般社団法人に著しい損害が生ずるおそれがあるときは、当該理事に対し、当該行為をやめることを請求することができる。

2　前項の場合において、裁判所が仮処分をもって同項の理事に対し、その行為をやめることを命ずるときは、担保を立てさせないものとする。
（略）

（監事の報酬等）
第105条　監事の報酬等は、定款にその額を定めていないときは、社員総会の決議によって定める。

2　監事が2人以上ある場合において、各監事の報酬等について定款の定め又は社員総会の決議がないときは、当該報酬等は、前項の報酬等の範囲内において、監事の協議によって定める。

3　監事は、社員総会において、監事の報酬等について意見を述べることができる。
（略）

第8款　役員等の損害賠償責任
第47条　社団たる医療法人の理事又は監事は、その任務を怠ったときは、当該医療法人に対し、これによって生じた損害を賠償する責任を負う。
（新設）

→法人法
理事の報酬は法人法89条

2　社団たる医療法人の理事が第46条の6の4において読み替えて準用する一般社団法人及び一般財団法人に関する法律第84条第1項の規定に違反して同項第1号の取引をしたときは、当該取引によって理事又は第三者が得た利益の額は、前項の損害の額と推定する。

3　第46条の6の4において準用する法律第84条第1項第2号又は第3号の取引によって、社団たる医療法人に損害が生じたときは、その任務を怠ったものと推定する。

一　第46条の6の4において読み替えて準用する法律第84条第1項の理事
二　社団たる医療法人が当該取引をすることを決定した理事
三　当該取引に関する理事会の承認の決議に賛成した理事若しくは監事

4　前3項の規定は、財団たる医療法人の評議員又は理事若しくは監事について準用する。

第47条の2　一般社団法人及び一般財団法人に関する法律第112条から第116条までの規定は、前条第一項の社団たる医療法人の理事又は監事の責任及び同条第四項において準用する同項の財団たる医療法人の理事若しくは監事又は評議員の責任について準用する。この場合において、これらの者の責任について準用する同法第113条第1項第二号及び第4項中「法務省令」とあるのは「厚生労働省令」と読み替えるものとし、財団たる医療法人の評議員又は理事若しくは監事の責任について準用する同法第112条中「社員」とあるのは「総評議員」と、同法第113条第1項及び同条第2項中「社員総会」とあるのは「評議員会」と、同法第114条の見出し並びに同条第1項及び第2項中「社員総会」とあるのは「評議員会」と、同条第3項中「定款」とあるのは「寄附行為」と、「社員」とあるのは「総評議員」と、同条第4項中「定款」とあるのは「寄附行為」と、同法第115条中「社員」とあるのは「評議員」と、「社員が」とあるのは「総評議員」と、同条第5項並びに同法第115条第1項及び第3項中「定款」

（医療法人の期間について）

医政初0325第3号

社員による責任追及の訴えについて（代表訴訟）

① 社員は社団医療法人に対し理事・監事の責任を追及（責任追及の訴え）するよう請求
② 60日以内に医療法人が責任追及しない場合
③ 社員が社団医療法人のために責任追及の訴えを提起できる代表訴訟の場合

代表訴訟の訴えを提起することを目的としています。すなわち、医療法人が受けた損害を賠償させることを考えられますが、当該医療法人の場合には、出資持分のない社団医療法人には直接的な損害はないと考えられますが、この場合の代表訴訟は社員のためというより医療法人存続のために行われるものと考えます。

医療法人が理事・監事への責任追及を怠っている場合には、社員が、医療法人に代わり、社員が法令違反等により医療法人に損害を与えた理事・監事の民事責任を追及することになります。

(新設)

資料３　医療法（昭和23年法律第205号）（抄）（第１条関係）

とあるのは「寄附行為」と、同項及び同条第４項中「社員総会」とあるのは「評議員会」と読み替えるものとするほか、必要な技術的読替えは、政令で定める。

（一般社団法人に対する損害賠償責任の免除）
第112条　前条第一項の責任は、総社員の同意がなければ、免除することができない。

（責任の一部免除）
第113条　前条の規定にかかわらず、役員等の第111条第１項の責任は、当該役員等が職務を行うにつき善意でかつ重大な過失がないときは、賠償の責任を負う額から次に掲げる額の合計額（第115条第１項において「最低責任限度額」という。）を控除して得た額を限度として、社員総会の決議によって免除することができる。
一　当該役員等がその在職中に一般社団法人から職務執行の対価として受け、又は受けるべき財産上の利益の１年間当たりの額に相当する額として法務省令で定める方法により算定される額に、次のイからハまでに掲げる役員等の区分に応じ、当該イからハまでに定める数を乗じて得た額
イ　代表理事　6
ロ　代表理事以外の理事であって、次に掲げるもの　4
　(1)　理事会の決議によって一般社団法人の業務を執行する理事として選定されたもの
　(2)　当該一般社団法人の業務を執行した理事（(1)に掲げる理事を除く。）
　(3)　当該一般社団法人の使用人
ハ　理事（イ及びロに掲げるものを除く。）、監事又は会計監査人　2
二　役員等がその職務を行うにつき有価証券の募集又は売出しに関し提出した書類に虚偽の記載等があること（ほか、政令で定めるもの）で示す。

2　前項の場合には、理事は、同項の社員総会において次に掲げる事項を開示しなければならない。

特別決議（社員の３分の２以上）

― 271 ―

一 責任の原因となった事実及び賠償の責任を負う額
二 前項の規定により免除することができる額の限度及びその算定の根拠
三 責任を免除すべき理由及び免除額
3 監事設置一般社団法人においては、理事は、第111条第1項の責任の免除(理事の責任の免除に限る。)に関する議案を社員総会に提出するには、監事(監事が二人以上ある場合にあっては、各監事)の同意を得なければならない。
4 第1項の決議があった場合において、一般社団法人が当該決議後に同項の役員等に対し退職慰労金その他の法務省令で定める財産上の利益を与えるときは、社員総会の承認を受けなければならない。

(理事等による免除に関する定款の定め)
第114条 第112条の規定にかかわらず、第111条第1項の責任について、監事設置一般社団法人(理事が二人以上ある場合に限る。)は、役員等が職務を行うにつき善意でかつ重大な過失がない場合において、責任の原因となった事実の内容、当該役員等の職務の執行の状況その他の事情を勘案して特に必要と認めるときは、前条第1項の規定により免除することができる額を限度として理事(当該責任を負う理事を除く。)の過半数の同意(理事会設置一般社団法人にあっては、理事会の決議)によって免除することができる旨を定款で定めることができる。
2 前条第3項の規定は、定款を変更して前項の定款の定め(理事の責任を免除することができる旨の定めに限る。)を設ける議案を社員総会に提出する場合、同項の規定による定款の定めに基づく責任の免除(理事の責任の免除に限る。)についての理事の同意を得る場合及び当該責任の免除に関する議案を理事会に提出する場合について準用する。
3 第1項の規定による定款の定めに基づいて役員等の責任を免除する旨の同意(理事会設置一般社団法人にあっては、理事会の決議)を行ったときは、理事は、遅滞なく、前条第2項各号に掲げる事項及び

資料3　医療法（昭和23年法律第205号）（抄）（第1条関係）

責任を免除することに異議がある場合には一定の期間内に当該異議を述べるべき旨を社員に通知しなければならない。ただし、当該期間は、1箇月を下ることができない。

4　総社員（前項の責任を負う役員等を定款で定めるものを除く。）の議決権の10分の1（これを下回る割合を定款で定めた場合にあっては、その割合）以上の議決権を有する社員が同項の期間内に同項の規定による異議を述べたときは、一般社団法人は、第1項の規定による定款の定めに基づく免除をしてはならない。

5　前条第4項の規定は、第1項の規定による定款の定めに基づく責任の免除について準用する。

（責任限定契約）
第115条　第112条の規定にかかわらず、一般社団法人は、理事（業務執行理事（代表理事、代表理事以外の理事であって理事会の決議によって一般社団法人の業務を執行する理事として選定されたもの及び当該一般社団法人の業務を執行したその他の理事をいう。次項及び第141条第3項において同じ。）又は使用人でないものに限る。）、監事又は会計監査人（以下この条及び第301条第2項第12号において「非業務執行理事等」という。）の第111条第1項の責任について、当該非業務執行理事等が職務を行うにつき善意でかつ重大な過失がないときは、定款で定めた額の範囲内であらかじめ一般社団法人が定めた額と最低責任限度額とのいずれか高い額を限度とする旨の契約を非業務執行理事等と締結することができる旨を定款で定めることができる。

2　前項の契約を締結した非業務執行理事等が当該一般社団法人の業務執行理事又は使用人に就任したときは、当該契約は、将来に向かってその効力を失う。

（略）

外部役員等：法人を適正に運営する目的で法人外部の人材を登用し、その人材確保を容易にするために設けられた。

第47条の2 （略）
2 社団たる医療法人は、出席者の3分の2（これを上回る割合を定款で定めた場合にあっては、その割合）以上の賛成がなければ、前項において読み替えて準用する一般社団法人及び一般財団法人に関する法律第113条第1項の社員総会の決議をすることができない。
3 財団たる医療法人にあっては、出席者の3分の2（これを上回る割合を定款で定めた場合にあっては、その割合）以上の賛成がなければ、第1項において読み替えて準用する一般社団法人及び一般財団法人に関する法律第113条第1項の評議員会の決議をすることができない。 ←特別決議

第48条の3において「役員等」という。）がその職務を行うについて悪意又は重大な過失があったときは、当該役員等は、これによって第三者に生じた損害を賠償する責任を負う。
2 次の各号に掲げる者が、当該各号に定める行為をしたときも、前項と同様とする。ただし、その者が当該行為をすることについて注意を怠らなかったことを証明したときは、この限りでない。
 一 理事 次に掲げる行為
  イ 第51条第1項の規定により作成すべきものに記載すべき重要な事項についての虚偽の記載
  ロ 虚偽の登記
  ハ 虚偽の公告
 二 監事監査報告に記載すべき重要な事項についての虚偽の記載

(略)

第49条 役員等が医療法人又は第三者に生じた損害を賠償する責任を負う場合において、他の役員等も当該損害を賠償する責任を負うときは、これらの者は、連帯債務者とする。

第48条の2 理事又は監事のうち、その定数の5分の1を超える者が欠けたときは、1月以内に補充しなければならない。

第49条 財団たる医療法人に、評議員会を置く。
2 評議員会は、理事の定数を超える数の評議員（第46条の2第1項ただし書の認可を受けた医療法人にあっては、三人以上の評議員）をもって、組織する。

資料３　医療法（昭和23年法律第205号）（抄）（第１条関係）

3　評議員会は、理事長が招集する。
4　評議員会に、議長を置く。
5　理事長は、総評議員の5分の1以上の評議員から会議に付議すべき事項を示して評議員会の招集を請求された場合には、その請求のあった日から20日以内に、これを招集しなければならない。ただし、総評議員の5分の1以上の請求については、招集行為につきこれを下回る割合を定めることができる。
6　評議員会は、総評議員の過半数の出席がなければ、その議事を開き、議決することができない。
7　評議員会の議事は、出席者の議決権の過半数で決し、可否同数のときは、議長の決するところによる。
8　前項の場合において、議長は、評議員として議決に加わることができない。

第49条の2　次に掲げる事項については、理事会において、あらかじめ、評議員会の意見を聴かなければならない。
一　予算、借入金（当該会計年度内の収入をもって償還する一時の借入金を除く。）及び重要な資産の処分の決定又は変更
二　事業計画の決定又は変更
三　寄附行為の変更
四　合併
五　第55条第3項第2号に掲げる事由のうち、同条第1項第2号に掲げる事由による解散
六　その他医療法人の業務に関する重要事項で寄附行為をもって定めるもの
2　前項各号に掲げる事項は、寄附行為をもって評議員会の議決を要するものとすることができる。

第49条の3　評議員会は、医療法人の業務若しくは財産の状況又は役員の業務執行の状況について、役員に対して意見を述べ、若しくはその諮問に答え、又は役員から報告を徴することができる。

第49条の2　一般社団法人及び一般財団法人に関する法律第6章第2節第2款の規定は、社団たる医療法人について準用する。この場合において、同法第278条第1項中「法務省令」とあるのは「厚生労働省令」と、「設立時社員、設立時理事、役員等（第1111条第1項に規定する役員等をいう。第3項において同じ。）又は清算人」とあるのは「理事、監事又は清算人」と、同条第3項中「設立時社員、設立時理事、役員等若しくは清算人」とあるのは「理事若しくは監事、又は清算人」と、同法第280条第2項中「清算人」とあるのは「厚生労働省令」と読み替えるものとする。

第49条の3　一般社団法人及び一般財団法人に関する法律第6章第2節第3款の規定は、医療法人の解散の訴えについて準用する。この場合において、同法第284条中「定款」とあるのは、「定款若し

くは寄附行為」と読み替えるものとするほか、必要な技術的読替えは、政令で定める。

(削る。)

第4節 計算

第50条 医療法人の会計は、一般に公正妥当と認められる会計の慣行に従うものとする。

第51条 医療法人は、毎会計年度終了後2月以内に、事業報告書、財産目録、貸借対照表、損益計算書その他厚生労働省令で定める書類(以下「事業報告書等」という。)を作成しなければならない。

2 理事は、事業報告書等を監事に提出しなければならない。

3 社会医療法人(厚生労働省令で定めるものに限る。)の理事長は、財産目録、貸借対照表及び損益計算書を公認会計士又は監査法人に提出しなければならない。

(略)

2 理事長は、毎会計年度終了後3月以内に、決算及び事業の実績を評議員会に報告し、その意見を求めなければならない。

第49条の4 評議員となる者は、次に掲げる者とする。
一 医療従事者のうちから、寄附行為の定めるところにより選任された者
二 病院、診療所又は介護老人保健施設の経営に関して識見を有する者のうちから、寄附行為の定めるところにより選任された者
三 医療を受ける者のうちから、寄附行為の定めるところにより選任された者
四 前3号に掲げる者のほか、寄附行為の定めるところにより選任された者
2 評議員は、当該財団たる医療法人の役員を兼ねてはならない。

(新設)

第50条の2 医療法人の会計は、一般に公正妥当と認められる会計の慣行に従うものとする。

資料3　医療法（昭和23年法律第205号）（抄）（第1条関係）

（新設）

第50条　定款又は寄附行為の変更（厚生労働省令で定める事項に係るものを除く。）は、都道府県知事の認可を受けなければ、その効力を生じない。

2　都道府県知事は、前項の規定による認可の申請があった場合には、第45条に規定する事項及び寄附行為の変更又は寄附行為に違反していないかどうかを審査した上で、その認可を決定しなければならない。

3　医療法人は、第1項の厚生労働省令で定める事項に係る定款又は寄附行為の変更をしたときは、遅滞なく、その旨を都道府県知事に届け出なければならない。

4　第44条第5項の規定は、定款又は寄附行為を設け、又は変更する場合について準用する。

第5節　解散及び合併

第55条　社団たる医療法人は、次の事由によって解散する。
一　定款をもって定めた解散事由の発生
二　目的たる業務の成功の不能
三　社員総会の決議
四　他の医療法人との合併
五　社員の欠亡
六　破産手続開始の決定
七　設立認可の取消し

第6節　定款及び寄附行為の変更

第54条の9　社団たる医療法人が定款を変更するには、社員総会の決議によらなければならない。

2　財団たる医療法人が寄附行為を変更するには、あらかじめ、評議員会の意見を聴かなければならない。

3　定款又は寄附行為の変更（厚生労働省令で定めるものを除く。）は、都道府県知事の認可を受けなければ、その効力を生じない。

4　都道府県知事は、前項の規定による認可の申請があった場合には、第45条第1項に規定する事項若しくは寄附行為の変更又は寄附行為に違反していないかどうかを審査した上で、その認可を決定しなければならない。

5　医療法人は、第3項の厚生労働省令で定める事項に係る定款又は寄附行為の変更をしたときは、遅滞なく、その変更した定款又は寄附行為を都道府県知事に届け出なければならない。

6　第44条第5項の規定は、定款又は寄附行為を設け、又は変更する場合について準用する。

第7節　解散及び清算

第55条　社団たる医療法人は、次の事由によって解散する。
一　定款をもって定めた解散事由の発生
二　目的たる業務の成功の不能
三　社員総会の決議
四　他の医療法人との合併（合併により当該医療法人が消滅する場合に限る。次条第1項及び第56条の3において同じ。）
五　社員の欠亡
六　破産手続開始の決定
七　設立認可の取消し

2 社団たる医療法人は、総社員の4分の3以上の賛成がなければ、前項第3号の社員総会の決議をすることができない。ただし、定款に別段の定めがあるときは、この限りでない。

(略)

第8節 合併及び分割

第1款 合併

第1目 通則

検討課題
① 事業の統合と再編成
② 社員の統一
③ 理事会等の統合
④ 主たる事務所について
⑤ 従業員の処遇

第57条 医療法人は、他の医療法人と合併をすることができる。この場合においては、合併をする医療法人は、合併契約を締結しなければならない。

第2目 吸収合併

第58条 医療法人が吸収合併(医療法人が他の医療法人の権利義務の全部を合併後存続する医療法人に承継させるものをいう。以下この目において同じ。)をする場合には、吸収合併後存続する医療法人(以下この目において「吸収合併存続医療法人」という。)及び吸収合併により消滅する医療法人(以下この目において「吸収合併消滅医療法人」という。)の名称及び主たる事務所の所在地その他厚生労働省令で定める事項を定めなければならない。

・自署押印
・実印
・印鑑証明書

吸収合併契約書

従業員の処遇等は合併契約とは切り離して覚書とする

第58条の2 社団たる吸収合併消滅医療法人は、吸収合併契約について当該医療法人の総社員の同意を得なければならない。

2 財団たる吸収合併消滅医療法人は、寄附行為に別段の

2 社団たる医療法人は、総社員の4分の3以上の賛成がなければ、前項第3号の社員総会の決議をすることができない。ただし、定款に別段の定めがあるときは、この限りでない。

(新設)

(新設)

(新設)

第57条 社団たる医療法人は、総社員の同意があるときは、他の社団たる医療法人又は財団たる医療法人と合併をすることができる。

2 財団たる医療法人は、他の社団たる医療法人又は財団たる医療法人と合併をする場合に限り、合併をすることができる。

3 財団たる医療法人が合併をするには、理事の3分の2以上の同意がなければならない。ただし、寄附行為に別段の定めがある場合は、この限りでない。

4 次の各号に掲げる場合には、合併後存続する医療法人又は合併により設立する医療法人は、それぞれ当該各号に定める種類の医療法人でなければならない。

一 合併をする医療法人が社団たる医療法人のみである場合 社団たる医療法人

二 合併をする医療法人が財団たる医療法人のみである場合 財団たる医療法人

5 合併は、都道府県知事の認可を受けなければ、その効力を生じない。

6 第55条第七項の規定は、前項の認可について準用する。

特別決議

資料3　医療法（昭和23年法律第205号）（抄）（第1条関係）

定めがある場合に限り、吸収合併をすることができる。

3　財団たる医療法人は、吸収合併契約について理事の3分の2以上の同意を得なければならない。ただし、寄附行為に別段の定めがある場合は、この限りでない。

4　吸収合併は、都道府県知事（吸収合併存続医療法人の所在地の都道府県知事をいう。）の認可を受けなければ、その効力を生じない。

5　第55条第7項の規定は、前項の認可について準用する。

第58条の3　医療法人は、前条第4項の認可があったときは、その認可の通知のあった日から2週間以内に、財産目録及び貸借対照表を作成しなければならない。

2　医療法人は、前条第4項の認可を受けた吸収合併に係る合併の登記がされるまでの間、前項の規定により作成した財産目録及び貸借対照表を主たる事務所に備え置き、その債権者から請求があった場合には、厚生労働省令で定めるところにより、これを閲覧に供しなければならない。

第58条の4　医療法人は、前条第1項の期間内に、その債権者に対し、異議があれば一定の期間内に述べるべき旨を公告し、かつ、判明している債権者に対しては、各別にこれを催告しなければならない。ただし、その期間は、2月を下ることができない。

（債権者異議の手続は各々の法人で行う（債権者の保護））

2　債権者が前項の期間内に吸収合併に対して異議を述べなかったときは、吸収合併を承認したものとみなす。

3　債権者が異議を述べたときは、医療法人は、これに弁済をし、若しくは相当の担保を提供し、又はその債権者に弁済を受けさせることを目的として信託会社等（信託会社及び信託業務の兼営等に関する法律（昭和18年法律第43号）第1条第1項の認可を受けた金融機関をいう。以下同じ。）に相当の財産を信託しなければならない。ただし、吸収合併をしてもその債権者を害するおそれがないときは、この限りでない。

第58条　医療法人は、前条第五項に規定する都道府県知事の認可があったときは、その認可の通知のあった日から2週間以内に、財産目録及び貸借対照表を作らなければならない。

第59条　医療法人は、前条の期間内に、その債権者に対し、異議があれば一定の期間内に述べるべき旨を公告し、且つ、判明している債権者に対しては、各別にこれを催告しなければならない。但し、その期間は、2月を下ることができない。

2　債権者が前項の期間内に合併に対して異議を述べなかったときは、合併を承認したものとみなす。

3　債権者が異議を述べたときは、医療法人は、これに弁済をし、若しくはその債権者に弁済を受けさせることを目的として信託会社若しくは信託業務を営む金融機関に相当の財産を信託しなければならない。但し、合併をしてもその債権者を害するおそれがないときは、この限りでない。

第58条の5　吸収合併存続医療法人は、吸収合併消滅医療法人の権利義務（当該医療法人がその行う事業に関し行政庁の許可その他の処分に基づいて有する権利義務を含む。）を承継する。

第58条の6　吸収合併は、吸収合併存続医療法人が、その主たる事務所の所在地において政令で定めるところにより合併の登記をすることによって、その効力を生ずる。

第3目　新設合併

第59条　2以上の医療法人が新設合併（2以上の医療法人が合併であって、合併により消滅する医療法人の権利義務の全部を合併により設立する医療法人に承継させるものをいう。以下この目において同じ。）をする場合には、新設合併契約において、次に掲げる事項を定めなければならない。
一　新設合併により消滅する医療法人（以下この目において「新設合併消滅医療法人」という。）の名称及び主たる事務所の所在地
二　新設合併により設立する医療法人（以下この目において「新設合併設立医療法人」という。）の目的、名称及び主たる事務所の所在地
三　新設合併設立医療法人の定款で定める事項
四　前3号に掲げる事項のほか、厚生労働省令で定める事項

第59条の2　第58条の2から第58条の4までの規定は、医療法人が新設合併をする場合について準用する。この場合において、第58条の2第1項及び第3項中「吸収合併契約」とあるのは「新設合併契約」と、同条第4項中「吸収合併存続医療法人」とあるのは「新設合併設立医療法人」と読み替えるものとする。

第59条の3　新設合併設立医療法人は、新設合併消滅医療法人の権利義務（当該医療法人がその行う事業に関し行政庁の許可その他の処分に

（新設）

第62条　合併は、合併後存続する医療法人又は合併によって設立した医療法人が、その主たる事務所の所在地において政令の定めるところにより登記をすることによって、その効力を生ずる。

（新設）

（新設）

検討課題
① 事業の統合と再編成→目的は同一
② 社員資格の統合
③ 理事会の統合
④ 主たる事務所の検討
⑤ 従業員の処遇⇒合併契約と切り離し、「覚書」にしておく

（新設）

資料3　医療法（昭和23年法律第205号）（抄）（第1条関係）

基づいて有する権利義務を含む。）を承継する。

第59条の4　新設合併は、新設合併設立医療法人が、その主たる事務所の所在地において政令で定めるところにより合併の登記をすることによって、その効力を生ずる。　（新設）

第59条の5　第2節（第44条第2項、第4項及び第5項並びに第46条第2項を除く。）の規定は、新設合併設立医療法人の設立については、適用しない。　（新設）

第2款　分割　（新設）

第1目　吸収分割　（新設）

第60条　医療法人（社会医療法人その他の厚生労働省令で定める者を除く。以下この款において同じ。）は、吸収分割（医療法人がその事業に関して有する権利義務の全部又は一部を分割後他の医療法人に承継させることをいう。以下この目において同じ。）をすることができる。この場合においては、当該医療法人がその事業に関して有する権利義務の全部又は一部を当該医療法人から承継する医療法人（以下この目において「吸収分割承継医療法人」という。）との間で、吸収分割契約を締結しなければならない。　（新設）

第60条の2　医療法人が吸収分割をする場合には、吸収分割契約において、次に掲げる事項を定めなければならない。
一　吸収分割をする医療法人（以下この目において「吸収分割医療法人」という。）及び吸収分割承継医療法人の名称及び主たる事務所の所在地
二　吸収分割承継医療法人が吸収分割により吸収分割医療法人から承継する資産、債務、雇用契約その他の権利義務に関する事項
三　前二号に掲げる事項のほか、厚生労働省令で定める事項

― 281 ―

第60条の3　社団たる医療法人は、吸収分割契約について当該医療法人の総社員の同意を得なければならない。
2　財団たる医療法人は、寄附行為に吸収分割をすることができる旨の定めがある場合に限り、吸収分割をすることができる。
3　財団たる医療法人は、吸収分割契約について理事の3分の2以上の同意を得なければならない。ただし、寄附行為に別段の定めがある場合は、この限りでない。
4　吸収分割は、都道府県知事（吸収分割医療法人及び吸収分割承継医療法人の主たる事務所の所在地が2以上の都道府県内に所在する場合にあっては、当該吸収分割医療法人及び吸収分割承継医療法人の主たる事務所の所在地の全ての都道府県知事）の認可を受けなければ、その効力を生じない。
5　第55条第7項の規定は、前項の認可について準用する。

（新設）特別決議

第60条の4　医療法人は、前条第四項の認可があったときは、その認可の通知のあった日から2週間以内に、財産目録及び貸借対照表を作成しなければならない。
2　医療法人は、前条第四項の認可を受けた後分割に係る分割の登記がされるまでの間、前項の規定により作成した財産目録及び貸借対照表を主たる事務所に備え置き、その債権者から請求があった場合には、厚生労働省令で定めるところにより、これを閲覧に供しなければならない。

（新設）

第60条の5　医療法人は、前条第1項の期間内に、その債権者に対し、異議があれば一定の期間内に述べるべき旨を公告し、かつ、判明している債権者に対しては、各別にこれを催告しなければならない。ただし、その期間は、2月を下ることができない。
2　債権者が前項の期間内に吸収分割に対して異議を述べなかったときは、吸収分割を承認したものとみなす。
3　債権者が異議を述べたときは、医療法人は、これに弁済をし、若しくは相当の担保を提供し、又はその債権者に弁済を受けさせることを

（新設）

資料3　医療法（昭和23年法律第205号）（抄）（第1条関係）

目的として信託会社等に相当の財産を信託しなければならない。ただし、吸収分割をしてもその債権者を害するおそれがないときは、この限りでない。

第60条の6　吸収分割承継医療法人は、吸収分割契約の定めに従い、吸収分割医療法人の権利義務（当該医療法人がその行う事業の用に供する施設に関しこの法律の規定による許可その他の処分に基づいて有する権利義務を含む。）を承継する。

2　前項の規定にかかわらず、吸収分割医療法人の債権者であって、前条第1項の各別の催告を受けなかったものは、吸収分割契約において吸収分割後に吸収分割医療法人に対して債務の履行を請求することができないものとされているときであっても、吸収分割医療法人に対して、吸収分割医療法人が次条の分割の登記のあった日に有していた財産の価額を限度として、当該債務の履行を請求することができる。

3　第1項の規定にかかわらず、吸収分割医療法人の債権者であって、前条第1項の各別の催告を受けなかったものは、吸収分割契約において吸収分割後に吸収分割承継医療法人に対して債務の履行を請求することができないものとされているときであっても、吸収分割承継医療法人に対して、その承継した財産の価額を限度として、当該債務の履行を請求することができる。

第60条の7　吸収分割は、吸収分割承継医療法人が、その主たる事務所の所在地において政令で定めるところにより分割の登記をすることによって、その効力を生ずる。

第2目　新設分割

第61条　1又は2以上の医療法人がその事業に関して有する権利義務の全部又は一部を分割により設立する医療法人に承継させることをいう。以下この目において同じ。）をすることができる。この場合においては、新設分割計画を作成しなければならない。

2 ２以上の医療法人が共同して新設分割をする場合には、当該２以上の医療法人は、共同して新設分割計画を作成しなければならない。

第61条の２　１又は２以上の医療法人が新設分割をする場合には、新設分割計画において、次に掲げる事項を定めなければならない。　　　　　　　　　　　　　　　　　　　　　　　　　　　　　（新設）
 一　新設分割により設立する医療法人（以下この目において「新設分割設立医療法人」という。）の目的、名称及び主たる事務所の所在地
 二　新設分割設立医療法人の定款又は寄附行為で定める事項
 三　新設分割設立医療法人が新設分割により新設分割をする医療法人（以下この目において「新設分割医療法人」という。）から承継する資産、債務、雇用契約その他の権利義務に関する事項
 四　前３号に掲げる事項のほか、厚生労働省令で定める事項

第61条の３　第60条の３から第60条の５までの規定は、医療法人が新設分割をする場合について準用する。この場合において、第60条の３第１項及び第３項中「吸収分割契約」とあるのは「新設分割計画」と、同条第４項中「吸収分割医療法人」とあるのは「新設分割医療法人」と、「吸収分割承継医療法人」とあるのは「新設分割設立医療法人」と読み替えるものとする。　　　　　　　　　　　　　　　　　（新設）

第61条の４　新設分割設立医療法人は、新設分割計画の定めに従い、新設分割医療法人の権利義務（当該医療法人がその行う事業の用に供する施設に関しこの法律の規定による許可その他の処分に基づいて有する権利義務を含む。）を承継する。　　　　　　　　　　　　　　　　　　　　（新設）
２　前項の規定にかかわらず、新設分割計画において第60条の５第１項各別の催告を受けなかったものは、新設分割計画において新設分割後に新設分割医療法人に対して債務の履行を請求することができないものとされているときであっても、新設分割設立医療法人に対して、新設分割医療法人が次条の分割の登記のあった日に有していた財産の価額を限度として、当該債務の履行

資料３　医療法（昭和23年法律第205号）（抄）（第１条関係）

を請求することができる。
3　前項の規定にかかわらず、新設分割医療法人の債権者であって、前条において準用する第60条の五第一項の各別の催告を受けなかったものは、新設分割計画において新設分割後に新設分割設立医療法人に対して債務の履行を請求することができないものとされているときであっても、新設分割設立医療法人に対して、その承継した財産の価額を限度として、新設分割設立医療法人に対して、当該債務の履行を請求することができる。

第61条の5　新設分割は、新設分割設立医療法人が、その主たる事務所の所在地において政令で定めるところにより分割の登記をすることによって、その効力を生ずる。　　　　　　　　　　　　　　　　（新設）

第61条の6　第2節（第44条第2項、第4項及び第5項並びに第46条第2項を除く。）の規定は、新設分割設立医療法人の設立について、適用しない。　　　　　　　　　　　　　　　　　　　　　　　（新設）

第3目　雑則　　　　　　　　　　　　　　　　　　　　　　（新設）

第62条　会社分割に伴う労働契約の承継等に関する法律（平成12年法律第103号）第2条から第8条まで（第2条第3項及び第4条第3項各号を除く。）及び商法等の一部を改正する法律（平成12年法律第90号）附則第5条第1項の規定は、この款の規定により医療法人が分割をする場合について準用する。この場合において、会社分割に伴う労働契約の承継等に関する法律第2条第1項及び第2項中「承継会社等」とあるのは「承継医療法人等」と、同項第3項中「分割会社」とあるのは「分割医療法人」と、同条第3項中「次の各号に掲げる場合に応じ、当該各号に定める」とあるのは「医療法（昭和23年法律第205号）第61条の3同法第60条の3第4項の認可又は同項の通知のあった日から第60条の3第4項の認可又は同項の通知のあった日から第4条第5項で準用する2週間を経過する日まで第3条から第8条まで（第4条第3項を除く。）の規定中「分割会社」とあるのは「分割医療法人」

と、「承継会社等」とあるのは「次の各号に掲げる場合に応じ、当該各号に」と、同法第４条第３項中「第60条の３第４項の認可を受けて準用する同法第60条の３第４項又は第61条の３において読み替えて準用する同法第60条の３第４項の認可を受けた新設分割に係る分割の登記のあった日までの分割で医療法人が」と読み替えるものとするほか、必要な技術的読替えは、政令で定める。

第62条の２　民法（明治29年法律第89号）第398条の９第３項から第５項まで並びに第398条の10第１項及び第２項の規定は、この款の規定により医療法人が分割をする場合について準用する。この場合において、同法第398条の９第３項中「前２項」とあるのは「医療法（昭和23年法律第205号）第62条の２において準用する次条第１項又は第２項」と、「前項」とあるのは「同項」と読み替えるものとする。　（新設）

第３款　雑則　（新設）

第62条の３　この節に特に定めるもののほか、医療法人の合併及び分割に関し必要な事項は、政令で定める。　（新設）

第63条　都道府県知事は、医療法人の業務若しくは会計が法令、法令に基づく都道府県知事の処分、定款若しくは寄附行為に違反している疑いがあり、又はその運営が著しく適正を欠くと認めるときは、当該医療法人に対し、その業務若しくは会計の状況に関し報告を求め、又は当該職員に、その事務所に立ち入り、業務若しくは会計の状況を検査させることができる。

２　第６条の８第３項及び第４項の規定は、前項の規定による立入検査について準用する。

第64条　都道府県知事は、医療法人の業務若しくは会計が法令、法令に基づく都道府県知事の処分、定款若しくは寄附行為に違反し、又はそ

資料３　医療法（昭和23年法律第205号）（抄）（第１条関係）

の運営が著しく適正を欠くと認めるときは、当該医療法人に対し、期限を定めて、必要な措置をとるべき旨を命ずることができる。

2　医療法人が前項の命令に従わないときは、都道府県知事は、当該医療法人に対し、期間を定めて業務の全部若しくは一部の停止を命じ、又は役員の解任を勧告することができる。

3　都道府県知事は、前項の規定により、業務の停止を命じ、又は役員の解任を勧告するに当たつては、あらかじめ、都道府県医療審議会の意見を聴かなければならない。

第64条の2　都道府県知事は、社会医療法人が、次の各号のいずれかに該当する場合においては、社会医療法人の認定を取り消し、又は期間を定めて収益業務の全部若しくは一部の停止を命ずることができる。

一　第42条の2第1項各号に掲げる要件を欠くに至つたとき。
二　定款又は寄附行為で定めた業務以外の業務を行つたとき。
三　収益業務から生じた収益を当該社会医療法人が開設する病院、診療所又は介護老人保健施設の経営に充てなくなつたとき。
四　収益業務の継続が、社会医療法人が開設する病院、診療所又は介護老人保健施設（指定管理者として管理する病院等を含む。）の業務に支障があると認めるとき。
五　不正の手段により第42条の2第1項の認定を受けたとき。
六　この法律若しくはこの法律に基づく命令又はこれらに基づく処分に違反したとき。

2　都道府県知事は、前項の規定により認定を取り消し又は命令するに当たつては、あらかじめ、都道府県医療審議会の意見を聴かなければならない。

第65条　都道府県及び介護老人保健施設を休止した後又はすべての病院、診療所若しくは介護老人保健施設を廃止した後1年以内に正当の理由がないのに病院、診療所又は介護老人保健施設を開設しないとき、又は再開しないときは、設立の認可を取り消すことができる。

第66条　都道府県知事は、医療法人が法令の規定に違反し、又は法令の規定に基づく都道府県知事の命令に違反した場合においては、他の方法

により監督の目的を達することができないときに限り、設立の認可を取り消すことができる。
2　都道府県知事は、前項の規定により設立の認可を取り消すに当たっては、あらかじめ、都道府県医療審議会の意見を聴かなければならない。
第66条の2　厚生労働大臣は、第64条第1項及び第2項、第64条の2第1項、第65条並びに前条第1項の規定による処分を行わないことが著しく公益を害するおそれがあると認めるときは、都道府県知事に対し、これらの規定による処分を行うべきことを指示することができる。

○ 医療法（昭和23年法律第205号）（抄）（第2条関係）

【公布の日から起算して2年を超えない範囲内において政令で定める日施行】 平成29年9月28日

（下線の部分は改正部分）

改正後	改正前
目次 第1章～第5章（略） 第6章 医療法人 第1節～第8節（略） 第9節 監督（第63条―第69条） 第7章 地域医療連携推進法人 　第1節 認定（第70条―第70条の六） 　第2節 業務等（第70条の七―第70条の16） 　第3節 監督（第70条の17―第70条の23） 　第4節 雑則（第71条） 第8章 雑則（第72条―第76条） 第9章 罰則（第77条―第94条） 　附則 第6条の5　医業若しくは歯科医業又は病院若しくは診療所に関しては、文書その他いかなる方法によるを問わず、何人も次に掲げる事項を除くほか、これを広告してはならない。 一～五（略） 五の二　地域医療連携推進法人（第70条の4第1項に規定する地域医療連携推進法人をいう。第30条の4第10項において同じ。）の参加病院等（第70条の2第2項に規定する参加病院等をいう。）である場合には、その旨 六～十三（略） 第30条の4（略） 2～7（略）	目次 第1章～第5章（略） 第6章 医療法人 第1節～第8節（略） 第9節 監督（第63条―第71条） 第7章 雑則（第71条の二―第71条の六） 第8章 罰則（第71条の七―第77条） 　附則 第6条の5　医業若しくは歯科医業又は病院若しくは診療所に関しては、文書その他いかなる方法によるを問わず、何人も次に掲げる事項を除くほか、これを広告してはならない。 一～五（略） 五（新設） 六～十三（略） 第30条の4（略） 2～7（略）

- 289 -

8　都道府県は、第16項の規定により当該都道府県の医療計画が公示された後に、急激な人口の増加が見込まれることその他の政令で定める事情があるときは、政令で定めるところにより算定した数を、政令で定める区域の第二項第14号に規定する基準病床数とみなして、病院の開設の許可の申請に対する許可に係る事務を行うことができる。 9　都道府県は、第15項の規定により当該都道府県の医療計画が公示された後に、厚生労働省令で定める病床を含む病院の開設の許可の申請があった場合においては、政令で定める区域の第二項第14号に規定する基準病床数とみなして、当該申請に対する許可に係る事務を行うことができる。 （新設） 10〜15　（略） 第6章　医療法人 第46条の4の6　評議員会は、医療法人の業務若しくは財産の状況又は役員の業務執行の状況について、役員に対して意見を述べ、若しくはその諮問に答え、又は役員から報告を徴することができる。 2　理事長は、毎会計年度終了後三月以内に、決算及び事業の実績を評議員会に報告し、その意見を求めなければならない。	8　都道府県は、第16項の規定により当該都道府県の医療計画が公示された後に、急激な人口の増加が見込まれることその他の政令で定める事情があるときは、政令で定めるところにより算定した数を、政令で定める区域の第二項第14号に規定する基準病床数とみなして、病院の開設の許可の申請に対する許可に係る事務を行うことができる。 9　都道府県は、第16項の規定により当該都道府県の医療計画が公示された後に、厚生労働省令で定める病床を含む病院の開設の許可の申請があった場合においては、政令で定める区域の第二項第14号に規定する基準病床数とみなして、当該申請に対する許可に係る事務を行うことができる。 10　都道府県は、第16項の規定により当該都道府県の医療計画が公示された後に、地域医療連携推進法人（第70条第1項に規定する参加法人をいう。）から病院の開設の許可の申請その他の政令で定める申請があった場合において、当該申請が当該医療計画において定める地域医療構想の達成を推進するために必要なものであるときは、厚生労働省令で定める要件に該当すると認めるときは、当該申請に係る当該医療計画において定める第二項第14号に規定する基準病床数に政令で定めるところにより算定した数を加えた数を、当該基準病床数とみなして、当該申請に対する許可に係る事務を行うことができる。 11〜16　（略） 第6章　医療法人 第46条の4の6　評議員会は、医療法人の業務若しくは財産の状況又は役員の業務執行の状況について、役員に対して意見を述べ、若しくはその諮問に答え、又は役員から報告を徴することができる。 （削る。）

— 290 —

資料4　医療法（昭和23年法律第205号）（抄）（第2条関係）

第4節　計算	第4節　計算
第50条　医療法人の会計は、この法律及びこの法律に基づく厚生労働省令の規定によるほか、一般に公正妥当と認められる会計の慣行に従うものとする。	第50条　医療法人の会計は、一般に公正妥当と認められる会計の慣行に従うものとする。 （新設） 例1：取引について 　① 当該医療法人と行う取引の額が1,000万円以上であり、かつ、当該医療法人の費用の総額の10%以上 　② 負債の総額が当該医療法人の総資産の1％以上かつ、1,000万円を超える期末残高（平成29年4月2日から施行）
第50条の2　医療法人は、厚生労働省令で定めるところにより、適時に、正確な会計帳簿を作成しなければならない。 2　医療法人は、会計帳簿の閉鎖の時から10年間、その会計帳簿及びその事業に関する重要な資料を保存しなければならない。	
第51条　医療法人は、毎会計年度終了後二月以内に、事業報告書、財産目録、貸借対照表、損益計算書、関係事業者（理事長の配偶者など代表者であることその他の当該医療法人又はその役員と厚生労働省令で定める特殊の関係がある者をいう。）との取引の状況に関する報告書その他厚生労働省令で定める書類（以下「事業報告書等」という。）を作成しなければならない。	第51条　医療法人は、毎会計年度終了後三月以内に、事業報告書、貸借対照表、損益計算書その他の厚生労働省令で定める書類（以下「事業報告書等」という。）を作成しなければならない。
2　医療法人（その事業活動の規模その他の事情を勘案して厚生労働省令で定める基準に該当するものに限る。）は、前項の貸借対照表及び損益計算書を作成するにあたらない。	（新設） 負債の額が50億円以上又は収益の額が70億円以上ある医療法人をいう（平成29年4月2日から施行→具体的には平成31年3月31日終了事業年度から施行となる）。
3　医療法人は、貸借対照表及び損益計算書について、厚生労働省令で定めるところにより、当該貸借対照表及び損益計算書を保存しなければならない。	
4　医療法人は、事業報告書等について、厚生労働省令で定めるところにより、厚生労働省令で定める者の監査を受けなければならない。	2　理事は、事業報告書等を監事に提出しなければならない。
5　第二項の医療法人は、貸借対照表及び損益計算書について、厚生労働省令で定めるところにより、公認会計士若しくは監査法人の監査を受けなければならない。	3　社会医療法人（厚生労働省令で定めるものに限る。）は、財産目録、貸借対照表及び損益計算書を公認会計士又は監査法人に提出しなければならない。 （新設）
6　医療法人は、前二項の事業報告書等について、厚生労働省令で定めるところにより、理事会の承認を受けなければならない。	

第51条の2　社団たる医療法人の理事は、前条第6項の承認を受けた事業報告書等を社員総会に提出しなければならない。

2　理事は、前項の社員総会の招集の通知に際して、厚生労働省令で定めるところにより、社員に対し、前条第六項の承認を受けた事業報告書等を提供しなければならない。

3　第1項の規定により提出された事業報告書等（貸借対照表及び損益計算書に限る。）は、社員総会の承認を受けなければならない。

4　理事は、第1項の規定により提出された社員総会に報告しなければならない。（貸借対照表及び損益計算書を除く。）の内容を社員総会に報告しなければならない。

5　前各項の規定は、財団たる医療法人について準用する。この場合において、前各項中「社員総会」とあるのは「評議員会」と、第2項中「社員」とあるのは「評議員」と読み替えるものとする。

第51条の3　医療法人（その事業活動の規模その他の事情を勘案して厚生労働省令で定めるところに該当する者に限る。）は、厚生労働省令で定めるところにより、前条第3項（同条第5項において準用する場合を含む。）の承認を受けた事業報告書等（貸借対照表及び損益計算書に限る。）を公告しなければならない。

（新設）

第51条の4　医療法人（次項に規定する者を除く。）は、次に掲げる書類その他の主たる事務所に備えて置き、その社員若しくは評議員又は債権者から請求があった場合には、正当な理由がある場合を除いて、これを閲覧に供しなければならない。
　一　事業報告書等
　二　第46条の8第3号の監査報告書（以下「監事の監査報告書」という。）
　三　定款又は寄附行為

2　社団たる医療法人及び第51条第2項の医療法人にあっては、第51条の2第2項に掲げる書類（第2号に掲げる書類に限る。）をその主たる事務所に備えて置き、請求があった場合には、正当な理由がある場合を除いて、厚生労働省令で定めるところにより、これを閲覧に供しなければならない。

第51条の2　医療法人（社会医療法人を除く。）は、次に掲げる事項を各事務所に備えて置き、その社員若しくは評議員又は債権者から請求があった場合には、正当な理由がある場合を除いて、これを閲覧に供しなければならない。
　一　事業報告書等
　二　第46条の8第三号の監査報告書（以下「監事の監査報告書」という。）
　三　定款又は寄附行為

2　社会医療法人は、次に掲げる書類を各事務所に備えて置き、請求があった場合には、正当な理由がある場合を除いて、これを閲覧に供しなければならない。

（新設）

資料4　医療法（昭和23年法律第205号）（抄）（第2条関係）

ころにより、これを閲覧に供しなければならない。 一　前項各号に掲げる書類 二　公認会計士又は監査法人の監査法人の監査報告書（以下「公認会計士等の監査報告書」という。） 3　医療法人は、第51条の2第1項の社員総会の日（財団たる医療法人にあっては、同条第五項において準用する同条第一項の評議員会の日）の1週間前の日から5年間、事業報告書等、監査報告書及び公認会計士等の監査報告書をその主たる事務所に備え置かなければならない。 4　前3項の規定は、医療法人の従たる事務所における書類の備置き及び閲覧について準用する。この場合において、第1項中「書類」とあるのは「書類の写し」と、第2項中「限る。」とあるのは「3年間、「事業報告書等」とあるのは「事業報告書等の写し」と、前項中「5年間」とあるのは「3年間」と、「事業報告書等」とあるのは「事業報告書等の写し」と、「監査報告書」とあるのは「監査報告書の写し」と読み替えるものとする。 第52条　医療法人は、厚生労働省令で定めるところにより、毎会計年度終了後3月以内に、次に掲げる書類を都道府県知事に届け出なければならない。 一・二　（略） 三　第51条第2項の医療法人にあっては、公認会計士等の監査報告書 2　（略） 第9節　監督 （削る。） 第7章　地域医療連携推進法人 第1節　認定	一　前項各号に掲げる書類 二　前条第三項の社会医療法人の監査法人にあっては、公認会計士又は監査法人の監査報告書（以下「公認会計士等の監査報告書」という。） （新設） （新設） **事業報告書等** 第52条　医療法人は、厚生労働省令で定めるところにより、毎会計年度終了後3月以内に、次に掲げる書類を都道府県知事に届け出なければならない。 一・二　（略） 三　第51条第三項の社会医療法人にあっては、公認会計士等の監査報告書 2　（略） 第9節　監督 第70条及び第71条　削除 （新設） （新設）

第70条 次に掲げる法人(営利を目的とする法人(以下この章において「参加法人」という。)及び地域において良質かつ適切な医療を効率的に提供するために必要な者として厚生労働省令で定める者を社員とし、かつ、病院、診療所又は介護老人保健施設(以下この章において「病院等」という。)に係る業務の連携を推進するための方針(以下この章において「医療連携推進方針」という。)を定め、医療連携推進業務を行うことを目的とする一般社団法人は、定款において定める当該連携を推進する区域(以下「医療連携推進区域」という。)の属する都道府県(当該医療連携推進区域が2以上の都道府県にわたる場合にあっては、これらの都道府県のいずれか1の都道府県)の知事の認定を受けることができる。
 一 医療連携推進区域において、病院等を開設する法人
 二 医療連携推進区域において、介護事業(身体上又は精神上の障害があることにより日常生活を営むのに支障がある者に対し、入浴、排せつ、食事等の介護、機能訓練、看護及び療養上の管理その他のその者の能力に応じ自立した日常生活を営むことができるようにするための福祉サービス又は保健医療サービスを提供する事業をいう。)その他の地域包括ケアシステム(地域における介護の総合的な確保の促進に関する法律第二条第一項に規定する地域包括ケアシステムをいう。第70条の7において同じ。)の構築に資する事業(以下この章において「介護事業等」という。)に係る施設を開設し、又は管理する法人
2 前項の医療連携推進業務は、病院等に係る業務について、医療連携推進方針に沿った連携の推進を図ることを目的として行う次に掲げる業務その他の業務をいう。
 一 医療従事者の資質の向上を図るための研修
 二 病院等に係る業務に必要な医薬品、医療機器その他の物資の供給
 三 資金の貸付けその他の参加法人が病院等に係る業務を行うのに必要な資金を調達するための支援として厚生労働省令で定めるもの

第70条の2 前条第1項の認定(以下この章において「医療連携推進認

(新設)

― 294 ―

資料4　医療法（昭和23年法律第205号）（抄）（第２条関係）

定」という。）を受けようとする一般社団法人は、政令で定めるところにより、医療連携推進方針を添えて、都道府県知事に申請をしなければならない。

2　医療連携推進方針には、次に掲げる事項を記載しなければならない。
一　医療連携推進区域
二　参加法人が医療連携推進区域において開設する病院等（第４項及び第70条の11において「参加病院等」という。）相互間の機能の分担及び業務の連携に関する事項
三　前号に掲げる事項の目標に関する事項
四　その他厚生労働省令で定める事項

3　医療連携推進区域は、当該医療連携推進区域の属する都道府県の医療計画において定める構想区域を考慮して定めなければならない。　←地域医療機構

4　医療連携推進方針には、第２項各号に掲げる事項のほか、参加病院等及び参加介護施設等（参加法人が医療連携推進区域において開設し、又は管理する介護事業等に係る施設又は事業所をいう。第70条の11において同じ。）相互間の業務の連携に関する事項を記載することができる。

5　医療連携推進認定に係る申請に係る医療連携推進区域が２以上の都道府県にわたるときは、当該医療連携推進区域の属する都道府県の知事の協議により、医療連携推進認定を行うべき事務を行う都道府県知事を定めなければならない。この場合において、医療連携推進認定の申請を受けた都道府県知事は、医療連携推進認定に関する事務を行う都道府県知事として定められた都道府県知事に対し、医療連携推進認定に関する事務を行う都道府県知事を通知するものとする。

第70条の３　都道府県知事は、医療連携推進認定の申請をした一般社団法人が次に掲げる基準に適合すると認めるときは、当該一般社団法人について医療連携推進認定をすることができる。
一　医療連携推進業務（第70条第２項に規定する医療連携推進業務をいう。以下この章において同じ。）を行うことを主たる目的とするものであること。

（新設）

二 医療連携推進業務を行うのに必要な経理的基礎及び技術的能力を有するものであること。
三 医療連携推進業務を行うに当たり、当該一般社団法人の社員、理事、監事、職員その他の政令で定める関係者に対し特別の利益を与えないものであること。
四 医療連携推進業務以外の業務を行う場合には、医療連携推進業務以外の業務を行うことによって医療連携推進業務の実施に支障を及ぼすおそれがないものであること。
五 医療連携推進方針が前条第2項及び第3項の規定に違反していないものであること。
六 医療連携推進区域を定款で定めているものであること。
七 社員に、参加法人及び医療連携推進区域において良質かつ適切な医療を効率的に提供するために必要な者として厚生労働省令で定める者に限る旨を定款で定めているものであること。
八 病院等を開設する参加法人の数が二以上であるものであって、その他の参加法人の構成が第70条イ第1項に規定する目的（次号及び第10号イにおいて「医療連携推進目的」という。）に照らし、適当として厚生労働省令で定める要件を満たすものであること。
九 社員の資格の得喪に関して、医療連携推進目的に照らし、不当に差別的な取扱いをする条件その他の不当な条件を付していないものであること。
十 社員は、各1個の議決権を有するものであること。ただし、社員総会において、各1個の議決権を行使することができる事項、議決権の行使の条件その他の議決権に関する定めのいずれにも該当する場合は、この限りでない。
イ 社員の議決権の取扱いに関して、医療連携推進目的に照らし、不当に差別的な取扱いをしないものであること。
ロ 社員の議決権の取扱いに関して、社員が当該一般社団法人に対して提供した金銭その他の財産の価額に応じて異なる取扱いをしないものであること。

資料4　医療法（昭和23年法律第205号）（抄）（第2条関係）

十一　参加法人の有する議決権の合計が総社員の議決権の過半を占めているものであること。
十二　営利を目的とする団体又はその役員と利害関係を有することその他の事情により社員総会の決議に不当な影響を及ぼすおそれがある者として厚生労働省令で定めるものを社員並びに理事及び監事（次号において「役員」という。）としない旨を定款で定めているものであること。
十三　役員について、次のいずれにも該当するものであること。
　イ　役員として、理事3人以上及び監事1人以上を置くものであること。
　ロ　役員のうちには、各役員について、その配偶者及び三親等以内の親族その他各役員と厚生労働省令で定める特殊の関係がある者が役員の総数の3分の1を超えて含まれることがないものであること。　←同族関係人の私的支配を廃除
　ハ　理事のうちに少なくとも1人は、診療に関する学識経験者の団体の代表者その他の医療連携推進業務の効果的な実施のために必要な者として厚生労働省令で定める者であるものであること。
十四　代表理事を1人置いているものであること。
十五　理事会を置いているものであること。
十六　次に掲げる要件を満たす評議会（第70条の13第2項において「地域医療連携推進評議会」という。）を置く旨を定款で定めているものであること。
　イ　医療又は介護を受ける立場にある者、診療に関する学識経験者の団体その他の関係団体、学識経験を有する者その他の関係者をもって構成するものであること。　←附帯決議で「医師又は歯科医師」を原則とする
　ロ　当該一般社団法人が次号の目的に照らして意見を述べることができるものであるに当たり、当該一般社団法人に対し、必要な意見を述べることができるものであること。
　ハ　前条第2項第3号の目的に照らして評価を行い、必要があると認めるときは、社員総会及び理事会において意見を述べることができるものであること。

十七　参加法人が次に掲げる事項その他の重要な事項を決定するに当たっては、あらかじめ、当該一般社団法人に意見を求めるものであることらないものとする旨を定款で定めているものであること。
　イ　予算の決定又は変更
　ロ　借入金（当該会計年度内の収入をもって償還する一時の借入金を除く。）の借入れ
　ハ　重要な資産の処分
　ニ　事業計画の決定又は変更
　ホ　定款又は寄附行為の変更
　ヘ　合併又は分割
　ト　目的たる事業の成功の不能その他の厚生労働省令で定める事由による解散
十八　第70条の21第1項又は第2項の規定による医療連携推進認定の取消しの処分を受けた場合において、第70条の22において読み替えて準用する公益社団法人及び公益財団法人の認定等に関する法律（平成18年法律第49号）第30条第2項に規定する額の財産を当該医療連携推進目的取得財産残額があるときは、これに相当する額の財産を1月以内に国若しくは地方公共団体又は医療連携推進認定を取り消された者その他その医療を提供する者であって厚生労働省令で定めるもの（次号において「国等」という。）に贈与する旨を定款で定めているものであること。
十九　清算をする場合において残余財産を国等に帰属させる旨を定款で定めているものであること。
二十　前各号に掲げるもののほか、医療連携推進業務を適切に行うために必要なものとして厚生労働省令で定める要件に該当するものであること。
2　都道府県知事は、医療連携推進認定をするに当たっては、当該都道府県の医療計画において定める地域医療構想との整合性に配慮するとともに、あらかじめ、都道府県医療審議会の意見を聴かなければならない。

...................................資料4　医療法（昭和23年法律第205号）（抄）（第2条関係）

(新設)

第70条の4　次のいずれかに該当する一般社団法人は、医療連携推進認定を受けることができない。
一　その理事及び監事のうちに、次のいずれかに該当する者があるもの
　イ　地域医療連携推進法人（次条第1項に規定する地域医療連携推進法人をいう。）が第70条の21第1項又は第2項の規定により医療連携推進認定を取り消された場合において、その取消しの原因となった事実があった日以前1年内に当該地域医療連携推進法人の業務を行う理事であった者でその取消しの日から5年を経過しないもの
　ロ　この法律その他保健医療又は社会福祉に関する法律で政令で定めるものの規定により罰金以上の刑に処せられ、その執行を終わり、又は執行を受けることがなくなった日から起算して5年を経過しない者
　ハ　禁錮以上の刑に処せられ、その執行を終わり、又は執行を受けることがなくなった日から5年を経過しない者
　ニ　暴力団員による不当な行為の防止等に関する法律（平成3年法律第77号）第2条第6号に規定する暴力団員（以下この号において「暴力団員」という。）又は暴力団員でなくなった日から5年を経過しない者（第3号において「暴力団員等」という。）
二　第70条の21第1項又は第2項の規定により医療連携推進認定を取り消され、その取消しの日から5年を経過しないもの
三　暴力団員等がその事業活動を支配するもの

(新設)

第70条の5　医療連携推進認定を受けた一般社団法人（以下「地域医療連携推進法人」という。）は、その名称中に地域医療連携推進法人という文字を用いなければならない。
2　地域医療連携推進法人は、その名称中の一般社団法人の文字を地域医療連携推進法人と変更する定款の変更をしたものとみなす。
3　前項の規定による名称の変更の登記の申請書には、医療連携推進認定を受けたことを証する書面を添付しなければならない。

- 299 -

4 地域医療連携推進法人でない者は、その名称又は商号中に、地域医療連携推進法人であると誤認されるおそれのある文字を用いてはならない。

5 地域医療連携推進法人は、不正の目的をもって、他の地域医療連携推進法人であると誤認されるおそれのある名称又は商号を使用してはならない。

第70条の6 都道府県知事は、医療連携推進認定をしたときは、厚生労働省令で定めるところにより、その旨を公示しなければならない。 (新設)

第2節 業務等 (新設)

第70条の7 地域医療連携推進法人は、自主的にその運営基盤の強化を図るとともに、その医療連携推進区域において病院等を開設し、又は介護事業に係る施設若しくは事業所を開設し、若しくは管理する参加法人の業務の連携の推進及びその運営の透明性の確保に係る事業等の推進並びに地域包括ケアシステムの構築に資する役割を積極的に果たすよう努めなければならない。 (新設)

第70条の8 地域医療連携推進法人は、医療連携推進方針において、第70条の2第4項に規定する事項を記載する場合に限り、参加法人が開設する病院等及び参加法人が開設し、又は管理する介護事業等に係る施設又は事業所に係る業務について、医療連携推進方針に沿った連携の推進又は事業所に係る業務を目的とする業務を行うことができる。 (新設)

2 地域医療連携推進法人は、次に掲げる業務を行う場合に限り、出資を行うことができる。
一 出資を受ける事業者が医療連携推進区域における医療連携推進業務と関連する事業を行うものであること。
二 出資に係る収益を医療連携推進業務に充てるものであること。
三 その他医療連携推進業務の実施に支障を及ぼすおそれがないものとして厚生労働省令で定める要件に該当するものであること。

資料4　医療法（昭和23年法律第205号）（抄）（第2条関係）

(新設)

3　地域医療連携推進法人が、病院等を開設（地方自治法第244条の2第3項に規定する指定管理者として行う公の施設である病院等の管理を含む。）し、又は介護事業等に係る施設若しくは事業所であって厚生労働省令で定めるものを開設し、若しくは管理しようとするときは、あらかじめ、医療連携推進業務の実施に支障のないことについて、医療連携推進認定をした都道府県知事（以下この章において「認定都道府県知事」という。）の確認を受けなければならない。

4　地域医療連携推進法人は、前項の確認を受けなければ、病院の開設の許可の申請、社会福祉法第62条第2項の許可（厚生労働省令で定める施設の設置に係るものに限る。）の申請その他の厚生労働省令で定める申請をすることができない。

5　認定都道府県知事は、第3項の確認をし、又は確認をしない処分をするに当たっては、あらかじめ、都道府県医療審議会の意見を聴かなければならない。

第70条の9　公益社団法人及び公益財団法人の認定等に関する法律第18条の規定は、地域医療連携推進法人について準用する。この場合において、同条中「公益目的事業」とあるのは「医療連携推進目的事業」と、「公益目的財産」とあるのは「医療法（昭和23年法律第205号）第70条第2項に規定する医療連携推進業務（以下この条において「医療連携推進業務」という。）と、「公益認定」とあるのは「医療連携推進認定」と、「公益目的事業」とあるのは「医療法第70条の2第1項に規定する医療連携推進認定（以下この条において「医療連携推進認定」という。）」と、「公益目的事業」とあるのは「医療連携推進業務」と、同条第2号及び第3号中「公益認定」とあるのは「医療連携推進認定」と、同条第4号中「公益認定」とあるのは「医療連携推進認定」と、「収益事業等」とあるのは「医療連携推進業務以外の業務」と、「内閣府令」とあるのは「厚生労働省令」と、同条第7号中「公益認定」とあるのは「医療連携推進認定」と、「内閣府令」とあるのは「厚生労働省令」と、「公益目的事業」とあるのは

- 301 -

「医療連携推進業務」と、同条第八号中「公益目的事業」とあるのは「医療連携推進業務」と、「内閣府令」とあるのは「厚生労働省令」と読み替えるものとする。

第70条の10　第41条の規定は、地域医療連携推進法人について準用する。この場合において、同条第2項中「医療法人の開設する医療機関の規模等」とあるのは、「第70条の5第1項に規定する地域医療連携推進法人が行う第70条第2項に規定する医療連携推進業務」と読み替えるものとする。（新設）

第70条の11　参加法人は、その開設する参加病院等及び参加介護施設等に係る業務について、医療連携推進方針に沿った連携の推進が図られることを示すための標章を当該参加病院等及び参加介護施設等に掲示しなければならない。（新設）

第70条の12　第46条の5の3第3項の規定は、地域医療連携推進法人の理事について準用し、第46条の5の9項及び第46条の5の3第3項の規定は、地域医療連携推進法人の監事について準用する。
2　地域医療連携推進法人の監事に関する一般社団法人及び一般財団法人に関する法律第100条の規定の適用については、同条中「理事、理事会設置一般社団法人にあっては、理事会」とあるのは、「認定都道府県知事（医療法（昭和23年法律第205号）第70条の8第3項に規定する認定都道府県知事をいう。）、社員総会又は理事会」とする。（新設）

第70条の13　地域医療連携推進法人は、第70条の3第1項第16号への評価の結果を公表しなければならない。
2　地域医療連携推進法人は、第70条の3第1項第16号への地域医療連携推進評議会の意見を尊重するものとする。（新設）

第70条の14　前章第4節（第50条、第50条の2、第51条の2第5項及び第51条の4第1項を除く。）の規定は、地域医療連携推進法人の計算

資料4　医療法（昭和23年法律第205号）（抄）（第２条関係）

第70条の15　前章第７節（第55条第１項（第４号及び第７号に係る部分に限る。）及び第３項を除く。）の規定は、地域医療連携推進法人の解散及び清算について準用する。この場合において、同条第６項中「都道府県知事」とあるのは「認定都道府県知事（第70条の８第３項に規定する認定都道府県知事をいう。以下この節において同じ。）」と、同条第７項及び第８項中「都道府県知事」とあるのは「認定都道府県知事」と、同項中「若しくは第５号又は第56条第１号」とあるのは「第56条第１項及び第56条の３中「合併及び破産手続開始」とあるのは「破産手続開始」と、第56条の６及び第56条の11中「都道府県知事」とあるのは「認定都道府県知事、

（新設）

について準用する。この場合において、第51条第１項中「関する報告書」とあるのは「関する報告書、第70条第２項第３号の支援及び第70条の８第２項（その事業活動の状況に関する報告書、同条第２項中「医療法人（その事業活動の規模その他の事情を勘案して厚生労働省令で定める基準に該当する者に限る。）」とあり、及び第51条の３中「厚生労働省令で定める基準に該当する者に限る。）」とあり、及び第51条の３中「厚生労働省令で定める基準に該当する者に限る。）」とあるのは「地域医療推進法人」と、同条中「前条第３項」とあるのは「第51条第五項」と、第51条の４第２項中「社会医療法人を除く。）」とあるのは「地域医療連携推進法人」と、「書類（第２号に掲げる書類に限る。）」とあるのは「書類」と、同項第１号中「前項各号に掲げる書類」とあるのは「事業報告書等、第46条の８第３号の監査報告書及び定款」と、同条第３項中「監査報告書」とあるのは「第46条の８第３号の監査報告書」と、同条第４項中「前項」とあるのは「前項第２項」と、第52条第１項第２号中「監事の監査報告書」とあるのは「第46条の８第３号の監査報告書」と、第51条第２項の医療法人にあっては、公認会計士等」と読み替えるものとする。

- 303 -

の12第1項中「清算」とあるのは「清算(第70条の15において読み替えて準用するこの節(第55条第1項(第4号及び第7号に係る部分に限る。)及び第3項を除く。)及び解散及び清算に係る部分に限る。)」と、同条第3項及び第4項中「都道府県知事」とあるのは「認定都道府県知事」と読み替えるものとする。

第70条の16 地域医療連携推進法人については、一般社団法人及び一般財団法人に関する法律第5条第1項、第49条第2項(第6号に係る部分(同法第148条第3号の社員総会に係る部分に限る。)、第67条第1項及び第3項並びに第5章の規定は、適用しない。 (新設)

第3節 監督 (新設)

第70条の17 一般社団法人及び一般財団法人に関する法律第11条第1項各号に掲げる事項並びに第70条の3第1項第6号、第7号、第12号及び第19号から第16号までに規定する定款の定めのほか、地域医療連携推進法人は、その定款において、次に掲げる事項を定めなければならない。 (新設)
一 資産及び会計に関する規定
二 役員に関する規定
三 理事会に関する規定
四 解散に関する規定
五 定款の変更に関する規定
六 開設している病院等(指定管理者として管理する病院等を含む。)又は開設し、若しくは管理している介護事業等に係る施設若しくは事業所であって厚生労働省令で定めるものがある場合には、その名称及び所在地

第70条の18 第54条の9(第1項及び第2項を除く。)の規定は、地域医療連携推進法人の定款の変更について準用する。この場合において、同条第3項中「都道府県知事」とあるのは「認定都道府県知事(第70 (新設)

資料4　医療法（昭和23年法律第205号）（抄）（第２条関係）

条の８第３項に規定する認定都道府県知事をいう。次項及び第５項において同じ。）」と、同条第４項中「都道府県知事」とあるのは「認定都道府県知事」と、「第45条第１項に規定する事項及び」とあるのは「当該申請に係る地域医療連携推進法人（第70条の５第１項に規定する地域医療連携推進法人をいう。）の資産が第41条の要件に該当しているかどうか及び変更後の定款の内容が法令の規定に違反していないかどうか並びに」と、同条第５項中「都道府県知事」とあるのは「認定都道府県知事」と読み替えるものとする。
2　認定都道府県知事は、前項において準用する第54条の９第３項の認可（前条第６号に掲げる事項その他の厚生労働省令で定める重要な事項に係るものに限る。以下この項において同じ。）をし、又は認可をしない処分をするに当たっては、あらかじめ、都道府県医療審議会の意見を聴かなければならない。

（新設）

第70条の19　代表理事の選定及び解職の認可は、認定都道府県知事の認可を受けなければ、その効力を生じない。
2　認定都道府県知事は、前項の認可をし、又は認可をしない処分をするに当たっては、あらかじめ、都道府県医療審議会の意見を聴かなければならない。

（新設）

第70条の20　第６条の８第３項及び第４項、第63条第１項並びに第64条の規定は、地域医療連携推進法人について準用する。この場合において、第６条の８第３項及び第４項中「第１項」とあるのは「第70条の20において準用する第63条第１項」と、「都道府県知事」とあるのは「認定都道府県知事」と、第63条第１項中「都道府県知事は」とあるのは「認定都道府県知事（第70条の８第３項に規定する認定都道府県知事をいう。以下この項及び次条において同じ。）は」と、「都道府県知事の」とあるのは「認定都道府県知事の」と、第64条中「都道府県知事」とあるのは「認定都道府県知事」と読み替えるものとする。

(新設)

第70条の21　認定都道府県知事は、地域医療連携推進法人が、次の各号のいずれかに該当する場合においては、その医療連携推進認定を取り消さなければならない。
　一　第70条の４第１号又は第３号に該当するに至ったとき。
　二　偽りその他不正の手段により医療連携推進認定を受けたとき。
２　認定都道府県知事は、地域医療連携推進法人が、次の各号のいずれかに該当する場合においては、その医療連携推進認定を取り消すことができる。
　一　第70条の３第１項各号のいずれかに適合しなくなったとき。
　二　地域医療連携推進法人から医療連携推進認定の取消しの申請があったとき。
　三　この法律若しくはこの法律に基づく命令又はこれらに基づく処分に違反したとき。
３　認定都道府県知事は、前二項の規定により医療連携推進認定を取り消すに当たっては、あらかじめ、都道府県医療審議会の意見を聴かなければならない。
４　認定都道府県知事は、第１項又は第２項の規定により医療連携推進認定を取り消したときは、厚生労働省令で定めるところにより、その旨を公示しなければならない。
５　第１項又は第２項の規定による医療連携推進認定の取消しの処分を受けた地域医療連携推進法人は、その名称中の地域医療連携推進法人という文字を一般社団法人と変更する定款の変更をしたものとみなす。
６　認定都道府県知事は、第１項又は第２項の規定による医療連携推進認定の取消しをしたときは、遅滞なく、当該地域医療連携推進法人の主たる事務所及び従たる事務所の所在地を管轄する登記所に当該地域医療連携推進法人の名称の変更の登記を嘱託しなければならない。
７　前項の規定による名称の変更の登記の嘱託書には、当該登記の原因となる事由に係る処分を行ったことを証する書面を添付しなければならない。

資料4　医療法（昭和23年法律第205号）（抄）（第2条関係）

第70条の22　公益社団法人及び公益財団法人の認定等に関する法律第30条の規定は、認定都道府県知事が第1項又は第2項の規定により医療連携推進認定を取り消した場合について準用する。この場合において、同法第30条中「公益目的取得財産残額」とあるのは「医療連携推進目的取得財産残額」と、同条第1項中「場合又は公益法人が合併により消滅する場合（その権利義務を承継する法人が公益法人であるときを除く。）」とあるのは「場合」と、同条第5項第17号中「あるのは「医療法（昭和23年法律第205号）第70条の3第1項第18号」と、「日又は合併の日から」とあるのは「日から」と、「内閣総理大臣又は行政庁である認定都道府県知事」とあるのは国、都道府県知事（同法第70条の8第3項に規定する認定都道府県知事）と読み替えるものとする。（同条第4項において同じ。）」と、第4項にあっては当該「認定都道府県知事」の管轄する。「法人又は当該合併後存続する法人」とあるのは「法人」と、「認定取消法人等」とあるのは「認定取消法人」と、同条第2項第1号中「公益認定を受けた日前に取得した」とあるのは、公益認定、公益目的事業財産（第18条第6号に掲げるものを除く。）」とあるのは「医療連携推進目的事業財産（医療法第70条の9において準用する第18条において同じ。）」と、同項第3号中「公益目的事業」とあるのは「に医療連携推進事業」と、次号及び第3号中「公益目的事業」とあるのは「医療連携推進事業」と、同条第3項中「内閣府令」とあるのは「厚生労働省令」と、同条第4項中「認定取消法人等」とあるのは「認定取消法人」と、「国又は」とあるのは「認定都道府県知事の管轄する」、同条第5項中「第5条第17号」とあるのは「医療法第70条の3第1項第18号」と読み替えるものとする。

（新設）

第70条の23　第66条の2及び第67条の規定は、地域医療連携推進法人について準用する。この場合において、第66条の2中「第64条第1項及び第2項、第64条の2第1項、第65条並びに前条第1項及び第2項」とあるのは「第64条第1項及び第2項、第65条並びに同条第3項において準用する第64条第1項及び第2項」と、第67条中「第5条第17号」とあるのは「医療法第70条の20において準用する第64条第1項及び第1項第18号」と読み替えるものとする。

（新設）

― 307 ―

２項並びに第70条の21第１項及び第２項」と、「都道府県知事」とあるのは「認定都道府県知事（第70条の８第３項に規定する認定都道府県知事をいう。第67条第１項及び第３項において同じ。）」と、第67条第１項中「都道府県知事」とあるのは「認定都道府県知事」と、「第44条第１項、第55条第６項、第58条の２第４項（第59条の２において読み替えて準用する場合を含む。）若しくは第60条の３第４項（第61条の３において読み替えて準用する場合を含む。）」とあるのは「医療連携推進認定若しくは第70条の15において読み替えて準用する第55条第６項」と、「第64条第２項」とあるのは「第70条の20において読み替えて準用する第64条第２項、同条第３項中「都道府県知事」とあるのは「認定都道府県知事」と読み替えるものとする。

第４節 雑則 (新設)

第71条 この章に特に定めるもののほか、医療連携推進区域が２以上の都道府県にわたる場合における医療連携推進認定及び地域医療連携推進法人の監督その他の医療連携推進認定及び地域医療連携推進法人の監督に関し必要な事項は政令で、その他この章の規定の施行に関し必要な事項は厚生労働省令で、それぞれ定める。 (新設)

資料5　医療法人会計基準（様式）

様式第一号

法人名　_____　　※医療法人整理番号 □□□□
所在地　_____

貸　借　対　照　表
（平成　年　月　日現在）

（単位：千円）

資　産　の　部		負　債　の　部	
科　　目	金　　額	科　　目	金　　額
Ⅰ　流　動　資　産	×××	Ⅰ　流　動　負　債	×××
現　金　及　び　預　金	×××	支　払　手　形	×××
事　業　未　収　金	×××	買　　掛　　金	×××
有　価　証　券	×××	短　期　借　入　金	×××
た　な　卸　資　産	×××	未　　払　　金	×××
前　　渡　　金	×××	未　　払　　費　　用	×××
前　払　費　用	×××	未　払　法　人　税　等	×××
繰　延　税　金　資　産	×××	未　払　消　費　税　等	×××
その他の流動資産	×××	繰　延　税　金　負　債	×××
Ⅱ　固　定　資　産	×××	前　　受　　金	×××
1　有形固定資産	×××	預　　り　　金	×××
建　　　　物	×××	前　受　収　益	×××
構　　築　　物	×××	○　○　引　当　金	×××
医　療　用　器　械　備　品	×××	その他の流動負債	×××
その他の器械備品	×××	Ⅱ　固　定　負　債	×××
車　両　及　び　船　舶	×××	医　療　機　関　債	×××
土　　　　地	×××	長　期　借　入　金	×××
建　設　仮　勘　定	×××	繰　延　税　金　負　債	×××
その他の有形固定資産	×××	○　○　引　当　金	×××
2　無形固定資産	×××	その　他　の　固　定　負　債	×××
借　　地　　権	×××	負　債　合　計	×××
ソ　フ　ト　ウ　ェ　ア	×××	純　資　産　の　部	
その他の無形固定資産	×××	科　　目	金　　額
3　その　他　の　資　産	×××	Ⅰ　基　　　　　金	×××
有　価　証　券	×××	Ⅱ　積　　立　　金	×××
長　期　貸　付　金	×××	代　替　基　金	×××
保有医療機関債	×××	○　○　積　立　金	×××
その他長期貸付金	×××	繰越利益積立金	
役職員等長期貸付金	×××	Ⅲ　評価・換算差額等	
長　期　前　払　費　用	×××	その他有価証券評価差額金	×××
繰　延　税　金　資　産	×××	繰延ヘッジ損益	×××
その他の固定資産	×××	純　資　産　合　計	×××
資　産　合　計	×××	負　債・純　資　産　合　計	×××

（注）1．表中の科目について、不要な科目は削除しても差し支えないこと。また、別に表示することが適当であると認められるものについては、当該資産、負債及び純資産を示す名称を付した科目をもって、別に掲記することを妨げないこと。
　　　2．社会医療法人及び特定医療法人については、純資産の部の基金の科目を削除すること。
　　　3．経過措置医療法人は、純資産の部の基金の科目の代わりに出資金とするとともに、代替基金の科目を削除すること。

様式第二号

法人名 _____　　※医療法人整理番号 ☐☐☐☐
所在地 _____

損 益 計 算 書
（自 平成　年　月　日 至 平成　年　月　日）

（単位：千円）

科　目	金	額
Ⅰ　事　業　損　益		
A　本来業務事業損益		
1　事　業　収　益		×××
2　事　業　費　用		
(1)事　業　費	×××	
(2)本　部　費	×××	×××
本来業務事業利益		×××
B　附帯業務事業損益		
1　事　業　収　益		×××
2　事　業　費　用		×××
附帯業務事業利益		×××
C　収益業務事業損益		
1　事　業　収　益		×××
2　事　業　費　用		×××
収益業務事業利益		×××
事　業　利　益		×××
Ⅱ　事　業　外　収　益		
受　取　利　息	×××	
その他の事業外収益	×××	×××
Ⅲ　事　業　外　費　用		
支　払　利　息	×××	
その他の事業外費用	×××	×××
経　常　利　益		×××
Ⅳ　特　別　利　益		
固定資産売却益	×××	
その他の特別利益	×××	×××
Ⅴ　特　別　損　失		
固定資産売却損	×××	
その他の特別損失	×××	×××
税引前当期純利益		×××
法人税・住民税及び事業税	×××	
法　人　税　等　調　整　額	×××	×××
当　期　純　利　益		×××

（注）1．利益がマイナスとなる場合には、「利益」を「損失」と表示すること。
　　　2．表中の科目について、不要な科目は削除しても差し支えないこと。また、別に表示することが適当で
　　　　あると認められるものについては、当該事業損益、事業外収益、事業外費用、特別利益及び特別損失を
　　　　を示す名称を付した科目をもって、別に掲記することを妨げないこと。

資料5　医療法人会計基準（様式）

重要な会計方針等の記載及び貸借対照表等に関する注記

1　継続事業の前提に関する事項

2　資産の評価基準及び評価方法

3　固定資産の減価償却の方法

4　引当金の計上基準

5　消費税及び地方消費税の会計処理の方法

6　その他貸借対照表等作成のための基本となる重要な事項

7　重要な会計方針を変更した旨等

8　資産及び負債のうち収益業務に関する事項・収益業務からの繰入金の状況に関する事項

9　担保に供されている資産に関する事項

10　法第51条第1項に規定する関係事業者に関する事項
（1）法人である関係事業者

種類	名称	所在地	総資産額（千円）	事業内容	関係事業者との関係	取引の内容	取引金額（千円）	科目	期末残高（千円）

取引条件及び取引条件の決定方針等

（2）個人である関係事業者

種類	氏名	職業	関係事業者との関係	取引の内容	取引金額（千円）	科目	期末残高（千円）

取引条件及び取引条件の決定方針等

11　重要な偶発債務に関する事項

12　重要な後発事象に関する事項

13　その他医療法人の財政状態又は損益の状況を明らかにするために必要な事項

（該当する事項がない項目については、項目の掲記を省略することができる。）

資料5　医療法人会計基準（様式）

様式第三号

法人名 ＿＿＿＿＿＿＿＿＿＿＿＿＿＿＿＿＿＿＿＿＿　　※医療法人整理番号 ☐☐☐☐
所在地 ＿＿＿＿＿＿＿＿＿＿＿＿＿＿＿＿＿＿＿＿＿

財　産　目　録

（平成　年　月　日現在）

1. 資　産　額　　　　×××千円
2. 負　債　額　　　　×××千円
3. 純 資 産 額　　　　×××千円

（内　訳）　　　　　　　　　　　　　　　　　　　　　　　　（単位：千円）

区　分	金　額
A　流　動　資　産	×××
B　固　定　資　産	×××
C　資　産　合　計　　　　　　（A＋B）	×××
D　負　債　合　計	×××
E　純　資　産　　　　　　　　（C－D）	×××

（注）財産目録の価額は、貸借対照表の価額と一致すること。

土地及び建物について、該当する欄の☐を塗りつぶすこと。
　　土　　地　（☐ 法人所有　☐ 賃借　☐ 部分的に法人所有(部分的に賃借)）
　　建　　物　（☐ 法人所有　☐ 賃借　☐ 部分的に法人所有(部分的に賃借)）

様式第四号

法人名 _____
所在地 _____

純 資 産 変 動 計 算 書
（自 平成　年　月　日 至 平成　年　月　日）

	基金 （又は出資金）	積立金				評　価
		代替基金	○○積立金	繰越利益積立金	積立金合計	その他有価証券評価差額金
平成　年　月　日　残高	×××	×××	×××	×××		×××
会計年度中の変動額						
当期純利益				×××	×××	
・・・・・・・・・・						
・・・・・・・・・・						
会計年度中の変動額合計	×××	×××	×××	×××	×××	×××
平成　年　月　日　残高	×××	×××	×××	×××	×××	×××

１．純資産の変動事由及び金額の掲載は、概ね貸借対照表における記載の順序によること。
２．評価・換算差額等は、科目ごとの記載に代えて評価・換算差額等の合計額を、前会計年度末残高、会計年度中の変動額とができる。この場合には、科目ごとのそれぞれの金額を注記すること。
３．積立金及び純資産の各合計欄の記載は省略することができる。

資料5　医療法人会計基準（様式）

様式第五号

法人名 _____　　※医療法人整理番号 □□□□

所在地 _____

有 形 固 定 資 産 等 明 細 表

資産の種類		前期末残高 （千円）	当期増加額 （千円）	当期減少額 （千円）	当期末残高 （千円）	当期末減価償却累計額又は償却累計額 （千円）	当期償却額 （千円）	差　引 当期末残高 （千円）
有形固定資産								
	計							
無形固定資産								
	計							
その他の資産								
	計							

1．有形固定資産、無形固定資産及びその他の資産について、貸借対照表に掲げられている科目の区分により記載すること。
2．「前期末残高」、「当期増加額」、「当期減少額」及び「当期末残高」の欄は、当該資産の取得原価によって記載すること。
3．当期末残高から減価償却累計額又は償却累計額を控除した残高を、「差引当期末残高」の欄に記載すること。
4．合併、贈与、災害による廃棄、滅失等の特殊な事由で増加若しくは減少があった場合又は同一の種類のものについて資産の総額の1％を超える額の増加は、その事由を欄外に記載すること。若しくは減少があった場合（ただし、建設仮勘定の減少のうち各資産科目への振替によるものは除く。）
5．特別の法律の規定により資産の再評価が行われた場合その他特別の事由により取得原価の修正が行われた場合には、当該再評価差額等については、「当期増加額」又は「当期減少額」の欄に内書（括弧書）として記載し、その増減の事由を欄外に記載すること。
6．有形固定資産又は無形固定資産の金額が資産の総額の1％以下である場合又は有形固定資産及び無形固定資産の当該会計年度におけるそれぞれの増加額及び減少額がいずれも当該会計年度における有形固定資産又は無形固定資産の総額の5％以下である場合には、有形固定資産又は無形固定資産に係る記載中「前期末残高」、「当期増加額」及び「当期減少額」の欄の記載を省略することができる。なお、記載を省略した場合には、その旨注記すること。

様式第六号

法人名 _____　　※医療法人整理番号 ☐☐☐☐
所在地 _____

引 当 金 明 細 表

区　　分	前期末残高 （千円）	当期増加額 （千円）	当期減少額 （目的使用） （千円）	当期減少額 （その他） （千円）	当期末残高 （千円）

1．前期末及び当期末貸借対照表に計上されている引当金について、設定目的ごとの科目の区分により記載すること。
2．「当期減少額」の欄のうち「目的使用」の欄には、各引当金の設定目的である支出又は事実の発生があったことによる取崩額を記載すること。
3．「当期減少額」の欄のうち「その他」の欄には、目的使用以外の理由による減少額を記載し、減少の理由を注記すること。

資料５　医療法人会計基準（様式）

様式第七号

法人名　_____　　※医療法人整理番号 ☐☐☐☐☐
所在地　_____

借　入　金　等　明　細　表

区　　　　分	前期末残高 （千円）	当期末残高 （千円）	平均利率 （％）	返済期限
短期借入金				－
１年以内に返済予定の 長期借入金				－
長期借入金（１年以内に 返済予定のものを除く。）				
その他の有利子負債				
合　　　計			－	－

１．短期借入金、長期借入金（貸借対照表において流動負債として掲げられているものを含む。以下同じ。）
　及び金利の負担を伴うその他の負債（以下「その他の有利子負債」という。）について記載すること。
２．重要な借入金で無利息又は特別の条件による利率が約定されているものがある場合には、その内容を欄外
　に記載すること。
３．「その他の有利子負債」の欄は、その種類ごとにその内容を示したうえで記載すること。
４．「平均利率」の欄には、加重平均利率を記載すること。
５．長期借入金（１年以内に返済予定のものを除く。）及びその他の有利子負債については、貸借対照表日後
　５年内における１年ごとの返済予定額の総額を注記すること。

様式第八号

法人名　_____　　※医療法人整理番号 □□□□
所在地　_____

有　価　証　券　明　細　表

【債券】

銘　　　　　柄	券　面　総　額 （千円）	貸借対照表価額 （千円）
計		

【その他】

種　類　及　び　銘　柄	口　数　等	貸借対照表価額 （千円）
計		

1．貸借対照表の流動資産及びその他の資産に計上されている有価証券について記載すること。
2．流動資産に計上した有価証券とその他の資産に計上した有価証券を区分し、さらに満期保有目的の債券及びその他有価証券に区分して記載すること。
3．銘柄別による有価証券の貸借対照表価額が医療法人の純資産額の1％以下である場合には、当該有価証券に関する記載を省略することができる。
4．「その他」の欄には有価証券の種類（金融商品取引法第2条第1項各号に掲げる種類をいう。）に区分して記載すること。

資料5　医療法人会計基準（様式）

様式第九の一号

法人名 _____　※医療法人整理番号 ☐☐☐☐
所在地 _____

事　業　費　用　明　細　表

(単位：千円)

区　　　分	本来業務事業費用			附帯業務事業費用	収益業務事業費用	合　計
	事業費	本部費	計			
材料費						
給与費						
委託費						
経費						
売上原価						
その他の事業費用						
計						

1．売上原価には、当該医療法人の開設する病院等の業務に附随して行われるもの（売店等）及び収益業務のうち商品の仕入れ又は製品の製造を伴う業務について記載すること。
2．中科目区分には、それぞれ細区分を設け、売上原価については、商品（又は製品）期首たな卸高、当期商品仕入高（又は当期製品製造原価）、商品（又は製品）期末たな卸高を、材料費、給与費、委託費、経費及びその他の費用については、その内訳を示す費目を記載する様式によることもできる。
3．その他の事業費用には、研修費のように材料費、給与費、委託費及び経費の二つ以上の中区分に係る複合費として整理した費目を記載する。

様式九の二号

法人名 _____　※医療法人整理番号 □□□□
所在地 _____

事 業 費 用 明 細 表
（自 平成　年　月　日　至 平成　年　月　日）

(単位：千円)

科　　　　　目	金	額
Ⅰ　材料費		
：		
：	×××	×××
Ⅱ　給与費		
給料	×××	
	×××	
：	：	
：	×××	×××
Ⅲ　委託費		
検査委託費	×××	
	×××	
：	：	
：	×××	×××
Ⅳ　経費		
減価償却費	×××	
	×××	
：	：	
：	×××	×××
Ⅴ　売上原価		
商品（又は製品）期首たな卸高	×××	
当期商品仕入高（又は当期製品製造原価）	×××	
商品（又は製品）期末たな卸高	×××	×××
Ⅵ　その他の事業費用		
研修費	×××	
	×××	
：	：	
：	×××	×××
事　業　費　用　計		×××

1．売上原価には、当該医療法人の開設する病院等の業務に附随して行われるもの（売店等）及び収益業務のうち商品の仕入れ又は製品の製造を伴う業務について記載すること。
2．ⅠからⅥの中科目区分は、省略する様式によることもできる。
3．その他の事業費用には、研修費のように材料費、給与費、委託費及び経費の二つ以上の中区分に係る複合費として整理した費目を記載する。

【参考文献】

『出資持分なし医療法人への移行に関する指南書』（税務経理協会）安部勝一著

『医療会計・税務の指南書（改訂版）』（税務経理協会）安部勝一著

『医療法人の税務実務』（税務経理協会）安部勝一著

『医療法改正Q&A』（大蔵財務協会）安部勝一著

「医療機関の経営改善アドバイス」（MJS講演資料）安部勝一著

『改正税法のすべて』（大蔵財務協会）

「TAINS」（東京税理士会）

厚生労働省ホームページ

内閣府ホームページ

総務省ホームページ

国税庁ホームページ

索　引

〔あ〕

あらかじめ通知をした事項 …………… 64
移行期間 ……………………………… 56
移行計画 ……………………………… 56
医療法12条 …………………………… 7
医療法15条 …………………………… 78
医療法54条 …………………………… 5
医療法7条 …………………………… 5
医療法改正の流れ …………………… 10
医療法人会計基準 ……………… 147,170
医療法人の分割 ……………………… 4
医療法施行規則30条の39 …………… 5
運用財産 ……………………………… 37
閲覧 ………………………………… 177
M&A ……………………………… 178
M&Aをする場合の注意事項 ………… 180
MS法人 …………………………… 3,123
MS法人との取引開示基準 ………… 124

〔か〕

解散 ……………………………… 16,40
解散原因 ……………………………… 14
開設者 ………………………………… 7
解任 …………………………………… 64
外部監査 …………………………… 150
学資金 ……………………………… 194
課税関係 ……………………………… 48
合併 ……………………… 110,111,116
合併手続 …………………………… 113
ガバナンス ………………………… 3,95

関係事業者 ………………………… 123
監査 …………………………… 61,74,190
監事が医療法人を代表 ……………… 94
監事の職務 …………………………… 93
監事の報酬等 ………………………… 95
監事の理事会への出席義務 ………… 93
監督義務 ……………………………… 78
管理委託料 ………………………… 126
管理者 …………………… 7,74,78,79,164
管理者の監督義務 …………………… 7
基金 …………………………………… 58
基金拠出型医療法人 …………… 12,58
議決権 …………………………… 36,68
議事録 ………………………………… 69
議長 …………………………………… 67
寄附金の損金算入 ………………… 196
寄附行為 ……………………………… 14
基本財産 ………………………… 37,149
旧医療法人 …………………………… 43
吸収合併 …………………………… 114
吸収分割 …………………………… 119
競業及び利益相反取引 …………… 97,99
行政権 ………………………………… 65
業務委託料 ………………………… 138
許可の申請 …………………………… 22
金銭債権 ……………………………… 18
近隣で開業 …………………………… 98
経営アドバイス …………………… 191
経過措置医療法人 …………………… 12
減資 …………………………… 38,48
憲法29条 ……………………………… 26

交際費等の損金不算入制度	192
国庫	16
個別指導	187
コメディカル	90

〔さ〕

最高意思決定機関	65
最高意思決定権者	65
最高裁平成15年6月27日判決	33
財産権	26, 27, 29, 36, 38
財産権は時効により消滅	28
財産持分権者	38
財団医療法人	12, 14
裁判権	65
裁量権	43
雑所得	178, 182
参加法人	2
時価	48
歯科診療所	79
事業承継	186
指定管理者	74
私的自治	22
私的支配	20
死亡退社	27, 38
資本の論理	65, 73
社員	23, 25, 26, 32, 164
社員資格の喪失	36
社員総会の議事録	69
社員総会を招集	93
社員の資格要件	33
社員の除名	34
社員の退社	34
社員名簿	66
社会医療法人	12

社会医療法人の認定	4
社団医療法人	12, 14, 26
収益業務に係る会計	148
集団的個別指導	187
10年時効	38
出資額限度法人	6, 12, 17, 46
出資金の売却	181
出資者	16, 27, 32, 43
出資社員	17, 38
出資社員が退社	27
出資払戻請求権	16, 18, 27, 38
出資払戻請求権を実行	28
出資払戻請求権を放棄	28
出資物件の返還	41
出資持分	36
出資持分権者	18
出資持分承継	38
出資持分譲渡	53
出資持分なし医療法人への移行	16
出資持分の評価	197
出資持分の放棄	57, 156
出資持分払戻請求権	36
招集する旨の通知	80
譲渡	27, 38, 40
譲渡性の制限	40
譲渡当事者間	40
剰余金	49
剰余金配当の禁止	6, 43
職務の執行	78
除名	27, 38, 64
新医療法人	12, 17, 19, 52
新設合併	114
新設分割	119
診療所	9

生存退社	27, 38
税法個別通達	19
説明	71
全部取消し	138
増資	19
相続	38
相続開始時点	38
相続税法66条4項	26
相続税法施行令33条3項	26
贈与	38
贈与税の納税猶予特例制度	53
組織再編成	118
組織変更	19, 54
損害賠償責任の免除	99

〔た〕

第7次医療法改正	2
第三者に加えた損害	76
脱退社員	38
地域医療連携推進法人	2, 153, 155, 160
注記事項	170
忠実義務	3
賃料	132
定款	14, 53
定款等の変更	22, 37, 107, 109
定時社員総会	60, 67
適格合併	111, 115
適格分割	118, 119
適格分割型分割	121
東京弁護士会	32
当分の間	29, 51
特定医療法人	12
特別決議	64
特別代理人	104

〔な〕

内部管理体制	60
任意退社	27
認定医療法人	12, 17, 19, 52, 55, 56

〔は〕

売買目的有価証券	152
八王子判決	6, 73
払戻し	48
反対する出資社員	30
非営利性	6
非営利組織	18
比準同業者	131
ビックリ贈与	52
必置機関	60
非適格合併	111
病院	8
病院・有床診療所の管理者	79
評議員会	61
不課税取引	118
福岡県弁護士会	34
不正内容	187
附帯業務	175
不当に高額	85
振替処理	173
分院分割	179
分割	116, 117, 120
分割承継法人	121
別段の定め	68
放棄	38
報酬等の支給の基準	88, 92
保険医療機関の指導及び監査	187

〔ま〕

未成年者 …………………………… 23
みなし贈与 ………………………… 28,52
みなし配当 ………………………… 17
無床診療所 ………………………… 79
持ち回り決議 ……………………… 73

〔や〕

役員 …………………………………… 63
役員賞与 …………………………… 90
役員退職金 ………………………… 90
役員等報酬等支給基準 …………… 86
役員の選任 ………………………… 62,74
有価証券の譲渡 …………………… 48,182

〔ら〕

利害関係 …………………………… 68

理事会 ……………………………… 61,62
理事会開催 ………………………… 105
理事会招集 ………………………… 80
理事会の議事録 …………………… 81
理事会の権限 ……………………… 101
理事会の招集 ……………………… 106
理事会の職務 ……………………… 102
理事会の役割 ……………………… 101
理事長 ……………………………… 76,105
理事長が招集 ……………………… 73
理事の給与制限 …………………… 85
理事の報酬等 ……………………… 84
立法権 ……………………………… 65
臨床研修等修了医師 ……………… 8,78
臨床研修等修了歯科医師 ………… 8
類似業種比準方式 ………………… 200

著者紹介

安部　勝一（あんべ　かついち）

　新潟県出身（昭和19年生まれ）。税理士。
　安部経営会計事務所所長，(有)東京経営研究所所長，病・医院経営指導所所長。
　М・Ｊ・Ｓ税経システム研究所客員研究員（医療部会）。

【主要著書等】

『Q&A定期借地権活用マニュアル』（ぎょうせい・TH会共著）

『役員と会社の税務』（大蔵財務協会・TH会共著）

『資産の譲渡と相続税をめぐる時価』（ろっぽう新社・TH会共著）

『税務疎明辞典〈法人税編〉』（ぎょうせい・TH会共著）

『税務疎明辞典（資産税編）』（ぎょうせい・TH会共著）

『税務疎明辞典〈クロスセクション編〉』（ぎょうせい・TH会共著）

『資産税判例研究100選CD-ROM』（ろっぽう新社ＴＨ会共著）

『最新・租税基本判例80』（日本税務研究センター共著）

『医療法人への出資持分払戻請求事件から課税関係を考察する』（日本税務研究センター）

『医療法人の理事等の報酬』（ぎょうせい）

『Q&A改正される医療法人制度』（大蔵財務協会）

『重要税務相談シリーズ　医療機関の税務編』（大蔵財務協会・М・Ｊ・Ｓ税経システム研究会医療研究部会編著）

『業種別　税務・会計実務マニュアル〈医療〉』（新日本法規）

『医療法人の税務実務』（税務経理協会）

『高裁判決に惑わされるな　医療法人の出資と評価ここが間違う，DVD』（レガシイ）

『対応が迫られる医療法人の出資持分あり・なしの選択，DVD』（レガシイ）

『第５次医療法改正に完全対応「医療法人制度の見落とせないポイント」DVD』（アックスコンサルティング）

『さすが医療専門と言われる会計事務所の気の利いた一言　24ヶ月分DVD』（レガシイ）

『MS法人の税務の難問解決　～裁決例から是認を導く～，DVD』（レガシイ）

『医療機関エキスパート税理士を目指すための開業医・医療法人税務調査対策の指南書』（税務経理協会）

『医療機関エキスパート税理士を目指すための医療会計・税務の指南書（改訂版）』（税務経理協会）

『「出資持分なし」医療法人への移行に関する指南書』（税務経理協会）

著者との契約により検印省略

平成29年7月20日　初版第1刷発行	医療機関エキスパート税理士の指南書 **医療法人制度Q＆A** 〜第7次医療法改正への実務対応〜

著　者　　安　部　勝　一
発行者　　大　坪　克　行
印刷所　　税経印刷株式会社
製本所　　牧製本印刷株式会社

発行所　〒161-0033　東京都新宿区　　株式　　**税務経理協会**
　　　　下落合2丁目5番13号　　　　会社
　　　振　替　00190-2-187408　　電話　(03)3953-3301（編集部）
　　　Ｆ　Ａ　Ｘ　(03)3565-3391　　　　　(03)3953-3325（営業部）
　　　　　URL　http://www.zeikei.co.jp/
　　　　乱丁・落丁の場合は，お取替えいたします。

© 安部勝一　2017　　　　　　　　　　　　　　Printed in Japan

本書の無断複写は著作権法上での例外を除き禁じられています。複写される場合は，そのつど事前に，（社）出版者著作権管理機構（電話 03-3513-6969，FAX 03-3513-6979，e-mail : info@jcopy.or.jp）の許諾を得てください。

JCOPY ＜(社)出版者著作権管理機構 委託出版物＞

ISBN978-4-419-06462-4　C3032